法国史学革命
年鉴学派，1929—2014
（第二版）

The French Historical Revolution
The Annales School, 1929–2014
2nd Edition

〔英〕彼得·伯克(Peter Burke) 著 刘永华 译

著作权合同登记　图字：01-2015-3303

图书在版编目(CIP)数据

法国史学革命：年鉴学派：1929—2014．第二版/(英)彼得·伯克著；刘永华译．—北京：北京大学出版社，2016.12

（历史与理论）

ISBN 978-7-301-27769-0

Ⅰ．①法…　Ⅱ．①彼…②刘…　Ⅲ．①史学史—法国—1929—2014　Ⅳ．①K095.61

中国版本图书馆CIP数据核字(2016)第277682号

The French Historical Revolution: The Annales School, 1929-2014 (2nd Edition)
by Peter Burke
Copyright © Peter Burke 2015
本书简体中文版由POLITY出版社授权北京大学出版社出版发行

书　　　名	法国史学革命：年鉴学派，1929—2014（第二版） FAGUO SHIXUE GEMING: NIANJIAN XUEPAI, 1929—2014
著作责任者	〔英〕彼得·伯克　著　刘永华　译
责任编辑	陈甜　李学宜
标准书号	ISBN 978-7-301-27769-0
出版发行	北京大学出版社
地　　　址	北京市海淀区成府路205号　100871
网　　　址	http://www.pup.cn　新浪微博：@北京大学出版社
电子信箱	pkuwsz@126.com
电　　　话	邮购部 62752015　发行部 62750672　编辑部 62752025
印　刷　者	北京中科印刷有限公司
经　销　者	新华书店
	880毫米×1230毫米　A5　9.625印张　185千字 2016年12月第1版　2022年8月第2次印刷
定　　　价	60.00元

未经许可，不得以任何方式复制或抄袭本书之部分或全部内容。

版权所有，侵权必究

举报电话：010-62752024　电子邮箱：fd@pup.pku.edu.cn

图书如有印装质量问题，请与出版部联系，电话：010-62756370

目 录

鸣 谢 1
大事年表 2
缩 写 7
第二版序言 I

导 论 1
第一章 历史编撰学旧体制及其批评者 9
第二章 创建者：吕西安·费弗尔与马克·布洛赫 17
  一 早期岁月 17
  二 斯特拉斯堡 24
  三 《年鉴》的创办 32
  四 年鉴派的体制化 39
第三章 布罗代尔的时代 50
  一 《地中海》 51
  二 后期布罗代尔 69
  三 计量史的兴起 86
第四章 第三代与文化转向 104
  一 从地窖到顶楼 107

二　系列史的"第三层面"　　　　　　　　　122
　　三　反动：人类学、政治、叙事　　　　　129
第五章　新方向（1989—2014）　　　　　　　148
第六章　全球视野下的年鉴派　　　　　　　169
　　一　接纳与抵制　　　　　　　　　　　　169
　　二　结清账目　　　　　　　　　　　　　190

术语表：年鉴派的语言　　　　　　　　　　　202
译名对照表　　　　　　　　　　　　　　　　209
参考书目　　　　　　　　　　　　　　　　　230
索　引　　　　　　　　　　　　　　　　　　276
译后记　　　　　　　　　　　　　　　　　　292

鸣　谢

这一研究得益于与年鉴派成员,尤其是与费尔南·布罗代尔、罗杰·夏蒂埃、雅克·勒高夫、埃马纽埃尔·勒华拉杜里、克兹斯托夫·波米安、丹尼尔·罗希、雅克·雷维尔和米歇尔·伏维尔进行的会谈。会谈的地点包括巴黎和国外:从塔吉·马哈陵到宾汉顿和剑桥伊曼纽尔学院。

我想感谢我的妻子玛丽亚·露西亚、我的出版商约翰·汤普森和罗杰·夏蒂埃,感谢他们对本书初稿提出的意见。我也受惠于璜·玛瓜希卡(皮埃尔·肖努的学生)。大约半个多世纪前,他点燃了我对年鉴派的热情。我还得益于与亚伦·贝克、弗朗西斯科·本辛卡特、诺曼·伯鲍姆、约翰·波西、斯图亚特·克拉克、罗伯特·达恩顿、克利福德·戴维斯、娜塔莉·戴维斯、加维尔·吉尔·普约尔、卡洛·金兹堡、拉纳吉特·古哈、已故的埃里克·霍布斯鲍姆、加伯·克拉尼扎伊、马西莫·马斯特罗格里高利、杰佛里·帕克、圭因·普林斯、乌尔里希·劳夫、伯恩德·罗埃克、彼得·萧特勒、卡罗斯·马提涅兹·萧、已故的伊沃·萧佛、亨克·维斯林等人的交流。跟我一样,他们力求在与年鉴派打交道的同时,与它保持一段距离。

大事年表

	1911	费弗尔:《菲利普二世和弗朗什—孔泰》
	1913	布洛赫:《法兰西岛》
	1922	费弗尔:《历史的地理学导引》
	1924	布洛赫:《国王的触摸》
	1927	布罗代尔首次向费弗尔求教
	1928	费弗尔:《马丁·路德》
	1929	《经济社会史年鉴》创办
	1931	布洛赫:《法国农村史》
	1939	杂志改名为《社会史年鉴》
	1939—1940	布洛赫:《封建社会》
	1942	费弗尔:《不信教问题》
	1942	杂志改名为《社会史论丛》
	1946	布罗代尔成为杂志副主编(co-editor)。刊名改为《经济、社会与文明年鉴》
	1947	布罗代尔答辩论文
	1948	第六部成立
	1949	史学研究中心成立
	1949	布罗代尔:《地中海》

1953	杜比:《马孔地区的社会》
1955	肖努:《塞维利亚与大西洋》
1956	布罗代尔成为第六部主任
1957	勒高夫:《中世纪的知识分子》
1957	莫拉泽:《市民阶级的胜利》
1958	费弗尔与马丁:《印刷书的来临》
1958	布罗代尔:《史学与社会科学》
1960	古贝尔:《博韦与博韦区》
1960	阿里埃斯:《儿童的世纪》
1961	芒德鲁:《近代法国史导论》
1963	人文科学研究所创办
1966	勒华拉杜里:《朗格多克的农民》
1967	本纳塞:《巴利亚多利德的黄金时代》
1967	费罗:《1917年10月》
1967	勒华拉杜里:《气候史》
1968	社会科学高等研究院迁至拉斯派尔街
1968	阿居隆:《忏悔者与共济会》
1968	费罗:《世界大战》
1970	阿居隆:《村落之中的共和》
1971	隆巴德:《第一个伟大时期的伊斯兰教》
1972	勒高夫担任第六部主任
1973	杜比:《布汶的传说》
1973	伏维尔:《巴洛克虔诚与非基督教化》

	1974	杜比:《欧洲经济的早期发展》
x	1975	第六部重组为社会科学高等研究院
	1975	德塞都、雷维尔与朱利亚:《语言的政治》
	1975	科班:《利穆日地区的古代性与现代性》
	1975	勒华拉杜里:《蒙塔尤》
	1975—1976	杜比、瓦隆:《法国乡村史》
	1976	费罗:《电影与历史》
	1976	奥祖夫:《革命节日》
	1977	茹塔尔:《卡米萨德人的传说》
	1977	瓦伦西:《突尼斯乡民》
	1978	杜比:《三个等级》
	1978	费雷:《诠释法国大革命》
	1978	埃里伊、卡拉皮斯:《托斯卡纳人及其家庭》
	1978	尼古拉斯:《18世纪的萨瓦》
	1979	阿居隆:《玛丽安进入战斗》
	1979	施密特:《神圣的格雷伊猎犬》
	1979	勒华拉杜里:《罗芒狂欢节》
	1980—1985	杜比:《法国城市史》
	1980	阿尔托:《希罗多德的镜子》
	1981	克鲁瓦:《布里坦尼》
	1981	勒高夫:《炼狱的诞生》
	1982	科班:《臭与香》
	1983	弗兰德林:《接吻的时间》

1983	伏维尔:《死亡与西方》
1984	勒帕蒂:《水陆交通》
1984—1992	诺拉:《记忆所系之处》
1985—1987	阿里埃斯、杜比:《私生活史》
1985	茹奥:《反马扎林传单》
1985	维加埃罗:《清洁的概念》
1988	布罗:《教皇琼恩》
1988	夏蒂埃:《文化史》
1988	科班:《海的诱惑》
1988	格吕津斯基:《征服墨西哥》
1988	勒帕蒂:《近代早期法国的城镇》
1988	努瓦利耶:《法国熔炉》
1989	本塞纳:《叛徒》
1989	夏蒂埃:《作为表象的世界》
1990	夏蒂埃:《法国大革命的文化起源》
1990	科班:《食人族村落》
1990	格吕津斯基:《交战中的图像》
1990	隆巴德:《十字路口的爪哇》
1990	施密特:《姿态》
1991—1992	杜比、佩罗:《妇女史》
1992	夏蒂埃:《书籍的秩序》
1992	瓦朗西:《记忆的寓言》
1994	杂志改名为《历史与社会科学年鉴》

1994	科班:《大地的钟声》
1995	布罗:《领主的初夜》
1995	勒帕蒂:《经验的形态》
1996	勒高夫:《圣路易》
1996	雷维尔等:《尺度的问题》
1997	勒华拉杜里:《圣西蒙》
1998	夏蒂埃:《在悬崖边缘》
1999	格吕津斯基:《混血儿的心灵》
2000	茹奥:《文学的力量》
2002	费罗:《伊斯兰教的震撼力》
2002	弗兰德林:《点餐》
2002	施密特:《图像的身体》
2003	阿尔托:《历史性的政权》
2004	格吕津斯基:《四大洲》
2005	夏蒂埃:《题写与擦除》
2005—2006	科班主编:《身体史》
2005	利尔蒂:《沙龙的世界》
2006	努瓦利耶:《社会历史学导论》
2007	吕朱:《个体与家庭》
2011	社会科学高等研究院搬迁至法兰西大道
2012	瓦朗西:《熟悉的外来者》
2013	科班:《阴影的喜悦》

缩 写

AESC	*Annales: économies, sociétés, civilisations*	
AHSS	*Annales: histoire, sciences sociales*	
ARSS	*Actes de la Recherche en Sciences Sociales*	
P&P	*Past and Present*	
RS	*Revue de Synthèse*	
RSH	*Revue de Synthèse Historique*	

第二版序言

本书于1990年印行第一版,是"当代重要思想家"这套短小精悍的丛书的一种,尽管它描绘的不是某个思想家,而是整个思想家群体。初版印行近四分之一世纪后,《法国史学革命》新版问世了。在此期间,不管是"年鉴学派"的历史还是一般意义上的历史,都发生了很大的改变。1994年,杂志再次改名,如今的刊名是《历史与社会科学年鉴》。这个群体的成员们出版了重要的新书。

对这一群体或个体成员的研究,其增长速度极快,要完全跟踪已经日益困难。归功于马西莫·马斯特罗格里高利对手稿的细致分析,较前更加忠实于原稿的《历史学家的技艺》问世了(尽管这个版本尚未被译为英文)。[1]过去封闭的档案,包括吕西安·费弗尔和费尔南·布罗代尔的档案,现在都公开了,他们和马克·布洛赫的许多书信都被出版。[2]布罗代尔给狱中同伴所做的讲座付印了,同时公开的还有他的遗孀撰写的发人深省的文章,这些文章讨论了她丈夫及其《地中海》的

---

[1] Mastrogregori, "Manuscrit interrompu".
[2] Müller, *Marc Bloch-Lucien Febvre*; Pluet and Candar, *Lucien Febvre*; Pluet-Despatin, *Écrire*.

学术渊源。①为数众多的年鉴学人撰写了学术生涯回忆录或接受了采访。②

结果,此书新版既必要又可行。感谢约翰·汤普森和政体出版社为修改、扩充本书提供了机会,将它从原先所属丛书中解救出来,如此就不但可以充分利用有关这一群体的信息积累,还可充分利用伴随与1929年杂志创办岁月与日俱增的距离而来的视野转换。在修改过程中,与若姆·("圣"·)奥雷尔的交谈和我所在的伊曼纽尔学院同事菲利普·豪厄尔和大卫·马克斯韦尔提供的参考书是无价的。

---

① Braudel, *Ambitions*, pp. 11-83;P. Braudel, "Origines"; "La genèse".
② Corbin, *Un historien du sensible*; Duby, *L'histoire continue*; Ferro, *Autobiographie*; Goubert, *Parcours*; Le Goff, *Une vie pour l'histoire*; Morazé, *Un historien engagé*; Nora, *Egohistoires*.

导　论

　　20世纪最富创见、最难以忘怀、最有意义的历史论著中，有相当数量是在法国完成的。新史学(la nouvelle histoire)——有时人们这么称呼它——至少像新烹饪(la nouvelle cuisine)那么闻名遐迩，那么有法国味，那么聚讼纷纭。①这个新史学的诸多著作，均出自与一份杂志颇有渊源的一个独特群体之手。这份杂志名为《经济社会史年鉴》，创办于1929年；历经四次改名之后，目前的刊名是《历史与社会科学年鉴》。圈外人为强调他们的共同之处，一般称这一群体为"年鉴学派"。

　　圈内人却常常——尽管不是总是——矢口否认存在这么一个学派，以此强调这一群体内部的个人路数。②在1985年斯图加特举办的国际历史学协会的一场讨论中，我记得听到这一群体的重要成员马克·费罗强烈否认存在这么一个学派。与此同时，他反复使用"nous"(新)这一字眼。要是说"学派"一语(和年鉴"范式"或"精神"一样)给人以引人困惑

---

① Le Goff, *Nouvelle histoire*.
② 而 Burguière, *Annales*, 在书名中使用了"学派"一词。

的正统印象，两个圈内人罗杰·夏蒂埃和雅克·雷维尔提出的"星系"(*nébuleuse*)一词也许更为恰当。①同样，年鉴"网络""运动"甚或扩大式"家庭"等说法也是有帮助的。

数十年以来，居于这一网络核心位置的，显然包括了两位创建人——吕西安·费弗尔和马克·布洛赫；他们指定的继承人——费尔南·布罗代尔，加上查尔斯·莫拉泽，此人名气不大，但活跃在幕后，特别是在第六部的创建中；②年轻一辈的雅克·勒高夫、埃马纽埃尔·勒华拉杜里、马克·费罗和莫里斯·艾马德等史学家；更为年轻的罗杰·夏蒂埃、雅克·雷维尔、安德烈·比埃尔吉尔、让-克劳德·施密特、吕塞特·瓦朗西、贝尔纳·勒帕蒂和安托万·利尔蒂。靠近中心的还有阿兰·布罗、皮埃尔·肖努、乔治·杜比、阿尔方斯·迪普隆、阿勒特·法杰、弗朗索瓦·费雷、皮埃尔·古贝尔、克里斯蒂安·卡拉皮斯、莫里斯·隆巴德和莫娜·奥祖夫。

恩斯特·拉布鲁斯就更难定位了。他在第二代中扮演着核心角色，但同时他是个马克思主义者，而且他所属的马克思主义流派无法让他免于法国共产党员的攻击。③同样，由于莫里斯·阿居隆和米歇尔·伏维尔投身马克思主义活动，他们被置于核心圈之外。由于各种不同的理由，处于边缘的，还有研究法国大革命的乔治·勒费弗尔；在学院工作的两位意大

---

① 引见 Coutau-Bégarie, *Phénomène*, 第 259 页。
② Daix, *Braudel*, 第 249—250, 253 页。
③ Verdès-Leroux, *Au service du parti*, 第 252—253 页。

利人阿尔伯托·特能提和卢杰洛·洛马诺;以及自身定位为业余史学家的菲利普·阿里埃斯。也许还应算上让·德吕莫、阿兰·科班和罗伯特·米舍姆布莱——三人追随年鉴风格或精神,但身处网络之外。博学的米歇尔·福柯、米歇尔·德塞都和保守史学家罗兰·莫斯涅处于边缘甚或边缘之外。他们之所以在本书稍稍露脸,是因为他们的史学兴趣与年鉴派颇有契合之处。

当初创办这份迄今已超过八十年的刊物,是为了推进新式史学,至今它仍在鼓吹革新。《年鉴》背后的主导理念也许可扼要归纳如下。首先,是以问题导向的分析史学,取代传统的事件叙述。其次,是以人类活动整体的历史,取代以政治为主体的历史。再次,为达成上述两个目标,与地理学、社会学、心理学、经济学、语言学、社会人类学等其他学科进行合作。正如费弗尔以其富有个性的祈使语气指出的,"历史学家,必须是地理学家,也必须是法理学家、社会学家和心理学家"。[1]他总是告诫要"打破自我封闭的局面",与狭隘的专业化作战。[2]同样,布罗代尔《地中海》之所以以那种方式撰写,其目的在于"证明历史学所能做的,并不仅仅是研究筑有围墙的花园而已"。[3]

本书的目的是描述、分析和评价这一网络的成就。圈外

---

[1] Febvre, *Combats*, 第 32 页。
[2] Febvre, *Combats*, 第 104—106 页,一封写于 1933 年的信。
[3] Braudel, *Mediterranean*, 第 1 卷,第 22 页。

人常常认为,这是个一体化的群体,拥有统一的史学实践:在方法上推崇计量,在推论中惯用决定论,对政治与事件充满敌意,或充其量是毫无兴趣。这种刻板印象,不但无视这一群体不同成员之间的分歧,也忽视了它随着时间推移发生的变动。因此,"年鉴运动"这个说法也许更得要领。

这一运动可分为三个阶段。第一阶段从20世纪20年代到1945年。这是小规模的、激进的、颠覆性的运动,对传统史、政治史和事件史发动游击战。二战后,造反者掌握了史学权力机构。在运动的第二阶段,它更像是个"学派",因为此期拥有与众不同的概念(尤其是"结构"和"局势")和与众不同的方法(尤其是长时段变迁的"系列史"),这是由费尔南·布罗代尔主导的一个时期。

这一运动史上的第三阶段发端于1968年前后。其特征是碎片化(*émiettement*)。[1]至此,这一运动的影响声势如此浩大,以致它一度具备的许多独特性已不复存在,在法国尤为如此。只是在国外的仰慕者和国内的批评者看来,它还是个统一的"学派"。这些批评者喋喋不休地责怪这个群体低估了政治和事件史的重要性,尽管比方说,马克·费罗撰写了一战和俄国革命的论著。从20世纪70年代末开始,这一群体的若干成员从社会经济史转移到社会文化史,而另一些人则重新发现了政治史乃至叙事。1989年前后起,这一群体的不同

---

[1] Dosse, *New History in France*.

成员转向新方向,比如回归社会史,或是尝试撰写更具反思色彩的历史。

因此,年鉴派的历史,可诠释为四代学人继替的过程。它也显示出常见的周期过程:今日的造反者转变为明日的当权派,并转而成为造反派攻击的对象。更为少见的是这一运动的长盛不衰。这不仅因为巴黎的高等实践学院(此后的社会科学高等研究院)提供了体制性基地,其领袖人物保持开放心态——尽管他们不鼓励异议,但通常能容忍不同声音的存在——也是个中的部分缘由。

就杂志而言,连续性尤其显而易见:从1930年至1988年,在巴黎一所学院讲授历史的保罗·勒里奥,担任编辑部委员会秘书长达半个多世纪之久。在杂志的早期岁月,他还频频为杂志撰稿。若干基本关注点延续至今。的确,这份杂志及相关史家,提供了从20世纪30年代至今历史学与社会科学之间硕果累累的互动的最为持久的一个例证。我决定撰写本书,正是基于这一理由。

这个对年鉴运动的简短考察,力图跨越几个文化边界。它试图面向英语世界解释法国的东西,面向后辈解释20世纪20年代,面向社会学家、人类学家、地理学家等解释史家不断变动的研究实践。这个考察本身采用历史的组织方式,并试图结合编年的体例与主题的体例。

不管是本书还是在历史写作的其他场合,这种结合面临的问题在于所谓的"非同时性中的同时性"。举例说,尽管布罗代尔即使到了漫长一生的晚年，对新思想依然出奇地开放，但从20世纪30年代开始筹划《地中海》，到20世纪80年代编撰讨论法国的论著，他从未根本改变看待历史的方式，也确实从未根本改变撰写历史的方式。因此，拘泥于年代顺序是毫无必要的。

本书只能勉强算是思想史研究。它并不奢望成为研究年鉴运动的权威学术论著，我希望21世纪会有人来做这份工作。这样一种研究工作必须挖掘本书在撰写过程中无法获取的资料。它的作者不仅需要具备历史编撰史的专业知识，而且需要具备20世纪法国史的专业知识。

我想写的东西，是更富个人色彩的专论。我有时自称是年鉴的"同路人"，也就是说，（像许许多多其他外国历史学家一样）受这一运动启发的一个局外人。近五十年来，我紧追它的命运。尽管如此，剑桥与巴黎之间的距离，还是远到足以撰文批评和祝贺年鉴派的成就。

尽管费弗尔和布罗代尔都是令人生畏的学术政客，但是，接下来的部分基本上不会谈到运动的这一侧面——比方说，索邦与高等研究院（为了方便起见，这里使用这个简称）之间的敌意，或是为控制职位和课程发生的争权夺利现象。①我也多少带着遗憾，抵制了撰写年鉴学人民族志——他们的祖先、

---

① Coutau-Bégarie, *Phénomène*; Burguière, "Histoire d'une histoire"; Charle and Delangle, "Campagne électorale".

联姻、派别、庇护—被庇护网络、生活方式、心态等等——的诱惑。

本书讨论杂志本身的篇幅也不大,这一点就更容易引起争议了。在《经济社会史年鉴》的早年岁月,许多文本都由费弗尔和布洛赫亲自操刀(1929—1848年的3876篇文章中,他们撰写了1800篇),而如今的《历史与社会科学年鉴》,拥有更大的撰稿团队,包括职业行政人员。①在85年的时间里,杂志每两月推出一期。这份期刊的封面是灰色、蓝色,最后是亮白色。杂志每推出一期,对于来自法国国内外的史学家,尤其是年轻史学家的日常生活来说,都是一个激动人心的事件。给人深刻印象的,不仅是杂志发表的高质量专题论文,还有评论文章,未来的集体研究项目,以及讨论新颖专题的专号,比方说布洛赫曾发表重要的水车研究的技术史专号(1935)。作为新潮流的指示器,杂志刊载的文章,出于显而易见的原因,比常常由同一作者撰写的相同专题的专著更早问世。②

尽管如此,在本书中,我决定集中关注这一群体的成员们编撰的主要专著,并试图评估它们在历史编撰史上的重要性。说来悖谬,我们是通过专著而不是论文,来讨论这一以杂志为纽带发起的运动的。然而,从长远的角度看,特别是在国外,正是一系列出类拔萃的专著,(对专业人士及普通大众)产生

---

① Pomian, "L'heure".
② Wesseling and Oosterhoff, "De Annales".

了最重要的影响。

在讨论这一运动时,人们常常将它等同于三四个人。吕西安·费弗尔、马克·布洛赫、费尔南·布罗代尔等人的成就固然是洋洋大观,但如同许多学术运动那样,年鉴运动也是集体的事业,许许多多的个体都曾为这一事业做过有意义的贡献。这一点在第三代表现得最为明显,但在布罗代尔时代(在所有人中,他在学术上特别倚重恩斯特·拉布鲁斯的支持,在管理上则倚重克莱门斯·赫勒的协助)甚或是创建者时代已然如此。两位创建人应该感谢同事和保罗·勒里奥和露西·瓦尔加等助手的帮助。早在1936年,团队作业便已是吕西安·费弗尔的梦想了。①战后,梦想成真。法国史合作研究计划,包括了社会结构史、农业生产史、18世纪书籍史、教育史、住宅史和以电脑为基础的19世纪征兵的研究。

在讨论四代人的篇章之后,本书最后一部分将讨论对年鉴派的回应——包括追捧或批评,讲述它被世界不同地区和不同学科接纳的过程,并试图将它放置于历史编撰史上进行定位。本书相当单薄,但我的目标是让读者将这一运动视为一个整体。

---

① Febvre, *Combats*, 第55—60页。

第一章 历史编撰学旧体制及其批评者

吕西安·费弗尔与马克·布洛赫是这场或可称为法国史学革命的领袖。不过,为了诠释革命者的行动,有必要大体了解他们意图推翻的旧体制。为理解及描述这一体制,我们不能将自身局限于1900年前后,也就是费弗尔与布洛赫求学时代法国的状况。我们必须从长时段着眼考察历史编撰史。

自希罗多德和修昔底德时代开始,西方的历史编撰就采用了不同的文体——修道院编年纪、政治回忆录、博古论文等等。但是,长期以来占主导地位的方式是政治与军事事件的叙事,其形式是大人物——首脑与国王——重要事迹的故事。这种主导方式首先在启蒙时代受到了严厉的挑战。

大约在18世纪中期,苏格兰、法兰西、意大利、德国等地为数众多的作者与学者,开始关注他们所谓的"社会的历史"。这种历史不囿于战争与政治,还包括了法律与贸易、伦理及"风俗"——这是伏尔泰著名的《风俗论》(1756)的中心话题。

为集中讨论封建制度或英国宪法等的结构史,这些学者抛弃了18世纪格拉斯哥的约翰·米勒早在布罗代尔前就一度称之为"充斥于俗不可耐的历史学家关注的细枝末节之中的事件的通俗的外表"。他们有的注意重建过去的态度与价值,尤其是所谓"骑士气质"这一价值体系的历史,另一些则关注艺术、文学与音乐的历史。截至该世纪末,这群来自不同国度的学者,编撰了一系列非常重要的论著。若干史学家将这一新兴的关注举止和习俗的社会文化史融入政治事件的叙事当中,爱德华·吉本的《罗马帝国衰亡史》便是其中的典范之作。

然而,由利奥波德·冯·兰克发起的所谓史学"哥白尼革命"的一个重要后果,是将社会文化史边缘化,或是说再次边缘化。① 兰克本身的兴趣并不限于政治史。他曾讨论宗教改革与反宗教改革,他也不排斥社会、艺术、文学或科学的历史。不过,兰克领导的这一运动与他构建的新史学范式,削弱了18世纪我们或可称为"新史学"的基础。他对档案资料的强调,让社会文化史学家相形之下只像是半吊子的业余爱好者。

与导师比较起来,兰克的追随者远为心胸狭隘。在一个史学家渴望成为专业人士的年代,非政治史实际上被排斥于新创建的学术专业之外。19世纪后期新创办的专业刊物,如《史学杂志》(1856年创办)、《史学评论》(1876年创办)与《英国历史评论》(1886年创办),都集中关注政治事件史。比如,《英国历史评论》创刊号前言称,其宗旨在集中关注"国

---

① Burke, "Ranke"; ibid., "Paradigms Lost".

家与政治"。新专业史学家的理念,在一系列史学方法论著作中得到了阐发,如法国史学家朗格诺瓦与瑟诺博司的《史学研究入门》(1897)。①

当然,在19世纪还可听到不同意见。大体同时,米什莱与布克哈特分别在1855年与1860年写成文艺复兴史,他们对历史的视野,便远比兰克学派开阔。布克哈特将历史视为国家、宗教与文化三种力量交相影响的领域,而米什莱呼唤我们如今所说的"自下而上的历史";用他自己的话说,这是"那些受苦、劳作、衰老和死亡,却又无法刻画其苦难的人的历史"。

同样,法国的古代史学者福斯特尔·德·古朗热的经典之作《古代城市》(1864)一书,集中讨论了宗教、家庭与伦理,而不是政治或事件的历史。马克思也提出了不同于兰克的另一种史学范式。根据马克思的历史观,变迁的根本动力存在于社会经济结构的张力当中。

在反对政治史的人当中,经济史学家也许是最有组织的。比方说,1872年起任教于斯特拉斯堡(*Strasbourg*,或者叫*Strassburg*,因为此时它是德国的一部分)的格斯塔夫·斯莫勒教授,便是一个重要历史学派的领袖。社会经济史杂志《社会经济史季刊》是在1893年创办的。在英国,经济史的经典研究,比如威廉·卡宁翰的《英国贸易的成长》与 J. E.

---

① Gilbert, "Three Twentieth-Century Historians"; Boer, *History as a Profession*.

索拉德·罗杰斯的《六个世纪的工作与工资》,可分别追溯至1882年与1884年。① 在法国,亨利·豪塞、亨利·塞伊与保罗·芒图都是在19世纪末开始进行经济史写作的。

至19世纪后期,政治史的支配地位,或者援用斯莫勒的说法,政治史的"帝国主义",常常受到挑战。比方说,维多利亚时代的教士约翰·理查德·格林在其《英国人民简史》(1874)一开篇,就大胆地宣称"将以更多篇幅讨论乔叟而不是克雷西、卡克斯顿而不是白蔷薇党人与红蔷薇党人之间的小规模冲突、伊丽莎白的济贫法而不是她在卡狄兹的胜利、卫理公会的复兴而不是小僭王的逃亡"。尽管他并未完全兑现诺言,但比起前人,他确实花了更多笔墨来讨论这些主题。②

新兴学科社会学的创始人表达了类似的观点。如奥古斯特·孔德嘲笑所谓的"百无一用的逸事的瞎子编者,出于非理性的好奇心,孩子气地去研究的细枝末节",倡导他所谓的"无名的历史",这个说法是大家耳熟能详的。③ 赫伯特·斯宾塞抱怨说:"君主的传记(我们的孩子没学到别的什么东西)对社会的科学几乎没有提供什么新看法。"④ 同样,埃米尔·涂尔干鄙弃特殊事件(*événements particuliers*),认为它们只不过是"肤浅的表象",是特定民族历史的表象而不是真实。⑤

---

① Coleman, *History*.
② Himmelfarb, *New History*.
③ Comte, *Philosophie Positive*, 第52课。
④ Spencer, *Essays*, 第1卷, 第26页以下。
⑤ Durkheim, "Préface", 第v页。

1900年前后，对政治史的批评格外尖锐，而要求取而代之的议论五花八门。①在德国，这是所谓"兰普里希特争议"时期。卡尔·兰普里希特是莱比锡的一位教授，他将政治史与文化史或经济史进行了对比，认为前者只不过是个人的历史，而后者是人民的历史。他后来将历史定义为"基本上来说是一门研究社会心理的科学"。兰普里希特的看法遭到大多数专业同行的排斥，但赢得了许多普通大众和国外同行的赞许。②

比利时史学家亨利·皮朗便是兰普里希特倡导的方法在国外的一个支持者。他研究中世纪的城镇和贸易，提出了聚讼纷纭的"皮朗命题"，认为要是没有穆罕默德，就"无法理解"查理曼，因为正是由于阿拉伯入侵西班牙，地中海的统一局面才被打破，如此方才成就了查理曼的西方帝国。③

在美国，弗里德里克·杰克逊·特纳在探讨《边疆在美国史上的意义》(1893)的著名研究中，干干脆脆地与政治事件史一刀两断。而到新世纪初，詹姆斯·鲁宾逊、查尔斯·比尔德、哈里·埃尔玛·巴恩斯等人在"新史学"的口号声中发动了一场运动。根据鲁宾逊的说法，"历史包括人类开始在地球出现后，所做所思的每件事留下的每一个痕迹"。至于

---

① Iggers, *Historiography*, 第31—35页。
② Lamprecht, *Deutsche Geschichte*, preface; ibid., *Moderne Geschichtswissenschaft*. 对他的讨论，参见 Weintraub, *Visions*, 第4章。
③ Lyon, *Henri Pirenne*.

方法,"新史学将利用人类学家、经济学家、心理学家与社会学家关于人类的任何发现"。①

同样,在1900年前后的法国,史学的本质成了热烈争论的话题。不应夸大史学当权派的狭隘心理。《史学评论》的创办者加伯利尔·莫那,在热衷于德国"科学"史学的同时,对米什莱也颇为敬仰(他本身认识后者,还为他写了传记)。而他本人又成为学生豪塞与费弗尔仰慕的对象。

再者,恩斯特·拉维斯是此期活跃在法国的最重要的史学家,他主编的一部法国史,于1900年至1912年出版,共十卷。他本身的兴趣是从弗里德里克大帝到路易十四的政治史。然而,这十卷著作显示了宽泛的历史概念。导论部分由地理学家维达尔·德·拉布拉什撰写,文艺复兴卷由文化史学家亨利·拉蒙涅执笔,而拉维斯自己对路易十四时代的论述,花了大量篇幅讨论艺术特别是文化的政治。②换句话说,此期权威专业史学家只关心政治事件叙事的说法并不准确。

不过,社会科学家恰恰还是这么看待历史学家的。前面已提到涂尔干对事件的鄙弃。他的追随者、经济学家弗朗索瓦·西米昂,在一篇著名的文章中,更进一步攻击了所谓的"史学部落的偶像"。根据西米昂的说法,必须推翻三个偶像。其一,"政治偶像"——"对政治史、政治事实、战争等的

---

① Robinson, *New History*. 参见 Hendricks, *Robinson*。
② Lavisse, *Histoire de France*. 参见 Boer, *History as a Profession*, 第205页以下; Nora, "Lavisse"。

长久的迷恋,过分夸大了事件的重要性"。其二,"个人偶像"——换句话说,是过分强调所谓的大人物,结果是连制度研究也写成了"庞恰特雷恩①与巴黎议会"的形式,如此等等。最后,"编年偶像",即"自身迷失于研究起源的习惯之中"。②

这三个都是《年鉴》杂志钟爱的主题(1960 年,杂志重印了西米昂的文章),我们将回头讨论它们。对史学部落偶像的攻击,特别点名批评了这一部落的酋长之一,拉维斯的门徒、索邦的教授夏尔·瑟诺博斯。瑟诺博斯成为改革派反对的所有东西的象征。事实上,他并不只是个政治史学家,还讨论了文明。他对历史与社会科学的关系颇有兴趣,尽管他的看法不同于曾撰文尖锐批评他的著作的西米昂或费弗尔。③

西米昂的批评发表在一份新期刊《历史综合评论》上。这是由亨利·贝尔于 1900 年创办的,其宗旨在于鼓励历史学家与其他学科,尤其是与心理学与社会学进行合作,以望形成贝尔所谓的"历史"心理学或"集体"心理学。换句话说,美国人所说的"心理史",远远早于 20 世纪 50 年代及艾里克·艾里克森讨论路德的名著。④

在法国学术生活中,亨利·贝尔是个非同寻常的人物。作为一名(在巴黎最有声望之一的学校任教的)教师,贝尔身

---

① 1643—1727 年,法国政治家。——译注
② Simiand, "Méthode"。
③ 有关瑟诺博斯,参见 Boer, *History as a Profession*, 第 218 页以下; Prost, "Seignobos"。
④ Erikson, *Young Man Luther*.

处大学世界的边缘,但他担任一份学术期刊的主编,以《人类史》为题主编了一套丛书,并于1924年创建了国际综合中心。他既是一位博学多才的学者,同时由于他建构的网络,还是一名富有成效的学术事业家。①

贝尔对历史心理学的兴趣,更一般性地说,他的跨学科合作理念,深深吸引了定期先后给他的杂志和丛书撰稿的两位年轻人。他们的名字是吕西安·费弗尔与马克·布洛赫。②

---

① 对贝尔的讨论,参见 Huppert, "Annales"; Gemelli, "Henri Berr"; Biard, Bourel and Brian, *Berr*, 特别是第 39—60 页。

② Schöttler, "Frühen Annales".

第二章 创建者:吕西安·费弗尔与马克·布洛赫

在第一代,年鉴运动有两位而不是一位领袖:16 世纪专家吕西安·费弗尔与中世纪史学家马克·布洛赫。他们的史学方法如出一辙,而他们的脾气截然不同。费弗尔年长八岁,性格开朗、热情、好斗,惯于责备不遵循其想法的同事,①而布洛赫沉着、惯讲反话、行文精练,几乎像英国人那样偏好限定性、克制性的陈述。两人时或明争暗斗。长者想要大权独揽,而少者希望平起平坐,这与兄弟关系没有两样。尽管如此,两人在二次大战之间的二十年间进行了富有成效的合作。②

一 早期岁月

吕西安·费弗尔于 1897 年进入巴黎高等师范学院。当时高师相对独立于巴黎大学。学院规模虽小,却在知识界享

---

① Braudel, "Présence", 第 15 页。比较 Müller, *Febvre*; Kirsop, "Frebvre"; 以及 Peter Schöttler 的许多文章。

② Fink, *Marc Bloch*, 第 185、200、261 页注意到某些不和的情况。

有崇高权威,被称为"乔威特的巴里欧学院的法国翻版"①它每年招收不到四十名学生,是按英国传统公立学校的模式来组织的(所有学生均为寄宿生,校规森严)。②授课采用讨论课而不是讲座的方式,而讨论课是由不同领域的顶尖学者开设的。费弗尔显然对哲学家亨利·伯格森"深恶痛绝",但他从伯格森的四位同事身上获益良多。③

其一是保罗·维达尔·德·拉布拉什。他是位地理学家,致力于与历史学家、社会学家合作,曾创办一份新杂志《地理学年鉴》(1891)鼓吹这一方法。④高师老师中的第二位是哲学家兼人类学家吕西安·列维-布留尔。他特别关注所谓的"前逻辑思维"或是"原始心态",这一主题将出现于费弗尔20世纪30年代的著作中。其三是艺术史学家埃米尔·梅尔。他是最早注意图像史,亦即今天通常说的"图像学"的历史,而不是形式的历史的学者之一。1898年,也就是费弗尔进入高师那年,他出版了讨论13世纪宗教艺术的名著。最后是语言学家安托万·梅列特。他是涂尔干的学生,对语言的社会层面深感兴趣。1906年至1926年间,费弗尔为亨利·贝尔——费弗尔和他的亲密关系维持了三十年之久——的

---

① Lukes, *Durkheim*, 第45页。巴里欧是牛津大学最古老的学院之一,本雅明·乔威特在1870—1893年间担任院长,在他的领导下对学院进行了改革,结果巴里欧学院成为牛津最有声望的学院之一。——译注

② Peyrefitte, *Rue d'Ulm*.

③ Braudel, "Testimony", 第465页。

④ Planhol, "Historical Geography"; Buttimer, *Society and Milieu*, 第43页以下。

《历史综合评论》撰写了一系列语言学著作的书评,在这些书评中,他对梅列特的仰慕及他对语言社会史的兴趣是显而易见的。①

费弗尔还承认受益于老一辈史学家。他视布克哈特与艺术史学家路易斯·库拉约德为"导师"。他毕生都敬仰米什莱的著作(在两人相识前,布洛赫批评费弗尔的一部著作太接近米什莱的华丽风格)。②1910年,在出版博士论文前不久,费弗尔发现了亨利·皮朗的著作,后者成为他最仰慕的史学家之一。费弗尔还坦承他的著作受到了《法国社会主义革命史》(1901—1903)的影响,这点让人颇觉唐突。此书是社会主义运动领袖让·饶勒斯在政治活动之余撰写的,书中"包含丰富的经济与社会制度信息"。③

饶勒斯的影响可见于费弗尔的博士论文。费弗尔选取的研究主题,是16世纪后期西班牙菲利普二世治下贝桑地区的弗朗什-孔泰,这是他的老家。④这一研究本身对社会文化史乃至政治史作出了重大贡献,只是这篇论文的题目"菲利普二世与弗朗什-孔泰"掩盖了这一事实。它不仅关注尼德兰叛乱和绝对主义的兴起,而且关注"两个敌对阶级之间的殊死搏斗",一方是负债累累的正在没落中的贵族,另一方是买

---

① Febvre, *Philippe*, 第323页。比较 Mucchielli, "Nouvelle histoire"。
② Febvre, *Michelet*; Burrows, "Michelet"。
③ Febvre, *Combats*, 第 vi 页。
④ Müller, "Lucien Febvre et l'histoire régionale"。

入他们地产的蒸蒸日上的商人、律师等市民阶级。表面看来，这种分裂具有马克思主义风格——但与马克思主义截然不同的是，费弗尔认为这两个群体之间的斗争"不只是经济的冲突，而且是思想与感情的冲突"。①他对这一冲突的诠释，的确，还有他对普遍历史的诠释，均与饶勒斯颇有几分相似。后者声称要"兼马克思的唯物主义与米什莱的神秘主义于一身"，折衷社会势力与个人感情。②

费弗尔的研究还有另一个引人注目而又颇有影响的特点，就是它对地理环境的介绍，它概括了这一区域独特的轮廓。在20世纪60年代年鉴派的省别专著中，对地理的介绍几乎成了清规戒律，它们仿照的可能是布罗代尔名著《地中海》的做法，但这种做法并不是从他开始的。

费弗尔对历史地理学兴趣十足，甚至就该领域（在亨利·贝尔的鼓励下）出版了一本题为《大地与人类演进》的概论。这一研究早在一战前便已开始策划，但由于作者的角色从大学教师变为一个机枪连的指挥官，被打断了。战后，在一位合作者的帮助下，费弗尔重拾这份研究工作。它在1922年出版。

由于这一涉及面颇广的论著出自圈外人之手，它曾惹火了某些职业地理学家。费弗尔在书中推进了年长的老师保

---

① Febvre, *Philippe II*, 第323页。

② Jaurès, *Histoire socialiste*, 第65页以下。比较 Venturi, "Jaurès", 第5—70页。

罗·维达尔·德·拉布拉什提出的看法。在相当不同的方式上,德国地理学家拉采尔对费弗尔也颇为重要。在学术上,费弗尔是个深藏不露的人,只有在被同行的看法激怒之时,他才会提出自身的想法。拉采尔是人文地理学(他称之为人类地理学)的另一个先驱。与维达尔·德·拉布拉什不同的是,他强调自然环境对人类命运的影响。①

在地理决定论与人类自由的争论中,费弗尔热切地支持维达尔,攻击拉采尔,强调面对既定环境的挑战存在着不同可能的反应。对他而言,"必然性并不存在,而可能性俯拾皆是"。②引用费弗尔挚爱的一个例子来说,一个社会兴许会将一条河流视为障碍,而另一个社会可能把它当作航道。归根结底,决定这一集体选择的不是自然环境,而是人类、他们的生活方式及他们的态度,包括宗教态度。在讨论河流与道路时,费弗尔没有忘记论及朝圣的路线。③

布洛赫的职业生涯与费弗尔相差无几。④他也进了高师,他父亲古斯塔夫在那里讲授古代史。他也受益于米什莱与列维-布留尔,并曾赴莱比锡和柏林学习(1914 年前,德国被公认为史学研究的中心)。

不过,正如在讨论他晚年的著作时将要阐明的,对他影响

---

① Buttimer, *Society and Milieu*,第 27 页以下。
② Febvre, *Terre*,第 284 页。
③ Febvre, *Terre*,第 402 页以下。
④ Fink, *Marc Bloch*; Atsma and Burguière, *Marc Bloch*; Raulff, *Marc Bloch*; Friedman, *Marc Bloch*; Schöttler, *Marc Bloch*.

最大的是社会学家涂尔干。大约在布洛赫进入高师时,涂尔干也开始在那里任教。作为老高师学人,涂尔干从问学于福斯特尔·德·古朗热时,便学会了认真看待历史。①布洛赫到晚年道出了涂尔干的杂志《社会学年鉴》对他的深刻影响。他那一代的许多历史学家,比如布洛赫的朋友古典学家路易·热耐特与汉学家葛兰言,都曾满怀热情地阅读这份杂志。②还应补充一点,尽管布洛赫仰慕涂尔干及其追随者(如莫里斯·哈布瓦赫),但这并不意味着对他们他只是一味追捧。

与费弗尔不同的是,尽管布洛赫并不信奉犹太教,但他和涂尔干同为犹太人。他将自身定位为"德雷福斯辈"的人,因为 1894 年判处犹太军官德雷福斯上尉叛国罪一事——后来由声援者发动的运动证明他是清白的——就已唤醒了孩提时代布洛赫的政治意识。有论者认为,这一经历刺激了布洛赫对理性局限性的兴趣,这一方面最明显的例证,莫过于他对于对法国和英国国王超自然力的所谓"集体幻想"的研究。③

尽管布洛赫早在孩提时代就对当代政治感兴趣,他还是选择中世纪作为专业。像费弗尔一样,他对历史地理学也感

---

① Lukes, *Durkheim*, 第 58 页以下。

② Burguière, *Annales* (1935), 第 393 页;比较 Schöttler, "Marc Bloch et le XIVe congrès"。

③ Gilbert, "Three Historians"; Fink, *Marc Bloch*, 第 18—24 页。

兴趣。①他关注的是法兰西岛②,并以此为主题,在史学家克里斯蒂安·普菲斯特的指导下撰写了论文,然后在《历史综合评论》发表。和费弗尔再度相似的是,在对法兰西岛的研究中,布洛赫也以问题导向的方式思考。在作者二十七岁发表的这个研究成果中,多学科训练的效果已然是清晰可辨。这个研究认为,地方史学者必须利用考古学家、古文书学家、法律专家等的研究技巧。③

在这个区域研究中,他居然对区域概念本身提出质疑,认为它取决于人们关注的问题。他写道:"凭什么期望对封建制度感兴趣的法官、研究近代乡村财产演变的经济学家,和研究民间方言的考据学家,都恰好停留在相同的边界呢?"④在其他论著中,他对历史时期提出同样的看法,而历史时期是时间的边境。

一战期间,布洛赫像费弗尔一样,在一个步兵团服役,曾两次挂彩。这个战争经历对他后来的著作产生了何种影响,就没有统一答案了。⑤正如我们刚刚指出的,他在战前写成的博士论文,已经提出了布罗代尔后来称之为"地理史"的出色例证。另一方面,有论者认为,布洛赫的战争经历激发或至少

---

① Baulig, "Marc Bloch géographe".
② 中世纪时法国巴黎周围塞纳河等环绕的区域。——译注
③ Bloch, *Île de France*, 第 60—61 页。
④ Bloch, *Île de France*, 第 122 页。
⑤ 对这一经历的强调,参见 Raulff, *Marc Bloch*, 第 70—92 页。比较 Fink, *Marc Bloch*, 第 54—78 页。

是激励了他对常人——不管是农奴还是国王——的历史的兴趣。① 曾担任民兵军官的爱德华·吉本在退役后评论说:"汉普郡榴弹兵团上尉的经历……对研究罗马帝国的史学家并非百无一用。"同样也可以认为,担任团部上尉参谋的经历,有助于布洛赫研究谣言,尤其是战时满天飞的错误谣言——布洛赫曾在1921年就此主题发表过论文。②

与费弗尔相比较,布洛赫对地理学涉足较少,而对社会学情有独钟。然而,两人都以跨学科的方式思考。显然,两人有必要互相结识。他们受聘至斯特拉斯堡大学任职,提供了这一机缘,而这要归功于这所大学的新院长,此人就是布洛赫以前的导师克里斯蒂安·普菲斯特。③

二 斯特拉斯堡

背景 在斯特拉斯堡时期,吕西安·费弗尔与马克·布洛赫的日常聚会从1920年至1933年,仅仅持续了十三年,但对年鉴运动来说至关重要。如果算上围绕在两人周围的极其活跃的年轻学者,这一时期就更为重要了。④

这一群体得以风云际会的背景,也值得强调一下。一战

---

① Lyon,"Marc Bloch".
② Bloch,"Faux nouvelles".
③ Fink, *Marc Bloch*,第84页。
④ Baulig,"Febvre"; Carbonell and Livet,"Berceau",第65页以下。

后的斯特拉斯堡大学是个名副其实的新大学,因为这个城市刚刚从德国手上光复。这个新机构对知识创新大有裨益——新机构大都如此,为跨越学科边界的学术交流提供了便利。①

吕西安·费弗尔与马克·布洛赫是在1920年,亦即他们分别被任命为教授与讲师不久后碰面的,他们从相识迅即成为至交。他们的办公室挨在一起,门总是开着。②有时,有些同事也加入他们无休无止的讨论,如社会心理学家夏尔·布隆代尔和社会学家莫里斯·哈布瓦赫。前者的看法对费弗尔颇为重要,而后者于1925年发表的对记忆的社会框架的研究,对布洛赫产生了深刻影响。③

斯特拉斯堡的其他许多教员,与费弗尔和布洛赫拥有或即将拥有共同的兴趣。维达尔·德·拉布拉什的两位门生,亨利·博利格和马克西米连·索尔(短期),从1919年开始前来讲授地理学。里程碑式的《自宗教战争结束以来法国宗教情感的文学史》(1916—1924)一书的作者亨利·布列蒙,1923年开始在斯特拉斯堡开讲座。布列蒙对历史心理学的关注,启发了费弗尔本人有关宗教改革的研究。④研究法国大革命史的历史学家乔治·勒费弗尔,对心态史的关注与年鉴派创建人颇为接近,他于1928—1937年间在斯特拉斯堡任

---

① Burke, *Knowledge*, 第239—244页。
② Febvre, "Souvenirs"。
③ Febvre, *Combats*, 第370—375页; Bloch, "Mémoire"。
④ Febvre, *Combats*, 引述布列蒙达六处。

教。要是说勒费弗尔对"1789年大恐慌"的著名研究,其观点多少得益于马克·布洛赫早年对谣言的研究,当非空穴来风。①加伯里尔·拉·布拉斯是对宗教进行历史社会学研究的一位先驱,他也在斯特拉斯堡任教。古代史史学家安德烈·皮加涅尔也是如此。他于1923年发表的对罗马竞技的研究,像马克·布洛赫次年出版的《国王的触摸》这项研究一样,显示了对人类学的兴趣。②

国王的触摸 有足够的理由认为,《国王的触摸》是20世纪伟大的史学著作之一。③它关注的是从中世纪到18世纪流行于英国与法国的这么一个信仰:国王借助触摸之力,可以治愈淋巴结核,亦即所谓"国王之恶"的皮肤病。

即便是今天,比起"货真价实的历史",这依旧是个稍嫌偏门的课题,更不用说在20世纪20年代了——布洛赫不无讽刺性地提到了一位英国同行的看法,后者在评论中提到"你的这一怪诞的旁门左道"。④相反,对布洛赫而言,国王的

---

① Febvre, *Great Fear*; Bloch, "Fausses nouvelles"。比较 Ginzburg, "Marc Bloch"。

② Piganiol, *Jeux romains*, 第103页以下、第141页以下。比较 Carbonell and Livet, "Berceau", 第41页以下。

③ Ginzburg, "Marc Bloch"; Le Goff, "Préface"。

④ Bloch, *Royal Touch*, 第18页,但请比较恩斯特·雅克布的意见:"在对皇家治疗的研究中,布洛赫先生遵循的似乎是旁门左道;但用心聆听了此书在分析信仰和迷信的过程中提出的更重要的课题后,我们认为,自从弗里茨·科恩1914年出版《神权与抵抗权》之后,布洛赫为中世纪神圣权力起源研究作出的贡献无人能及。"

触摸绝非旁门左道,而是康庄大道。在任何意思上说,它都是货真价实的康庄大道(une voie royale)。这是以小见大的个案研究。作者不无道理地声称,"从'政治'一词真正的、宽泛的意义上说"(au sens large, au vrai sens du mot),他的著作对欧洲政治史做出了贡献,因为该书关注的是王权观念。"国王奇迹的最为重要之处,在于表达了一个独特的至高无上的政治权力的概念。"[1]

《国王的触摸》的非凡之处至少还有三点。其一,因为它并不局限于像中世纪那样的传统的历史阶段。布洛赫遵照他日后在《历史学家的技艺》中高屋建瓴地提出的建议,根据问题选取时段,这意味着他讨论的是在一代之后布罗代尔称之为"长时段的历史"的东西。借助这一长时段的视野,布洛赫得出若干饶有趣味的结论,尤其是触摸仪式不仅延续至17世纪,亦即笛卡儿和路易十四的时代,而且至少从路易十四比其前辈触摸了为数更多的患者这一意义上说,它曾盛极一时。它不只是"化石"。[2]

其二,该书对布洛赫所谓的"宗教心理学"做出了贡献。这一研究关注的核心问题是奇迹的历史,它在结论中毫不含糊地讨论了人们如何可能相信此等"集体幻觉"的解释问题。[3]布洛赫注意到,某些患者回头接受第二次触摸,这不仅

---

[1] Bloch, *Royal Touch*, 第21、51页。
[2] Bloch, *Royal Touch*, 第21页、第360页以下。
[3] Bloch, *Royal Touch*, 第420页以下。

说明他们知道治疗不灵光,而且表明这一点并未削弱其信仰。"它的信仰产生于对奇迹的期盼"(*Ce qui créa la foi au miracle, ce fut l'idée qu'il devait y avoir un miracle*)。①援引数年后哲学家卡尔·波普尔提出的著名的说法来说,信仰是"无法证伪的"。②

这种对信仰心理学的讨论,人们本来是不会期望在20世纪20年代的史学研究中找到的。这理应是心理学家、社会学家或是人类学家的工作。实际上,布洛赫确曾与一位心理学家、他在斯特拉斯堡的同事夏尔·布隆代尔,以及费弗尔谈过他的书。③布洛赫也了解詹姆斯·弗雷泽的著作,知道《金枝》对神圣王权有何看法,就好比他知道吕西安·列维-布留尔对"原始思维"有何说法一样。④尽管布洛赫并未频频使用这个术语,但其著作对日后所谓的"心态"史作出了拓荒式的贡献。还可以认为,它是一部集中讨论信仰体系与知识社会学的历史社会学或是历史人类学论著。

布洛赫在论述他著作的主题时,确实曾多次使用的概念是"集体表象"。这一术语与社会学家埃米尔·涂尔干渊源颇深,在布洛赫书中出现的另一个术语"社会事实"也是如此。千真万确,他的整个方法在很大程度上都应归功于涂尔

---

① Bloch, *Royal Touch*, 第429页。
② Popper, *Logic*, 第40页以下。
③ Bloch, *Royal Touch*, 第 vi 页。
④ Bloch, *Royal Touch*, 第421页注。

干及其学派。①

至少从某一方面看来,事后诸葛可以批评《国王的触摸》的涂尔干学派味太浓了。尽管布洛赫谨慎记录了人们对国王触摸的质疑,这种质疑曾在他的著作涵盖的长时期中出现过,但也许因为他并未系统讨论国王触摸的信众(有时抑或是不信仰者),或是从国王触摸的灵验信仰中捞到好处的人,他最终创造的印象,还是有太过强烈的共识色彩。他并未从意识形态的角度讨论这一现象。当然,在布洛赫的时代,人们倾向于在粗略、化约的意义上使用"意识形态"概念。今天,这一状况已完全改观。现在已难以想象一个与年鉴派渊源甚深的历史学家,比方说乔治·杜比,在讨论国王触摸时还会对这一概念视而不见。

其三,布洛赫著作的重要之处还在于,它关注作者所说的"比较史"。书中曾多次与远离欧洲的社会,如波利尼西亚之类进行比较,但都只是一笔带过,而且行文谨慎。援用布洛赫的话说,"不要讨论巴黎或伦敦之外的地区"。②同时,该书的中心是比较曾施行国王触摸的仅有的欧洲国家——法国与英国。还需补充的是,这一比较还给对比(contrasts)留下了空间。

简言之,早在1924年,布洛赫便已实践了四年后他在《为

---

① Febvre, "Souvenirs",第392页;比较 Rhodes, "Emile Durkheim"。
② Bloch, *Royal Touch*,第52页以下,第421页注。

了欧洲社会的比较史》一文中倡导的东西。这篇文章阐明了作者对比较方法进行所谓"改进的、更普遍性的使用"的理由。文章区分了对不同社会相似性的研究与对其差异性的研究,区分了对在时空上连续的不同社会的研究与对相距甚远的不同社会的研究,不过还是建议历史学家去同时实践所有这些方法。①

费弗尔论文艺复兴与宗教改革　像布洛赫一样,在完成其历史地理学的旧计划后,费弗尔将兴趣转向集体态度,或是他有时(像他的朋友亨利·贝尔)称为"历史心理学"的研究。他坦承,是阅读司汤达描写意大利的书,激起了他的这一兴趣。②在剩下的生涯里,他将其严肃研究聚焦于文艺复兴史与宗教改革史,尤其是法国文艺复兴史和宗教改革史。

开启他学术生涯的这一阶段的,是四场讨论法国早期文艺复兴的讲座,一本路德的传记,以及一篇讨论法国宗教改革起源——他认为这个"问题提得不好"③——的商榷文章。所有这些文字关注的都是社会史与集体心理学。

比方说,文艺复兴四讲驳斥了文学与艺术史学家(包括其老导师埃米尔·梅尔)对这一运动作出的传统解释,这些

---

① Bloch, "Comparative History".
② Febvre, *Combats*, 第207—220页。
③ Febvre, "Une question". 比较Fenlon, "Encore une question"和Burke, "Lucien Febvre, Ecclesiastical Historian?".

解释强调内部的演变。而费弗尔对这一"革命"提出社会的解释,他不仅强调了对新思想的也许可说是"需求",而且与弗朗什-孔泰的论文一样,强调了市民阶级的兴起。①

同样,费弗尔讨论宗教改革的文章,批评了教会史学家对这场运动的处理。在他们看来,宗教改革在本质上关注的是制度的"滥用"及其改革,而不是亨利·布列蒙在一个著名研究的标题中提出的"宗教感的深刻革命"。根据费弗尔的意见,这一革命的原因还是市民阶级的兴起,他们"需要……一个清晰的、理性的、人性化的、温情脉脉的兄弟般的宗教"。②今天看来,诉诸市民阶级的做法有点讨巧,但力图结合宗教与社会史的做法仍然是发人深省的。

在其人生的这一节骨眼上,费弗尔撰写了一部历史传记,对此读者可能深感意外,尽管不难理解他何以选取路德,如果考虑到两人都拥有强硬火爆的人格的话。然而,作者在传记序言中指出,它并不是本传记,而是一本试图解惑答疑的著作,亦即书中处理的"存在于个体与群体之间、个人主导与社会限制之间关系的问题"。③他注意到路德的潜在追随者在1517年已经存在,他们仍旧是市民阶级,这一群体正获得"新的社会重要感",对教士在上帝与人之间的媒介位置心怀不满。不过,费弗尔拒绝将路德的思想化约为市民阶级利益的

---

① Febvre, *Pour une histoire*, 第 529—603 页,尤其是第 573、581 页。
② Febvre, "Une question"; ibid., *New Kind*, 第 66 页。
③ 比较 Le Goff, *St Louis*。

表现。相反,他争辩说,这些创造性的想法并不总是与其社会处境相吻合,它们必须经由路德的追随者,尤其是菲利普·梅兰奇霍恩之手,根据市民阶级的需要与心态进行调整。①

现在看来显而易见的是,某些中心主题在费弗尔的著作中不断重现。在其对个人的迷恋与其对群体的关注之间存在着创造性的张力。这种张力同样表现于,他一方面对编撰宗教社会史抱有浓厚的兴趣,另一方面却强烈拒绝将精神态度与价值仅仅化约为经济或社会变迁的表达。

三 《年鉴》的创办

一战结束后不久,费弗尔曾计划筹办一份经济史国际评论杂志,计划中的主编是伟大的瑞士史学家亨利·皮朗。这一计划碰上了麻烦,被搁到一边。1928 年,由布洛赫主动提出重新筹办一份刊物(这次是法文杂志),这次计划成功了。② 皮朗再次被邀请指导这一评论杂志,但他拒绝了,因此费弗尔与布洛赫便成了联合主编。

杂志原名《经济社会史年鉴》,刊名仿照的是维达尔·德·拉布拉什的《地理学年鉴》。从一开始,创刊宗旨便不只是增

---

① Febvre, *Luther*, 第 104 页以下、第 287 页以下。比较 Schöttler, "Lucien Febvre, Luther et les Allemands"。

② Febvre, "Souvenirs", 第 398 页以下; Leuilliot, "Origines", 第 317 页以下; Dumoulin, "Pirenne"; Fink, *Marc Bloch*, 第 7 章。

添一份普普通通的史学期刊。其目标在于取代德国《社会经济史季刊》，占据经济社会史领域的学术领导权。①它是喉舌甚或是喇叭，鼓吹主编们对跨学科新史学方法的呼唤。

创刊号的首发日是1929年1月15日。这一期为读者带来了主编们的信，信中解释说，他们老早就策划了这么一份刊物，对历史学家与其他学科研究者之间存在的障碍感到遗憾，强调需要进行学术交流。②为推动跨学科交流，编委会不仅包括从事古代史与近代史研究的历史学家，还包括一位地理学家（阿尔伯特·德芒戎），一位社会学家（莫里斯·哈布瓦赫），一位经济学家（查尔斯·李斯特）和一位政治学家（安德烈·西格弗莱德，维达尔·德·拉布拉什的学生）。③

跟其他史学期刊不同的是，《年鉴》给专题论文提供的版面，少于书评（常由主编本人撰写）、对方法的讨论以及对近期会议和史学世界的其他事件的报道。

杂志最初几期对"现今的历史"给予了很大关注，相关主题包括俄国革命，杂志创刊数月后爆发的大崩盘④，法西斯和工联主义的关系，以及纳粹德国的兴起。那篇讨论纳粹起源的文章，是由1934年至1947年间担任费弗尔助手的奥地利史学家露西·瓦尔加（本名罗莎·斯特恩）撰写的。在一篇

---

① Leuilliot, "Origines", 第393页。
② Leuilliot, "Origines", 第321页。
③ Pomian, "L'heure"认为皮朗、李斯特与西格弗莱德扮演的只是名义上的角色。
④ 即1929年世界经济危机。——译注

讨论奥地利和瑞士边境谷地的历史与民族志杰出论文中,使用了"现今的历史"这个说法的正是这位瓦尔加。①

经济史学家在前几期也很显眼——比方说,皮朗写了一篇有关中世纪商人教育的文章;瑞士历史学家艾里·黑克舍是一项著名的重商主义研究的作者;而美国的伊尔·哈密尔顿以其讨论美洲财富与西班牙价格革命的研究最为出名。此时,这一刊物看来就像是英国《经济史评论》的法文版或竞争对手。然而,1930年的一个通告宣称,杂志意欲将自身建立"在社会史这块几乎尚未开发的处女地之上"。②它本身还像贝尔的《历史综合评论》一样,关注社会科学方法。

对经济史的强调似乎显示,作为联合主编,布洛赫在最初几年扮演了主导角色。不过,妄自揣测1929年之后究竟费弗尔与布洛赫在"年鉴史"的创造过程中谁更重要,甚或是揣测他们在办刊上如何分工,肯定是莽撞之举。③可以确切指出的是,尽管存在若干个人摩擦,倘若他们没能在原则问题上达成共识并进行富有成效的合作,这一运动的成功便无从谈起。不过,两位搭档在1929年后的史学贡献理应分别进行考察。

布洛赫论乡村史与封建制　布洛赫的生涯更为短暂,被

---

① Varga, "Genèse"; eadem, "Vorarlberg". 比较 Schöttler, "Lucie Varga"; 及 Davis, "Women"。

② Burgière, *Annales* 2 (1931), 第2页。

③ Lyon and Lyon, "Birth".

战争残酷地打断。在最后几十年的学术生涯中,他写出了一些富有新意的论文与两本重要的著作。这些文章(除上文论及的讨论比较方法的论文外)包括一项对水磨及阻碍其传播的文化与社会因素的研究,这是对技术变迁"作为一个集体心理学问题"的反思。①由于布洛赫经常被视为经济史学家,值得提请注意他对心理学的兴趣,这在《国王的触摸》中尤其显而易见,而在讨论技术变迁的讲座中也颇为突出。这一讲座面对的是一群职业心理学家,他呼吁两门学科多加合作。②

布洛赫的主要精力花在两本重要的著作上。其一,是他对法国乡村史的研究。该书最初是应邀在奥斯陆的比较文明研究所作的系列讲座。不过,从某种意义上说,它是研究中世纪法兰西岛乡村人口的论著在时空方面的延伸,他在一战前就已着手筹划这部论著,后因入伍将之搁下。该书出版于1931年,仅200余页,是讨论大问题的小书,但已足以显示作者在综合与抓住问题本质方面的天赋。

从许多理由看来,这部论著无论过去还是现在都很重要。像《国王的触摸》一样,它关注13—18世纪长时段的发展,并对法国与英国进行了发人深省的比较和对比。布洛赫将"乡村史"的概念,定义为"对乡村技术与乡村习俗的综合研究",在史学家满足于讨论诸如农业史、农奴史或地产史之类专题

---

① 均重印于 Bloch, *Land and Work*。
② Bloch, "Technical Change".

的时代,这一宽泛定义显得非同寻常。同样非同寻常的,是布洛赫对诸如地产地图等非文字资料的系统使用,还有他宽泛的"乡村文化"概念。他选择这一字眼来强调,仅从自然环境的角度,是无法解释存在着不同农业体系这一事实的。①

《法国乡村史》最为出名的,也许是所谓的"回溯法"(regressive method)。布洛赫强调,由于我们更为了解晚近的情况,也由于从已知推导未知更为谨慎,必须"从后往前看历史"。②布洛赫非常有效地运用了这一方法,但他并未自诩是其发明者。F. W. 梅特兰在其经典研究《末日裁判书及超越》(1897)中,已然在"逆溯法"(retrogressive method)的名义下运用了这一方法。书名中的"超越"指的便是 1086 年末日裁判书产生之前而非之后的时期。布洛赫对梅特兰"那颗伟大的心灵"充满仰慕之情,并对他的著作在法国默默无闻表示遗憾。③

与布洛赫的旨趣更为接近的研究,是弗里德里克·西伯恩的《英国村落社区》(1883)。该书是另一本讨论中世纪英国的论著,比梅特兰著作稍早几年出版。该书在回溯至中世纪之前,第一章就讨论了"根据近代遗迹考察英国敞地制"(特别是西伯恩生活的西钦地区)。的确,古代史学家、布洛赫父亲古斯塔夫的老师福斯特尔·德·古朗热,在《古代城

---

① Bloch, *Rural History*, 第 xi、64 页。比较 Bission, "La terre"。
② Bloch, *Rural History*, 第 xii 页。
③ Bloch, "Mémoire", 第 81 页。

市》(1864)中研究希腊和罗马的 gens 亦即宗族的历史时,也采用了相同的方法。他承认,有关这一社会群体的所有证据,"来自一个仅仅剩下自身影子的时代",但他还是认为,这一晚近的证据仍旧让我们"窥见"其原初的系统。①换句话说,布洛赫并未发明新方法。他所做的是比他的前辈们更为自觉、更有系统地运用这个方法。

第二本书《封建社会》(1939—1940)是让布洛赫今天更广为人知的一本书。本书的写作缘起是,1924 年贝尔邀请布洛赫为《人类的演进》丛书撰写一本中世纪西方经济史著作,而其他学者将处理封建制和卡洛林帝国的崩溃。然而,这些学者没能写出东西,因此到了 1932 年,布洛赫同意越俎代庖,撰写一部封建制度的专著,集中讨论社会结构。②

这是本雄心勃勃的综合性论著,处理了从 900 年至 1300 年近四个世纪的欧洲史,讨论了一系列论题:奴役与自由、神圣王权、通货的重要性等等,他在其他场合也曾讨论过其中不少主题。从这一意义上说,该书是其毕生研究的结晶。与前人的封建制研究不同的是,它并不局限于研究土地租佃制度、社会等级、战争和国家之间的关系。它将封建制当作一个整体来处理:它处理的是我们今日兴许可说是"封建制文化"的东西。换言之,它是"总体史"的一次尝试——布洛赫在表彰

---

① Fustel, *Ancient City*, 卷 2, 第 10 章。比较 Bloch, *Historian's Craft*, 对梅特兰历史逆溯的讨论。

② Pluet–Despatin, *Écrire*, 第 28、71、76 页。

皮朗的比利时史时,曾用过这个说法。①

　　此书还再次处理了历史心理学,处理了作者所谓的"感觉与思维之模式"。这是此书最有原创性的部分,其中的讨论涉及中世纪的时间感,或倒不如说中世纪"对时间之漠视",或至少是对时间的精确度量毫无兴趣。在"记忆热"流行很多年以前,布洛赫就曾专章讨论"集体记忆"。像他的朋友、涂尔干派社会学家莫里斯·哈布瓦赫一样,他长期以来就颇为迷恋这一论题。②

　　《封建社会》的确是布洛赫撰写的受涂尔干影响最大的一部书。他一直不停地使用 conscience collective(集体意识)、mémoire collective(集体记忆)、représentations collectives(集体表象)之类的语言。像下面这种一笔带过的评论,便重复了这位导师的话:"在每一件文献中,社会都对自身的形象进行沉思。"在本质上说,该书关注的是涂尔干研究工作的一个中心主题——社会整合。在本质上说,这一整合或"依附纽带"的特殊形式,是以功能主义的方式进行解释的。它是对特定社会背景的"需求"的调适,更准确地说,是对三个入侵浪潮——维京人、穆斯林与马扎尔人的入侵——的回应。面对入侵者,普通民众需要保护,他们从贵族那里得到保护——并为此付出了代价。

---

① Lyon and Lyon, *Birth*, 第 139 页。
② Bloch, *Feudal Society*, 第 72—75、88—108 页。

涂尔干对比较、类型学、社会进化的关注,在该书末尾题为"作为社会组织典型形式的封建制"的这一部分留下了印记。布洛赫在这一部分争辩说,封建制并非一个独特的结构,而是在社会进化过程中周期性地发生的一个发展阶段。他带着一贯的谨小慎微,指出需要进行更为系统的研究,但他接着以比较史论文中表现出来的那种精神,援引了日本的例证,认为这个社会自发地形成了与中世纪西方本质上相似的体系。他指出了这两个社会之间的重要差别,尤其是欧洲的附庸有权公然反对其领主。不管如何,这种对周期性趋势的关注与注意在相距甚远的社会之间进行比较的做法,让布洛赫的著作比他那一代其他法国史学家的著作更具社会学色彩。对吕西安·费弗尔来说,它的社会学味道的确是太过浓烈了,他责备布洛赫没有更为细致地去讨论个人。①

四　年鉴的制度化

在 20 世纪 30 年代,斯特拉斯堡群体各奔东西。1933 年,费弗尔离开斯特拉斯堡,前往声名显赫的法兰西学院就任教席,而布洛赫在申请法兰西学院教席未果后,于 1936 年离开,接任豪塞在索邦的经济史席位。由于巴黎在法国学术生活中的重要地位,进入中心乃是年鉴运动成功的表征。

---

① Febvre, Combats, 第 427—428 页。

运动成功的另一个标志,是费弗尔被任命为组织委员会的主席,受命策划编纂《法兰西百科全书》,这是个雄心勃勃的跨学科计划,其成果于 1935 年开始付印。这一百科全书最为出色的一卷,是由费弗尔过去的老师老安托万·梅列特所编辑的,处理的对象也许可称为"概念装置"或是"心态装备"(法文原文是 outillage mental)。可以说,该书为日后心态史的兴起奠定了基础。不过,需要补充的是,几乎同时,费弗尔的斯特拉斯堡同事乔治·勒费弗尔发表了一篇讨论大革命骚乱及其集体心态的文章——它日后将成为传世名篇。保守心理学家古斯塔夫·拉朋对骚乱的非理性嗤之以鼻,这惹火了勒费弗尔,他试图阐发其行动逻辑。①

《年鉴》逐渐成为一种史学方法的焦点。正是在 20 世纪三四十年代,费弗尔撰文抨击褊狭的经验主义者与所谓专家,道出了他倡导与《年鉴》声气相通的"新型史学"的宣言与计划——呼吁合作研究、问题导向的历史学、感知史等等。②

费弗尔总喜欢将世界分为支持者与反对者,将史学分为"我"型与"他"型。③然而,他认识到时至 1939 年,有这么一群支持者,他们是"一伙忠实的年轻人",他们追随他们所称的"《年鉴》之精神",他的这一认识无疑是对的。④他首先想到的

---

① Lefebvre, "Foules".
② Febvre, *Combats*, 第 3—43、55—60、207—238 页等; ibid., *New Kind of History*, 第 1—11 页。
③ Febvre, *Combats*, 第 114—118、276—283 页。比较 Cobb, "Nous"。
④ Burguière, *Annales* 11 (1939), 第 5 页。

可能是1937年认识的布罗代尔,但肯定还包括其他人。此时皮埃尔·古贝尔师从马克·布洛赫,尽管他后来的专业是17世纪,但仍然忠于布洛赫式的乡村史。①布洛赫与费弗尔在斯特拉斯堡的一些学生,现在也在中学和大学中传播他们的主张。日后将成为年鉴第三代顶尖成员的莫里斯·阿居隆和乔治·杜比,就是布洛赫的徒孙。尽管杜比从未见过布洛赫,而费弗尔曾直接指导过他,他还是称布洛赫为"导师"。②

二战暂时打断了这些发展。尽管布洛赫在1939年已五十三岁了,他的反应是再次入伍。法国战败后,他又暂时恢复了学术生活,但随即加入抵抗军,并在其中扮演了活跃的角色,直至被德军逮捕。他于1944年被枪决。尽管布洛赫参与这些"校外活动",他在战时仍挤出时间,写成两本小书。第一本《奇怪的溃败》是1940年法国溃败的经眼录,试图从历史学家的角度理解这次溃败。这是个引人注目的超脱举动。③

也许更为难能可贵的是,在布洛赫日益感觉孤立,日益为其家庭、朋友及其国家的未来去向感到焦虑之时,他还能撰写对历史学目的与方法的心平气和的反思。这本讨论"历史学家的技艺"的论著,在作者去世前未能完成,此书对这一主题

---

① Collins, "Pierre Goubert".
② Duby and Lardeau, *Dialogues*, 第40页; Duby, *L'histoire continue*, 第115—117页。
③ Bloch, "Stange Defeat". 比较 Schöttler, "Marc Bloch et Lucien Febvre face à l'Allemagne Nazie"。

进行了流畅、谦恭、审慎的介绍——至今仍是我们拥有的最好的书之一。然而,跟表面看来不同的是,此书主要不是一本介绍史学方法的教科书。这是本颇具个人色彩的论著,而不是对史学专业(或以布洛赫偏好的,以习惯性的反讽疏离的语气称呼的,"行会")传统智慧的表白。更准确地说,这部著作并非总在表达共识。相反,这本小书的某些部分,必须最低限度地理解为某种特定史学风格的宣言,作者毕生都与这种史学休戚相关。在其中一个部分,布洛赫带着偶像破坏主义特征,追随西米昂的风格,对所谓"起源的偶像"进行抨击。作者指出,每一历史现象必须从其自身的时代,而不是从之前的情况来进行解释。①

费弗尔的拉伯雷　与此同时,费弗尔继续编杂志,先是两人联名,后来为遵守维希政权的反闪族法,以他个人的名义(布洛赫认为,杂志应停刊,而费弗尔推翻了他的看法)。②他年已老迈,无力从戎,在战争的大多数时间,他住在乡村农舍中,撰写了一系列有关法国文艺复兴与宗教改革的论著。③这些研究有若干种处理的是个人,如纳瓦尔的玛格丽特与弗朗索瓦·拉伯雷之类,但它们并非严格意义上的传记。费弗尔忠于自己的告诫,根据问题组织研究。比方说,玛格丽特这样

---

① Bloch, *Historian's Craft*, 第 1 章。
② Davis, "Censorship".
③ Mandrou, "Lucien Febvre".

一个博学而虔诚的公主,是如何撰就《七日谈》这本包括某些极其淫猥的故事的集子的?拉伯雷信不信教?

这一研究的全名是《16世纪的不信教问题:拉伯雷的宗教》,此书是20世纪出版的最具原创性的史学著作之一。它与布洛赫的《国王的触摸》和勒费弗尔讨论骚乱的文章一道,激发了20世纪60年代以后如此众多的法国史学家关注的集体心态史研究。像费弗尔的许多研究一样,这本书的写作缘起,来自对另一位史学家提出的看法的不满。①费弗尔偶尔读到阿贝尔·勒弗兰克编辑的《巨人传》,编者认为拉伯雷是位不信教者,他写书的目的是为了挖基督教的墙角。这一看法惹火了费弗尔,于是他开始关注拉伯雷。1930年,费弗尔就深信,这一诠释不仅误解了拉伯雷本身,而且还犯了时代颠倒的错误,将16世纪无法想象的思想,强加于《巨人传》的作者之上。于是他才着手去批驳这一看法。

《不信教问题》的结构非同寻常,是倒金字塔形。它以极其简洁、语义学的方式开始讨论。根据勒弗兰克的说法,许多同时代人都曾谴责拉伯雷的无神论,因此,费弗尔便考察了这帮人——大多是16世纪30年代的小拉丁诗人,说明"无神论者"这一字眼并无近代的确切内涵。它是个"人们可以随随便便使用的"污蔑性的字眼。

从对这一字眼的讨论出发,费弗尔进一步讨论了拉伯雷

---

① Dewald, "Lucien Febvre".

在这部传奇小说中开的玩笑,这些玩笑显然是亵渎神明的。勒弗兰克在他讨论作者的"理性主义"观点时曾强调这些玩笑。费弗尔指出,这些玩笑属于讽刺神圣的传统,中世纪的僧侣就常常乐此不疲;它们根本就不是理性主义的证据。根据费弗尔的说法,拉伯雷是个伊拉斯谟型的基督徒:虽对中世纪晚期教会的许多外在形式多有微词,却是个内在宗教(interior religion)的信仰者。

至此,拉伯雷的宗教信念已然得到证实,而勒弗兰克的观点也遭到了批驳,人们可能觉得这本书要收尾了。费弗尔事实上的做法,是更进一步扩大讨论范围。他将拉伯雷搁到一边,接着讨论16世纪无神论之所谓的不可能性。

马克·布洛赫曾试图解释为何对国王触摸奇迹的信仰长盛不衰——即使治疗不灵验。同样,现在费弗尔力图解释为何没人质疑上帝的存在。他认为,在当时所谓的概念装备下,不信教是不可能出现的。费弗尔带着富有特色的气势,多少借助反证法来处理这一问题。他注意到16世纪缺失之物的重要性。16世纪法国"无法找到的字眼"包括了诸如"绝对"与"相对"、"抽象"与"具体"、"因果率""常规性"及其他许多关键术语。"没有它们",他雄辩地追问,"人们的思维如何能有哲学真正的活力、一致和明晰呢?"

费弗尔对语言学毕生的兴趣,为这一极具原创性的讨论提供了基础。然而,他并不满足于语言学分析。该书最后讨论了某些历史心理学问题。全书正是以这一部分最广为人知、最聚讼纷纭、最发人深省。比方说,像布洛赫处理中世纪那样,费弗尔注意到,以我们的标准衡量,16世纪的时空概念极不精确。"拉伯雷是哪年出生的?他一无所知",这在当时不足为怪。与通过日出、丘鹬的飞翔或玛丽亚大道的长度来描述的"体验的时间"比较起来,"测量的时间"亦即时钟时间的重要性仍然显得微不足道。费弗尔甚至进一步指出,视觉在这一时期"尚未发展",也缺乏对自然的美感。"16世纪不存在景观大饭店,也没有任何美景酒店。直到浪漫主义时代,它们才会登场。"

根据费弗尔的说法,此时的世界观还缺少一个更为重要的东西。"那时没人会觉得什么是不可能的"(我猜想,费弗尔的意思是,当时对不可能的事物缺乏普遍接受的标准,因为形容词"不可能的"并不在他的"无法找到的字眼"之列)。他进一步指出,这一标准缺失的结果是,从字面上说,我们所说的"科学"在16世纪是无从想象的。"让我们提防着,别将这一近代的科学概念投射到我们祖先的学问之上。"此期的概念装备太过"原始"。

于是,对一小撮作者使用的"无神论"一词内涵的精确的、技术性的分析,引出了对整个时代的世界观的大胆描述。费弗尔以六十有四的高龄,再次表达了蓬勃的热情,他提请读者注意"列维-布留尔的精彩著作",认为"凡在16世纪民众中间生活过许多年的人,面对唤起'原始思维'的一事一物,没有人会无动于衷,这个概念是那位哲学家为我们以如此精彩的方式重构出来的"。

事隔七十余年,今天看来费弗尔的书似已稍嫌过时。年轻一辈的历史学家已注意到他遗漏的证据,发现拉伯雷其实相当同情路德的某些观点。另一些人对费弗尔关于16世纪无神论无从想象的假设提出了质疑,他们援引西班牙与意大利宗教裁判所的审判记录指出,曾否认第一动力或坦承信仰某种形式的唯物主义的人似乎确实存在。①

同样,要是我们还记得,16世纪哲学通常是用拉丁文进行讨论的,那么法语缺失字眼的看法也就显得无足轻重了。同样不甚在理的还有视觉欠发达的理论——二十年后加拿大传播理论家马歇尔·麦克卢汉讨论了这一问题。不管景观大饭店在16世纪法国是否确实存在,在文艺复兴时期的佛罗伦萨有个景观平台则是确有其事,而意大利人文主义者利昂纳·巴蒂斯塔·阿尔贝蒂认为,眼睛优于耳朵。最为严重的批评是,费弗尔太过草率地假定此期二千万法国人的思维与感觉是相似的,他自信地讨论"16世纪的人",好像男人与女人、富人与穷人等的想法并无重要差别。②

然而,就其提出的问题与用以探寻这些问题的方法,而不是给出的答案而言,费弗尔的著作仍是典范之作。它是问题导向史的一个杰出例子。像布洛赫的《国王的触摸》一样,它

---

① Wootton, "Lucien Febvre".
② Frappier, "Sur Lucien Febvre".

对国内外的历史写作产生了相当大的影响。具有十足反讽意味的是,尽管该书原本是"饱含希望"地奉献给费尔南·布罗代尔的,但对他的影响似乎不大。不过,20世纪60年代以来乔治·杜比、罗伯特·芒德鲁、雅克·勒高夫及其他许多人从事的心态史研究,得益于费弗尔及布洛赫提供的典范之处甚多。

费弗尔大权在握 战后,在政府支持下,创建了新研究机构,如应用经济学研究所(ISEA)和国家人口学研究所(INED),费弗尔终于获得了机会。他应邀协助重组法国高等教育体系的一个主要机构——1884年创建的高等实践学院。他当选为声望卓著的知识团体法兰西学会的会员。他还成为法国派驻联合国教科文组织的代表,参与组织多卷本的《人类的科学与文化史》。

由于忙于诸多活动,费弗尔几乎没有时间进行较长时间的创作,他晚年的计划不是从未完成(像讨论"1400年至1800年的西方思想与信仰"的著作),就是由其他人来撰就。那本讨论文艺复兴与宗教改革时期印刷书籍及其对西方文化的影响的史书,尽管是由两人联名出版的,差不多却是其合作者亨利-让·马丁的成果。马丁后来在访谈中承认,此书计划和序言由费弗尔提供,而其他工作则由马丁本人完成。为能够模仿费弗尔独具个性的文风,马丁每天动笔前,都会先读一段费弗尔的文字。①另一方面,讨论历史心理学的论著《法国近代史入门》,是由他的学生罗伯特·芒德鲁在他的笔记的基础上写成的,以后者的名义出版。②

不过,费弗尔在战后最大的成就,是建立了"他"那种类型的史学能够得以发展的组织:创建于1947年的高等实践学院"经济与社会科学"第六部,其主要职能是从事社会科学研究。费弗尔成为第六部的主任,并担任第六部下属的史学研究中心的主任。③他将其门徒与朋友安插到这一组织的关键位置上。布罗代尔被他视为己出,协助他管理史学研究中心及《年鉴》。④研究19世纪的史学家查尔斯·莫拉泽加入杂志小规模的"指导委员会"当中。在1955年费弗尔临死前,费弗尔的另一个"儿子"罗伯特·芒德鲁成为《年鉴》的组织秘书。

《年鉴》一开始是份异端教派的杂志。费弗尔声称:"应该做异端。"布罗代尔赞同这个说法,到了20世纪70年代,他依旧断言:"我们仍是异端,身处边缘,依然远离当权派。"⑤尽管如此,不妨说战后杂志变得越来越像是正统教会的官方喉

---

① Martin, *Métamorphoses*, 第55—59页。
② Lecuir, "Mandrou"; 比较 Joutard, "Introduction"; Goubert, "Préface"。
③ Revel and Wachtel, *Une École*, 第11—28页。比较 Lepetit, "Portrait de groupe"。
④ Raphael, "Centre"。
⑤ 引见 Daix, *Braudel*, 第268页。

舌(写到费弗尔,教会的印象油然而生)。①在费弗尔的带领下,这些学术界的革命分子接管了法国史学的权力机关,或至少是其中的一个重要部分。继承他的权力的将会是费尔南·布罗代尔。②

---

① Hughes, *Obstructed Path*, 对"费弗尔主教"的讨论; Raulff, "Streitbäre Prelät"。
② Raphael, *Erben*.

第三章 布罗代尔的时代

1929年《年鉴》创办时,费尔南·布罗代尔二十七岁。①他在索邦学习历史后,正在阿尔及利亚教书,同时在撰写博士论文。这篇由政治史学家乔治·帕热斯指导的论文,最初是篇相当传统的——假如是雄心勃勃的——外交史论文。根据最初的计划,这是对菲利普二世与地中海的研究;也就是说,是对这个国王外交政策的分析。然而,1927年,布罗代尔写信向从未谋面的吕西安·费弗尔求教。费弗尔在回信中答复道,尽管"菲利普二世与地中海"选题不错,但"地中海与菲利普二世"更胜一筹。布罗代尔写于1929年的一封申请基金的信件显示,他完全接受了这个建议。②

---

① 在众多对布罗代尔的研究中,特别参阅 Aymard, *Lire Braudel*; Daix, *Braudel*; Gemelli, *Fernand Braudel*; Paris, *Genèse intellectuelle*。McNeill, "Fernand Braudel"做了简短评价。

② 在《历史评论》1950年刊出的对布罗代尔著作的评论第217页中,费弗尔讲述了他提出忠告的故事。布罗代尔的书信刊载于他的 *Autour de la Méditerranée*, 第13—28页。

一 《地中海》

在长期的酝酿过程中,这篇论文的触及面越来越广。对法国职业历史学家来说,边写论文边教书一直以来就是正常现象。比方说,吕西安·费弗尔便曾在贝桑松教过一小段时间的书。从1923年至1932年,布罗代尔在阿尔及利亚共教了十年书。这一经历似乎拓宽了他的视野,激发他去阅读埃米尔-费利克斯·戈蒂埃(后来,布罗代尔称他是"二战前夕用法文写作的最伟大的史学家和地理学家")等学者撰写的北非史著作,因而能够从南北两岸观察地中海。①

无论如何,1928年,布罗代尔发表了第一篇重要文章,处理的是16世纪北非的西班牙人。这一研究实际上有一本小册子的篇幅,并且值得从过去不应有的忽视之中抢救出来。它一方面对该领域前人的研究提出了批评,批评他们过分强调战争与伟人,另一方面对西班牙驻军的"日常生活"进行了讨论,并阐明了非洲史与欧洲史之间的密切(假如说是颠倒的)关系。欧洲一旦发生战争,非洲的战役便戛然而止,反之亦然。②

布罗代尔博士论文的基础性研究,是1928年至1930年

---

① 对阿尔及利亚时期布罗代尔的讨论,参见 Paule Braudel, "La génèse de la Méditerranée"; Daix, *Braudel*, 第69—95页; Paris, *Genèse intellectuelle*, 第27—81页。

② Braudel, "Les espagnols".

间在保存西班牙国家档案的西曼卡斯与基督教地中海的热内亚、佛罗伦萨、巴勒莫、威尼斯、马赛及杜布罗夫尼克等主要城市的档案堆中开展的,为节省时间,布罗代尔(在许可的情况下)用一台美国电影摄像机拍摄文献。①

至圣保罗大学任教两年期间(1935—1937),这一研究被中断。布罗代尔后来写道,这段时间是他毕生最快乐的时光。②像1919年后的斯特拉斯堡一样,年轻教授在这所大学占了上风,特别是来自法国的侨民。布罗代尔才32岁,却已然是这个群体的资深成员,人类学家克劳德·列维-斯特劳斯(时年26岁)也是其中的成员之一。像在阿尔及利亚那些年一样,布罗代尔在巴西的经历,容许他从远距离观察选取的论文主题,有助于将地中海世界视为一个整体。③正是在这一时期,他发现了巴黎史学家、社会学家吉尔贝托·弗雷尔的著作,后来他在《年鉴》撰文,饱含热情地评论此书。④在从巴西返航的途中,布罗代尔有幸结识了费弗尔。费弗尔将他收养为思想之子。1938年后,布罗代尔将成为年鉴网络的一分子。⑤

---

① Braudel, "Testimony".
② 20世纪80年代布罗代尔跟我提到这点。
③ 对巴西时期布罗代尔的讨论,参见 Daix, *Braudel*, 第109—123页; Paris, *Genèse intellectuelle*, 第83—260页。
④ Braudel, "A travers un continent d'histoire". 比较 Burke, "Elective Affinities".
⑤ Braudel, "Présence".

《地中海》的撰写　具有十足反讽意味的是,布罗代尔撰写论文的机缘,是拜第二次世界大战所赐。他在两个战俘营度过了战时大部分岁月。第一个战俘营在美因茨附近。在那里,他担任战俘的"神父",可以利用当地的大学图书馆,阅读他后来提到的"异常丰富的德文书籍"。①第二个战俘营在吕贝克附近。在此他靠费弗尔定期寄给他书。在某种程度上说,他的好记性弥补了艰辛的工作条件。他在练习本上工工整整地草撰了《地中海》,将它们寄给费弗尔,战后再进行修改。由于这些小簿子只有两册幸存,已不可能搞清它们与1947年答辩并在1949年出版的("以儿子之情"献给费弗尔)论文之间究竟有何关系。②不过,根据布罗代尔写给费弗尔的信和他在两个战俘营给关押营中的其他战俘所做讲座的文本,还是有可能追踪他诠释地中海史的心路历程。③

即便从传统法国博士论文的标准来看,《地中海》也是本厚重的著作。它的初版已有大约六十万字之多,篇幅是普通书的六倍。研究分成三个部分,每一部分——正如序言指出的——都为研究过去提供了一种不同方法的示范。首先是"人"与"环境"之间"几乎不受时间影响的"历史,然后是缓

---

① Daix, *Braudel*, 第168页。
② Daix, Braudel, 第163—176页(对布罗代尔销毁手稿的论述,见第165页注释); Gemelli, *Fernand Braudel*, 第33—44页; Paris, *Genèse intellectuelle*, 第261—325页(对保存至今的小册子的论述,见第316页)。
③ 这些讲座被刊载于Braudel, *Ambitions*, 第11—83页。致费弗尔的一些书信引见Daix, *Braudel*。

慢变化的经济、社会与政治结构史,最后是稍纵即逝的事件史。倒过来讨论这三个部分应是有所助益的。①

第三部分最为传统,它对应的也许是布罗代尔起初讨论菲利普二世外交政策的论文的看法。布罗代尔给读者提供了高度专业化的政治与军事史研究。他为历史舞台的关键角色提供了简短而深刻的角色素描,从"那位心胸狭隘、政治短视的"冒牌的一代枭雄阿尔巴公爵,到其主子菲利普二世,这个慢性子,"孤独而神秘",谨小慎微,兢兢业业,是个"将自己一头扎进无关痛痒的细节的无休无止的延续"当中却不识大体的人。这一部分花了相当篇幅描述勒班陀战役、对马耳他的包围和解围及 16 世纪 70 年代末的和平协商。

乍看之下,这是传统的"大吹大擂"的历史,然而,这一事件叙事远非如此。一次接一次,作者刻意强调事件之毫无意义及对哪怕是最重要人物的行动自由的限制。比方说,1565年,在地中海的海军司令唐·加西亚·德托勒多的率领下,西班牙慢慢吞吞地解开了土耳其人的马耳他之围。"历史学家责备唐·加西亚延误拖沓",布罗代尔写道,"但是他们可曾彻底检视他不得不应对的环境呢?"②

同样,他坚持说,菲利普二世在处理事件时表现出来的那种众所周知并屡遭指责的拖沓,不应完全归咎于他的性格,而

---

① 比较 Wallerstein, "Fernand Braudel"。
② Braudel, *Mediterranean*, 第 1017 页。

应结合西班牙的财政枯竭及如此庞大的帝国内部的沟通问题进行解释。①

同样,布罗代尔拒绝从个人的角度解释唐·璜(奥地利的唐·约翰)在勒班陀的成功。唐·璜的胜利取决于他连自己都没有意识到的因素,从这一意义上说,他仅仅是"命运的工具"。②无论如何,根据布罗代尔的说法,勒班陀的胜利仅仅是海军的胜利,这"并不可能破坏土耳其深深扎入大陆内地的根"。它只是个事件。同样,唐·璜攻占突尼斯被描述成"另一次对历史进程无关紧要的胜利"。③

布罗代尔关心将个人与事件放到语境、它们的背景之中,他让它们变得可以理解,但代价是揭示其本质上是无关紧要的。他建议说,事件史虽则"最富于人类趣味",却也最为肤浅。"我记得在巴伊亚附近的一个夜晚",他在一段著名的文字中写道,"我沉浸在一次磷光萤火虫的焰火表演之中;它们苍白的光闪亮、消失、再闪亮,但都无法用任何真正的光明刺穿黑夜。事件也是如此;在它们光亮范围之外,黑暗统治一切。"④这段描写在他的几本论著中反复出现。布罗代尔的著作充斥着来自音乐、地质学等的隐喻。难怪一个意大利电影导演一度称布罗代尔是"在印象中进行思考的史学家"。

---

① Braudel, *Mediterranean*, 第 372 页以下、第 966 页。
② Braudel, *Mediterranean*, 第 1101 页。
③ Braudel, *Mediterranean*, 第 1103—1104 页。
④ Braudel, *On History*, 第 10 页。对这段描写反复出现的论述,参见 Chartier, "Return to Braudel", 第 46 页。

布罗代尔还从火转向水,将事件描述为"表面的动荡,历史潮流负在背上的泡沫尖"。"我们必须学会不要轻易相信它们。"为理解过去,必须一头扎进浪底。①

《地中海》第二部分的主题便是位于深处的更平静的水,这部分的题目是"集体的命运与总的趋势",关注的是结构——经济体系、国家、社会、文明及变迁的战争方式的历史。这一历史的步伐比事件史慢。它的步伐是世代甚或世纪,以致时人几乎毫无知觉。尽管如此,它们还是被潮流裹挟前行。在最为著名的一段分析中,布罗代尔考察了菲利普二世的帝国。这是个"陆海交通的庞大事业","被自身的规模搞得筋疲力尽"。之所以出现这一状况,是因为在这个时代"从南往北跨过地中海可能需要一至两周时间",而从东往西需要"两至三个月"。②这让英语读者联想到吉本对罗马帝国的看法——罗马帝国是被其自身的重量压垮的——及他在《衰亡》第一章中对地理与交通的评论。

尽管存在种种问题,16 世纪似乎存在有利于庞大帝国——像支配地中海的相互敌对的西班牙与土耳其帝国——的发展环境。"历史进程",布罗代尔认为,"一阵有利于庞大的政治霸权,另一阵则不利于庞大的政治霸权"。16 与 17 世

---

① 对布罗代尔隐喻的讨论,参见 Carrard, *Poetics*, 第 201—202 页和 Lepetit, *Carnet*, 第 284 页。称他通过印象思考的是福尔柯·奎里奇:Chartier, "Return to Braudel", 第 55 页。

② Braudel, *Mediterranean*, 第 363 页。

纪的经济增长,为大型与超大型国家创造了持续有利的条件。①

像政治结构一样,两大帝国——在如此之多的方面相互敌对——的社会结构慢慢地越来越接近。15—16世纪安纳托利亚与巴尔干的主流社会趋势,类似于西班牙与意大利(此时大部分在西班牙控制之下)的趋势。根据布罗代尔的说法,两个地区的主流趋势均为经济与社会两极分化。贵族家业兴旺,移入城市,而贫民一贫如洗,一步步被逼上梁山,沦为海盗和土匪。至于中产阶级,他们不是消失得了无踪影,便是"叛变"为贵族。布罗代尔将这一过程描述成市民阶级"叛变"或"破产"的过程。②

本书专章讨论了文化边界及观念、物件或习俗跨越这一边界逐渐传播的问题。在这一章中,布罗代尔将对基督教地中海与穆斯林地中海的比较,从社会推进到他所谓的"文明"层面。为避免任何肤浅的传播论,他还讨论了对这些创新的抵制,并特别提到西班牙对清教的"抗拒",格拉纳达的摩尔人对基督教的抵制及犹太人对其他所有文明的抵制。③

我们尚未到达底层。在社会趋势之下还有另一种历史,"一种其进程几乎无法被感知的历史……一种所有变迁都很

---

① Braudel, *Mediterranean*, 第660—661页。
② Braudel, *Mediterranean*, 第725—734页。
③ Braudel, *Mediterranean*, 第763—768页、第803页以下。

缓慢的历史,一种不断重复、反复再现的周期的历史"。①这一研究真正的基岩,是"人与环境之间关系的"历史,一种历史地理,或者像布罗代尔更乐意说的那样,是"地理史"。地理史或"深层史"是《地中海》第一部分的主题,这部分花了将近三百页讨论高山与平原、海岸与岛屿、气候、陆路与海路。

毫无疑问,这一部分之所以在该书出现,乃是因为布罗代尔与这一区域结下了不解之缘,这在他的头一个句子中表露无遗。第一句的开头是"我一直深爱着地中海,这无疑是因为我是个北方人"(布罗代尔来自洛林)。无论如何,它在计划中本有一席之地。其目的是要显示所有这些地理特征均有其历史,或者倒不如说,它们是历史的一个部分。离开了它们,无论事件史还是总体趋势都无法被理解。比方说,山地这一部分讨论了山区的文化与社会;山里人的文化保守主义,山里人与平地人之间的社会与文化障碍,及许多青年山地人向外移民与充当雇佣兵的压力。②

回到大海本身,布罗代尔将此期西班牙控制之下的西地中海,与土耳其控制之下的东地中海进行了对比。"政治仅仅遵照深层现实的基本轮廓。这两个地中海由两个交战的统治者指挥,相互在自然、经济与文化方面都截然不同。"③然而,地中海地区仍是一个整体,至少比起欧洲来(根据布罗代

---

① Braudel, *Mediterranean*, 第20页。
② Braudel, *Mediterranean*, 第34—41页。
③ Braudel, *Mediterranean*, 第137页。

尔的说法)更像个整体。这要归因于气候、当地盛产的酒与橄榄油及大海本身。

1966年,《地中海》推出第二版,此次是两卷本。它比第一版有几处不同。其一,在年轻学者研究的基础上,布罗代尔有时以表格和地图的形式,增补了价格和人口统计数据。其二,三个部分的平衡被改变。第二部分增加了将近一半篇幅(从309页增至463页),而第三部分被大幅压缩(从377页压缩到275页)。①

这本杰出的论著在法国史学界马上引起了轰动。余波所及,其名气远播至其他学科与世界其他地区。其原创性是毋庸置疑的。不管如何,正如作者在其参考文献介绍中声明的,他的书的确曾受惠于某个传统,或是更准确地说,曾受惠于若干不同的传统。

首先自然是《年鉴》的传统。该书出版时,杂志已有二十年历史。"《年鉴》的教导与灵感是我接受的最大的恩惠。"②该书第一部分对环境扮演的角色的讨论,颇受益于法国地理学派,从维达尔·德·拉布拉什本人——布罗代尔曾"一读再读"他讨论地中海的章节,到在这位导师启发下撰写的区域研究论著,如马克西米连·索尔的《地中海比利牛斯山区》(1913)和朱尔·西翁的《法国地中海地区》(1934)。

---

① Symcox, "Mediterranean City", 第44页。
② Braudel, *Mediterranean*, 第22页注释。

吕西安·费弗尔也出现于《地中海》的这一部分,因为他的《菲利普二世与弗朗什-孔泰》(最好表述为"弗朗什-孔泰与菲利普二世")与《地中海》相似,开篇就介绍地理环境——尽管篇幅要小得多。① 另一方面,费弗尔讨论历史地理的著作并未被列入布罗代尔的参考文献。如果这是个失误,那肯定是个弗洛伊德型的,此事牵涉到两位学者对人类自由的不同看法。

《地中海》同样明显地受到了费弗尔热衷于攻击的人——德国地理学家弗里德里克·拉采尔的影响。他提出的"政治地理学"或地缘政治观点,似乎帮助布罗代尔构建了他对不少主题——从帝国到岛屿——的看法。② 布罗代尔还反复阅读了另一位德国地理学家艾尔弗雷德·菲利普森的著作《地中海》(1904)。社会学家与人类学家的影响要小一些。不过讨论地中海文明的章节显示,作者在论及所谓"文化区"时,受到了人类学家马塞尔·莫斯看法的影响。③

在历史学家当中,布罗代尔可能在伟大的比利时历史学家亨利·皮朗那里获益最多。皮朗在名著《穆罕默德与查理曼》中认为,假如不超越欧洲史或基督教世界的历史,对穆斯林中东进行研究,便无法理解查理曼的兴起、古典传统的终结

---

① Pomian,"Heure"认为,费弗尔的《菲利普二世》是通向《地中海》的重要一步。

② Ratzel, *Politische Geographie*, 特别是第 13、21 章。

③ Mauss,"Civilisations",第 231—252 页。

与中世纪的形成。皮朗对苏莱曼大帝与菲利普二世之前近八百年间地中海对峙的两个敌对帝国的看法,肯定是布罗代尔的灵感来源。1930 年,皮朗访问阿尔及利亚时,布罗代尔曾听过他的讲座。① 颇为诡异的是,尽管这是皮朗的最后一本书,其观点是在一战期间一个战俘营中形成的,而布罗代尔是在二战期间的一个战俘营中形成其观点的。

对《地中海》的评价 在第二版中,布罗代尔抱怨说,他得到很多恭维,却没受到多少批评。然而,一般性的批评还是有的,有些还很有说服力。年轻的美国学者伯纳德·贝林和杰克·赫克斯特就是其中两位批评者。② 就细节层面而言,布罗代尔的许多论点都受到后来的研究者的挑战。比方说,有关"市民阶级破产"的论点,便无法让低地国家的历史学家满意,那里的商人仍旧兴旺发达。同时,布罗代尔提出的勒班陀战役无足轻重的论点,在近期研究中也得到矫正,假如不是全盘抛弃的话。③

《地中海》的另一个漏洞很少引起注意,但有必要在此强调一下。尽管布罗代尔的期望,是写出一部他——像布洛赫那样——频频提到的"总体史",但即使在讨论"文明"的章节

---

① Paris, *Genèse intellectuelle*, 第 114 页。
② Bailyn, "Braudel's Geohistory"; Hexter, "Fernand Braudel". 比较 Marino, "Testing the Limits"。
③ Guilmartin, *Gunpowder*, 第 234、251 页。但 Hess, "Lepanto"认为布罗代尔高估了其重要性。

中,对态度、价值或集体心态的讨论也只有寥寥数笔。尽管他对《不信教问题》赞赏有加,但正是在这一方面,他与费弗尔大异其趣。①

比方说,布罗代尔事实上没有论及荣誉、羞耻与男性气质,虽然(正如许多人类学家显示的)这一价值体系在地中海世界——不管是基督徒地中海还是穆斯林地中海——过去(现在确实依然还)非常重要。②尽管天主教和伊斯兰教等宗教信仰在菲利普二世时代的地中海世界显然拥有一席之地,布罗代尔只是一笔带过。尽管他对文化边界颇有兴趣,但他对此期基督教与伊斯兰教之间关系的讨论只有寥寥几笔。与这一缺乏关注适成对比的,是东欧一位史学前辈对基督教和伊斯兰教相互渗透的阐述。他指出,基督徒经常光顾穆斯林神庙或穆斯林母亲给她们的子女施洗以防麻风病或狼人的情形都是存在的。阿美里科·卡斯特罗在一个研究中指出,西班牙存在类似的情形,不过这个研究1948年才出版,布罗代尔没来得及引用。③

对《地中海》的另一些批评还要尖锐得多。比如,贝林抱怨说,布罗代尔"错将对过去的诗性反应误认为历史问题",结果他的书缺乏焦点。他抱怨该书三个部分的编排,将事件

---

① Braudel, *On History*, 第208页。
② Peristiany, *Honour and Shame*; Blok, "Rams and Billy-Goats"; Alberta, Blok and Bromberger, *L'anthropologie de la Méditerranée*.
③ Hasluck, *Christianity and Islam* (1977年,我曾请教布罗代尔对此书的看法,但他没听说过它); Castro, *Spanish History*.

与解释它们的地理与社会因素强行分开。① 这些批评值得进行更具体的讨论。

若说该书没有围绕一个问题,假如有充分理由的话,那着实是充满讽刺意味的。因为费弗尔与布洛赫对问题导向史学如此强调,而布罗代尔自己在其他场合也写道:"区域并非研究的框架。研究的框架应是问题。"② 他是否果真忽视了自己的忠告? 1977 年,我在采访中向布罗代尔提出这个问题。他的回答没有半分迟疑。"我的大问题,我不得不解决的唯一问题,就是显示时间以不同的速度移动。"③ 然而,这部厚实研究的大多篇幅,关注的并非这一问题,至少直接关注的不是这个问题。

布罗代尔在序言中已预见到——但没有回答——对该书三部分的组织框架的批评。"假使有人指责我的这本书结构混乱,我希望他们能承认,本书的各个部分还是符合写作规范的。"回应批评的一个方法也许是,以事件史为开端(就像我在概括该书内容时所做的那样),进而揭示离开结构史,事件是无从理解的,而结构史离开了环境史也无从理解。然而,以他称之为"肤浅的"事件史为开端,对布罗代尔而言可能是无法容忍的。在他草撰其研究的环境(被囚禁)中,从心理学意义上说,他必须超越短时段,用超脱的眼光——他一度称之为

---

① Bailyn, "Braudel's Geohistory".
② 引见 Hexter, "Fernand Braudel",第 105 页。
③ "Braudel and the Primary Vision".

"上帝的眼光"——来进行观察。①

对《地中海》的另一个相关批评,触及布罗代尔的决定论——这正好是费弗尔唯意志论的反面——尽管这一论调在第二版已进行淡化处理。颇为发人深省的是,布罗代尔不止一次地使用了监狱的隐喻。在他笔下,人类不仅是其自然环境的"囚徒",而且是其心智框架的"囚徒"("心智框架也可以成为长时段的囚牢")。②与费弗尔不同,布罗代尔并未同时看到结构的能动性与限制性。"在我想到个人时",他曾写道,"我总倾向于认为,他陷入自身几乎无能为力的命运之中"。③

这些看法自然遭到批评。在此书英文版问世之际,英国评论者约翰·艾略特写道,"布罗代尔的地中海是一个对人类控制毫不理会的世界"。最近,英国史学家大卫·阿布拉菲亚称自己的地中海史是一部"人类史",暗示此书反对布罗代尔的两个基本观点:所有变迁都是缓慢的,人类是命运的囚徒。④

然而,仅仅需要补充的是,布罗代尔的决定论非但不是简单化的——他坚持需要进行多元的解释——而且总体说来,他的评论者们在否认这种历史决定论的同时,并未给出任何

---

① Daix, *Braudel*, 第 196 页。
② Braudel, *On History*, 第 31 页。
③ Braudel, *Mediterranean*, 第 1244 页。
④ Elliott, "Mediterranean Mysteries", 第 28 页;比较 Abulafia, *The Great Sea*, 第 xxvi—vii 页。

准确或建设性的批评。对自由的局限与决定论的争论,但凡还有人写历史,就会一直继续下去。在这场辩论当中,无论哲学家有何高见,对历史学家而言,要超越基于自身立场提出的简单论断毕竟是极为困难的。

若干批评者对布罗代尔的批评走得更远,他们评论说,这是部"没有人的历史"。要了解这一指责是否夸大其词,只需读读第三部分对个人性格富有洞察力的刻画就够了。当然也可以公允地说,布罗代尔在广袤的空间与长时段的视野下,高高在上地注视着人类事务,付出的代价是倾向于贬低人类的重要性,将他们看作是"人类昆虫"——这一个发人深省的词汇出现于对 16 世纪贫民的讨论。①

对《地中海》第一部分更具建设性的批评是,尽管作者坦承其地理史并非全然静止不动,但他并未显示它是如何流动的。早在 20 世纪 40 年代早期,法国地理学家马克西米连·索尔便已关注他所谓的"人类生态学",亦即人类与环境之间的互动过程。尽管布罗代尔对他颇为仰慕,但他并未揭示所谓的"地中海景观的形成",最为显而易见的是长期以来森林覆盖率降低给环境带来的破坏。②

现在转入该书更为正面的特色。即便是它的批评者,通常也称之为史学巨著。需要强调的主要一点是,比起这个世

---

① Braudel, *Mediterranean*, 第 755 页。
② 布罗代尔 1943 年在《年鉴》讨论了索尔的著作,见 Braudel, *On History*, 第 105—116 页。

纪的其他任何历史学家,布罗代尔在改变我们的时空观念上居功至伟。

《地中海》让读者意识到空间在历史上的重要性,此前几乎没有著作做到这一点。布罗代尔之所以做到这一点,首先是因为他的史诗的主角,不是诸如西班牙帝国之类的政治单位,更不是诸如菲利普二世之类的个体,而是大海本身。他还不厌其烦地提醒距离与交通的重要乃至暴虐。① 最为有效的是,布罗代尔通过离开地中海,来帮助读者将地中海视为一个整体。大海本身已大到足以淹死大多数历史学家了。但布罗代尔觉得有必要将他关注的边界拓展至大西洋与撒哈拉。"假如我们对这一有影响的扩展带不予考虑",他写道,"要把握大海的历史常常便会变得棘手。"② 这个他称之为"大地中海"的部分,乃是布罗代尔的"全球"史概念,是所谓的"拓展其事业的大胃口",或者如他夫子自道,是其"在宏大的规模层面进行观察的欲望与需求"的一个戏剧性的例证。③ 与沉迷于细枝末节的菲利普二世不同,布罗代尔总有纵观全局的视野。

对历史学家而言,更有意义的是布罗代尔对时间的创造性处理,是他试图"将历史时间区分为地理时间、社会时间与个人时间",以及对人们(自从他发表讨论这一主题的传世名

---

① 比较 Blainey, *Tyranny*,此书受到布罗代尔《地中海》的启发。
② Braudel, *Mediterranean*,第 170 页。
③ Braudel, *Mediterranean*,第 22 页;Hexter, "Fernand Braudel",第 119 页。

篇之后)耳熟能详的 *la longue durée*(长时段)重要性的强调。①以地质学或新近美国"大历史"(Big History)的标准来衡量,布罗代尔的长时段可能是短暂的,但他对"地理时间"的强调,特别让许多历史学家开了眼界。②

1949 年以前,在历史学家的词汇中,对短期与长期的区分,就像在日常语言中那么普通。的确,在经济史尤其是价格史领域,就某专门课题进行跨世纪的研究并不少见。伊尔·哈密尔顿的《1501—1650 年美洲财富与价格革命》(1934)便是个显而易见而且让布罗代尔烂熟于心的例子。马克·布洛赫对乡村史的研究则是另一个例证。

正如布罗代尔还意识到的,艺术史家与文学史家有时考察了文化领域的长期变迁。阿比·瓦尔堡、恩斯特·罗伯特·库尔提乌斯及其追随者就是突出的例子,他们对古典传统的遗存与转型进行了研究。③然而,要说将长时段研究与环境、经济、社会、政治、文化与事件之间错综复杂的互动关系结合起来,那还得算是布罗代尔的个人功劳。

根据布罗代尔的说法,历史学家对社会科学的特别贡献,是意识到所有的"结构"都会变(不管有多缓慢)。④他对边

---

① Braudel, "Longue durée". 对此文原本脉络的讨论,参见 Aymard, "longue durée"。
② Christian, *Maps of Time*.
③ Braudel, "Longue durée", 第 31 页,引用库尔提乌斯的著作。该书受到了阿比·瓦尔堡的启发,是献给后者的。
④ Braudel, "Longue durée".

界——不管它们分开的是区域还是学科——几乎没有耐心。他总是想看到事情的全貌,将经济、社会、政治与文化融入"总体"史。"一位忠实于吕西安·费弗尔与马塞尔·莫斯教导的历史学家,总是希望看见全貌,看到社会的整体。"

几乎没有历史学家想要模仿《地中海》,有能力从事这一工作的人更是凤毛麟角。无论如何,像托尔斯泰的《战争与和平》(不仅在篇幅上相似,而且对空间也有清醒意识,并洞察到人类行动的徒劳无功)一样,这一研究一劳永逸地扩大了它所采用的写作文体的可能性。

布罗代尔的巨著将同龄人的著作置于阴影之中,但他的同辈们也为年鉴的集体成就作出了重要贡献:下文即将讨论的恩斯特·拉布鲁斯和阿尔方斯·迪普隆就是两个例子。查尔斯·莫拉泽认识布洛赫和费弗尔,为杂志提议新刊名(《经济、社会、文明年鉴》),协助创建第六部,与联合国教科文组织合作,但他也许以研究 19 世纪的《市民阶级的胜利》(1957)一书最为人所知。[①]另一个重要人物是莫里斯·隆巴德,此人研究中世纪经济史,于 1965 年英年早逝,他的遗作讨论了中世纪货币、纺织网络和早期伊斯兰世界。

---

① 比较 Morazé, *Historien engagé*, 第 146—178 页。

二　后期布罗代尔

当权派布罗代尔　从吕西安·费弗尔1956年辞世,至自己1985年离开人世近三十年的时间里,布罗代尔不仅是法国顶尖史学家,而且是最有权力的史学家。他还是个卡里斯玛式的人物,其领袖经验可追溯至美因茨战俘营岁月。1949年他的博士论文出版时,在西班牙史学者马塞尔·巴塔永的热情支持下,他当选为法兰西学院的教授。①他与费弗尔共同执掌高等实践学院的史学研究中心,并担任历史教师资格会考评判委员会的主席。由于这个颇具竞争性的考试,目的在于确定申请者是否具备学术资格,他可以借此影响课程设置、发现人才——而他充分利用了这个机会。②埃马纽埃尔·勒华拉杜里,他遴选的最出类拔萃的人才之一,称布罗代尔具备"无可比拟的慧眼识珠的天赋"。③

这一阶段第六部(中心是其分部)出版了三套重要的丛书,它们都是在1951—1952年启动的。第一套丛书的名字是《港口—道路—交通》(第一种是对港口利沃诺的研究,由布罗代尔本人与意大利史学家卢杰洛·洛马诺合著);第二套的名字是《商业与商人》,主要出版近代早期的商人书信和账

---

① Daix, *Braudel*, 第271—272页。
② Ferguson, "Braudel's Empire".
③ 引见Daix, *Braudel*, 第297页。

簿;第三套是《货币—价格—局势》。从偏重经济史来看,有理由推测主事者并非费弗尔,而是布罗代尔。

这个项目和其他项目的经费,相当部分来自洛克菲勒基金会和后来的福特基金会,这要归功于奥地利裔美国人克莱门斯·赫勒,此人曾担任费弗尔的助手,后来又协助布罗代尔。20世纪50年代末,美国某些实权人物认为,创建跨学科"区域研究"中心(研究俄国、中国、中东等地),是对抗共产主义的一种方式。在这种背景下,洛克菲勒的基金流入实践学院研究"文化区"的机构,而赫勒主管这一事务。美国人反对一位中国学家,认为他的学术兴趣是12世纪,他们也反对另一位学者,理由是他过于同情马克思主义。尽管如此,这两位学者还是保住了在整个项目中的位置。①

与国外学者的合作在有条不紊地推进。比如,《商业与商人》丛书的撰稿人包括来自意大利的尤戈·图奇、来自葡萄牙的若泽·让蒂·达·席尔瓦和来自瑞士的让-弗朗索瓦·贝尔吉耶。不妨以赫勒与德国犹太学者舍罗莫·戈伊坦建立关系的过程为例,谈谈赫勒的工作方式。戈伊坦是个中世纪地中海经济史专家。赫勒读到他的一篇文章后,马上跟他联系,邀请他为第六部的比较经济史计划撰稿,并提供补助。两人来往信函111次,联络时间维持了十年之久,尽管戈

---

① Aymard, "Heller"; Mazon, *Origines*; Gemelli, *Fernand Braudel*, 第213—245页; Lombard, "Aires culturelles". 二位汉学家指的是白乐日和让·谢诺。

伊坦的主要成果《一个地中海社会》(1965—1985)最终是在美国出版的。①

1956年费弗尔去世后,布罗代尔接任实践学院第六部主任,并成为《年鉴》执行主编。费弗尔的两个"儿子"——布罗代尔与芒德鲁(布罗代尔将他引荐给费弗尔)之间的手足之情越来越淡,而同室操戈的味道越来越浓。1962年,在(一个意大利刊物)发表对所谓"计量迷恋症"的批评之后,芒德鲁被免去《年鉴》组织秘书职务。②接替他的是研究20世纪的史学家马克·费罗。

1963年,在克莱门斯·赫勒的协助下,布罗代尔创建另一个组织投入跨学科研究,这便是人文科学研究所,这个机构的部分经费来自福特基金会的资助。在布罗代尔在世期间,第六部、中心和研究所都搬进拉斯派尔街54号建于军事监狱旧址之上的新楼中。在新家,他们与克劳德·列维-斯特劳斯和皮埃尔·布尔迪厄这些重量级的人类学家与社会学家成为近邻,这便于在喝咖啡时和联合讨论班上与他们展开对话,让年鉴派史学家与兄弟学科的新进展与新观点进行持续不断的接触。

作为一个备受尊重而有威慑力的人物——有时被称为"君主"或"帝王",即便是在1972年退休之后,布罗代尔还极

---

① Miller, "Two Men".
② Mandrou, "Mathématiques et histoire"; Tendler, *Opponents*, 第68页;比较 Joutard and Lecuir, "Mandrou"。

有影响力。①至于在任期间,他控制了职位、出版与研究基金,这给予他相当大的权力,他利用这一权力推进社会科学的"共同市场"的理想,历史学是在这一市场中占支配地位的合作伙伴。②他的门徒和追随者占据了若干最重要的史学教席——勒华拉杜里在法兰西学院,皮埃尔·古贝尔在索邦,如此等等。来自其他国家——如波兰——的年轻史学家还能获得奖学金,前来巴黎学习,这也有助于将法式史学传播到海外。布罗代尔还确保研究近代早期(1500—1800年)的史学家得到至少他们应得的那份资源。假如说他的帝国不如菲利普二世的帝国那么辽阔的话,它拥有一个远为果断的统治者。

还必须提一提布罗代尔对几代从事研究的学生的影响。比方说,皮埃尔·肖努描述说,布罗代尔在战后回到法国后不久开设的拉丁美洲史讲座,给了他巨大的思想"冲击",以至于他决定以史学为职业。"讲座开始后仅仅十分钟,我就被征服、缴械了。"③

在布罗代尔身上学会关注近代早期地中海世界及特定问题——如穿越辽阔空间的交通——的历史学家,并不止肖努一人。比方说,几位研究16世纪西班牙商人家庭和巴西与大西洋关系的论著的作者,便将其选题归功于布罗代尔的建议,

---

① "君主"一语典出杜比,而"帝王"一语出自维南,参见 Daix, *Braudel*,第321页。

② Braudel,"Febvre",第349页。

③ Chaunu,"Le fils de la morte",第71页。

而讨论罗马与巴利亚多利德的专著则受其方法的启发。①

其他许多史学家记载说,他们在论文写作年代曾得到布罗代尔的忠告与鼓励。比如,皮埃尔·古贝尔就心存感激地提到布罗代尔的"热情劲"和他给予青年史学家的鼓励。②年鉴派第三代出类拔萃的人物——至少就近代早期而言——埃马纽埃尔·勒华拉杜里,在撰写法国地中海地区农民的论文时,就得到了布罗代尔的指导。勒华拉杜里此时被称为"皇太子",像布罗代尔接替费弗尔那样,他也将接替布罗代尔在法兰西学院的位置。

物质文化史 这些年,在担任组织者、事业家和策划人等活动之余,布罗代尔还着手进行第二项雄心勃勃的研究。对成功的学术生涯而言,撰写厚实的博士论文常常是至关重要的,在为此进行经年累月的研究与写作之后,许多法国史学家选择去过相对安静的生活,除写论文或编教材外著述不多。布罗代尔并非如此。《地中海》出版后不久,吕西安·费弗尔邀请他合作参加另一个庞大的计划,为亨利·贝尔策划的著名丛书撰稿。基本想法是,两人编撰两卷本的1400—1800年欧洲史,费弗尔撰写思维与信仰卷,而布罗代尔考察物质生活史。1956年辞世时,费弗尔并未完成自己的那部分;而布罗

---

① Lapeyre, *Une famille*, 第7页; Mauro, *Portugal*, 第 lix 页; Delumeau, *Rome*; Bennassar, *Valladolid*.

② Goubert, *Familles marchandes*, 第 vi 页。

代尔以《物质文明、经济与资本主义》为题,在1967—1979年间写成三卷论著。

布罗代尔的这三卷著作,大体关注的依次是经济学的消费、销售与生产范畴,但他却更喜欢以截然不同的方式来论述它们。在为第一卷撰写的导言中,他将经济史比喻成三层高的楼房。位于底层——这一隐喻与马克思的"经济基础"相距不远——的是物质文明,他将之定义为"从无法记忆的时代传承下来的反复出现的动作、经验的过程、老办法与方案"。位于中层的是经济生活,这是"算计的、建构的、作为一个规则体系及差不多是自然需求的面目出现的"层面。在顶层——不必说"上层建筑"——是"资本主义机制",这是三层中最复杂的一层。

《文明与资本主义》的三分结构(英文版称作三部曲)明显对应于《地中海》的三分结构。两书第一部分处理的均为几乎静止不动的历史,第二部分是缓慢变化的制度结构,而第三部分是更为迅速的变动——在一书中处理的是事件,而在另一本书中处理的是趋势。

第一卷处理的是底层。本卷关注的是长达近四百年的经济"旧制度"——英文版题为《日常生活的结构》,典型地代表了布罗代尔对长时段的一贯兴趣。它还反映了他的全球史方法。该书最初的计划是对欧洲的研究,它对非洲一笔带过,而对亚洲与美洲则着墨甚多。它的一个中心论点是,唯有全球视野才有可能解释重要历史变迁。布罗代尔接受德国经济学家、人口学家恩斯特·瓦格曼的看法,认为中国与印度的人口运动模式与欧洲类似:16世纪膨胀,17世纪停滞不前,至18世纪再度膨胀。①显而易见,对世界性现象必须在相同的规模上加以解释。

在他的追随者研究省级、偶或是村级人口趋势之时,布罗代尔风格鲜明地试图观察全貌。比如,他曾取笑皮埃尔·古贝尔说,他只盯着法国的"一隅之地"——博韦附近乡村。②古贝尔和让·莫瑞特对欧洲的生计危机进行分析,而布罗代尔对小麦及其他谷物与远东水稻和美洲玉米的长短处进行了比较,他注意到——比方说——稻田"引起高人口率,并对它们繁衍的区域带来严厉的社会规范",而作为"一种无须付出多少精力的作物",玉米让印第安人"腾出时间"(假如可以这样说的话),建筑"巨大的玛雅或是阿兹特克金字塔"或"库斯科的巨石城墙"。

这些看似跑题的讨论,意在通过对比世界其他地区,来对欧洲进行定位:这是一个以谷物为食的、家具配备较佳的大陆,一个人口稠密程度让交通问题优于其他地区,但劳工又相对昂贵的地区——这刺激了与工业革命息息相关的对非畜力能源的使用。

就像在地理学一样,布罗代尔在题材方面冲破了传统经

---

① Braudel, *On History*.
② Goubert, *Un parcours*, 第163页。

济史的障碍。他将传统的"农业""贸易"与"工业"等范畴撂到一边,转而关注人与事,"人类制造或使用的每一件东西":食物、衣着、住房、工具、货币、城镇等等。第一卷背后有两个基本概念。其一是"日常生活";其二是"物质文明"。

在第二版导论中,布罗代尔声称此书的宗旨只不过是赋予日常生活历史维度。当然,他并非开创者。日常文明是吕西安·费弗尔主编的《法兰西百科全书》中一卷的书名,布洛赫曾给这一卷写了一篇食物史论文。从1938年开始,哈齐特就出版了一系列不同地区与时代的日常生活史,第一本是阿贝尔·勒弗兰克(也就是那位对拉伯雷的评论惹火吕西安·费弗尔的人)对文艺复兴时期法国的研究。再早一些是伟大的丹麦历史学家 T. F. 特洛斯–伦德所著的对16世纪丹麦与挪威日常生活的重要研究,该书对食物、衣着、住房都有专卷讨论。①尽管如此,布罗代尔的著作还是有其重要性的,因为它综合了所谓的日常生活的"小历史"(little history)——这种历史一不小心就会沦为纯粹描述性的、专谈奇闻逸事的或是考据性的历史——与该期探讨重要经济社会趋势的历史。

布罗代尔的物质文明概念也值得进行细致分析。对创造性领域(*Kultur*)与常规领域(*Zivilisation*)进行比对的看法,是奥斯瓦尔德·斯宾格勒钟爱的观点。布罗代尔与这位史学家

---

① Troels-Lund, *Dagligt Liv*.

的相似之处,比通常认为的要多得多。①布罗代尔本身并不关注心态的常规及费弗尔所谓的心态装备。一如我们看到的,布罗代尔对心态史从未表现过浓厚的兴趣。总之他会将思维与信仰留给费弗尔撰写的那卷。另一方面,他对其他形式的习惯便多有论及了。

像《地中海》一样,布罗代尔在书中讨论文明的方法,在本质上说是地理学家或地理史学家的方法,他们感兴趣的是物品能否在不同文化区之间流通。他最引人入胜的一个例子是椅子。公元 2 或 3 世纪,它可能从欧洲传到中国,至 13 世纪才被普遍使用。这一学习过程相应需要新型家具(如更高的桌子)及新姿态———一言以蔽之,一种新的生活方式。另一方面,日本人拒绝了椅子,就好比《地中海》中讨论的格拉纳达摩尔人抵制基督教。②

假使这部讨论"物质文明"———在英语中已成为对这一领域的习惯称呼———的优秀研究忽视了什么重要东西的话,那确定无疑是象征的领域。③美国社会学家索斯泰恩·凡勃伦在其《有闲阶级论》(1899)一书中,花了一个重要的部分来讨论地位象征。一些史学家也进行了类似研究。比如,劳伦斯·斯通在一本比布罗代尔著作早两年出版的专著中,从

---

① Braudel, *On History* 对斯宾格勒作了正面评论。
② Braudel, *Wheels*,第 4 章。
③ Burke, "Material Civilization",第 38 页以下;Clark, "*Annales* Historians",第 191 页以下。

这一角度讨论了英国贵族的住房与葬礼。①此后,历史学家与人类学家等都相当关注物质文化的意义问题。②

历史人类学家或是人类学化的历史学家,兴许会想对布罗代尔对"食肉的欧洲"的引人入胜的描述做点补充。比方说,他会讨论诸如鹿肉、野鸡之类的"高贵"食物的象征内涵,它们与贵族业余的狩猎活动密切相关,在交换礼物的仪式中扮演着重要角色。他还会谈到服装在社会学家欧文·戈夫曼所谓的"日常生活中的自我呈现"中的应用,还有房屋外观与室内摆设的象征内涵。③

然而,还是不应夸大布罗代尔对文化缺乏兴趣。他在1963年撰就的当代世界教科书中,就大谈不同地区的"文明",而1967年问世的重要研究集中考察了近代早期的"物质文明"。④布罗代尔回首地中海世界,撰写了一篇题为《意大利境外的意大利》的长文,探讨了意大利艺术,特别是建筑对海外的影响。⑤

布罗代尔论资本主义　《商业的车轮》开篇描述了传统

---

① Stone, *Crisis*, 第547—586页。

② Appadurai, *Social life*.

③ Goffman, *Presentation of Self*. 从这一角度讨论住宅的例子,参见 Le Roy Ladurie, *Montaillou*;对服饰的讨论,参见 Roche, *Culture of Clothing*。

④ Braudel, *History of Civilizations*;比较 Lai, "Braudel's Grammar". Braudel, *Structures of Everyday Life*。

⑤ Braudel, *Out of Italy*.

市场的喧闹、生机勃勃、南腔北调、多彩多姿的世界的喧嚣与混乱,随即描述了交易会、小贩子与大商贾。许多商贾像他们买卖的货物那样来自五湖四海,因为国际贸易经常控制在外人之手——法国的清教徒、中欧的犹太人、俄国的旧教信徒(Old Believers)、埃及的科普特人、印度的袄教徒、土耳其的亚美尼亚人、西属美洲的葡萄牙人等等。

布罗代尔一如既往地在抽象与具体、普遍与特殊之间保持良好的平衡。他不时在泛论之中插入个案研究,包括18世纪威尼托一个他所谓的农业"工厂",另外就是17世纪当事人称其"乱七八糟"的阿姆斯特丹证券交易所,内中已有牛市与熊市。布罗代尔对活生生的细节总是独具慧眼。他告诉我们说,在卡斯蒂利亚的麦地那·德尔·康波交易会期间,弥撒一般在教堂的阳台上举行,这样一来,"做买卖的人可以继续干他们的事儿,用不着停下来"。

补充这一丰富多彩的描述的是精彩的分析。在分析中,布罗代尔充分展示了他从其他学科借用观点并加以融会贯通的杰出天赋。1941年,在美因茨战俘营期间,他就阅读了马克斯·韦伯讨论新教伦理的名著,但他说自己对作者的看法"过敏"。韦伯将资本主义视为入世的禁欲,而布罗代尔认为资本主义的本质是赌博。①

另一方面,在《商业的车轮》中,布罗代尔吸收德国地理

---

① Daix, *Braudel*, 第72页。

学家瓦尔特·克里斯塔勒的"中心地理论",来讨论中国的市场分布。他运用乔治·古维奇的社会学,来分析所谓的"社会多元主义",亦即社会结构内部的矛盾。在刻画前工业社会缺乏固定而持久的资本这一特征时,他使用的是西蒙·库茨涅的理论,这位经济学家"对长时段在经济学中的解释价值深信不疑",表示"这是一个深获我心的理论进展"。① 布罗代尔吸收了杰出的饱学之士、20 世纪 40 年代研究经济人类学的卡尔·波兰尼的看法,但批驳他说,市场经济并非是在波兰尼所谓的 19 世纪的"巨变"过程中突然出现的,在近代早期的世界,市场经济已经与非市场经济并存。②

布罗代尔吸收最多的是维尔纳·桑巴特对近代资本主义的著名研究。不过,像批评韦伯那样,他对桑巴特也提出批评,认为韦伯过分强调"新教伦理",而桑巴特太过强调所谓的"资本主义精神"——换句话说,此即一些年鉴学者所称的集体心态。

在论述销售与交换机制的过程中,布罗代尔风格鲜明地提出了结构性和多边性兼具的解释。在讨论诸如胡格诺派与袄教徒之类的宗教少数派在国际贸易中的地位时,他下结论说,"的的确确是社会机器本身将如此令人厌恶却对社会极其重要的任务留给了外人……假使他们并不存在,那一定得

---

① Braudel, *Wheels*, 第 118 页、第 463 页以下、第 244 页以下。
② Braudel, *Wheels*, 第 225 页以下。

将他们给生造出来"。①他没时间从个人的角度进行解释。

另一方面,布罗代尔仍然反对用单一因素进行解释。他评论说,"资本主义不可能来自一个源头",就这样大手一挥,便将马克思与韦伯撂到一边。"经济学起了作用,政治起了作用,社会起了作用,文化与文明起了作用。历史也是如此,它往往在最后的分析中决定谁会在较量中胜出。"②这是布罗代尔文字的典型风格,它将开放心态与不甚严密的分析结合在一起,并在原则上坦承书中其他篇章没有进行认真探讨的因素的重要性。

还需提醒的是,为避免陷入他认为太过教条的知识框架的陷阱,布罗代尔发现有必要与马克思、尤其是马克思主义保持某种思想距离。"马克思的天才之处,他影响如此长盛不衰的秘密",布罗代尔写道,"就在于他是在历史长时段基础上建构真正社会模式的第一人。通过赋予这些模式以规律的地位,它们被凝固在最大限度的简单性之中。"③

三部曲中的第三卷《世界的视野》将主题从结构转向过程——资本主义兴起的过程。在这最后一卷中,已到了必须下结论的时候了,布罗代尔冲淡了一贯的折衷主义方法的味道。他转而大量吸收一位学者——伊曼纽尔·沃勒斯坦——的观点。沃勒斯坦几乎和波兰尼一样难以归类。他受的是社

---

① Braudel, *Wheels*, 第 166 页。
② Braudel, *Wheels*, 第 402—403 页。
③ Braudel, *On History*, 第 51 页。

会学训练,在非洲搞研究。由于深信离开资本主义分析便无法理解非洲,他转到经济学。他发现假如不追溯至起源的话,便无法理解资本主义,于是决定成为经济史学家。他撰写的 1500 年以来的"世界经济"史,反过来又得益于布罗代尔的看法(该书第二卷是献给他的)。①

然而,沃勒斯坦对资本主义史的分析,又吸收了诸如安德烈·冈德尔·弗兰克之类的发展经济学家的成果,尤其是他们的经济"核心"与"边缘"的概念,以及他们所持的西方的发展与世界其他地区的落后是同一硬币的两面的观点。②沃勒斯坦讨论了他所谓的"国际分工"及从荷兰、英国到美国的前后相继的霸权。他站在马克思主义传统的立场之上。多少令许多读者啧啧称奇的是,在讨论世界体系的过程中,过去总要与马克思保持距离的老布罗代尔,最终还是接受了多少类似于马克思主义框架的东西。

《世界的视野》还关注了国际霸主的更替,但布罗代尔是从地中海开始的,这点应在人们意料当中。根据布罗代尔的说法,首先支配"经济世界"的是 15 世纪的威尼斯。紧随威尼斯的是安特卫普,而安特卫普之后是热那亚。从 16 世纪后期至 17 世纪早期,亦即"热那亚的时代",热那亚的银行家控制了欧洲(并通过西班牙控制了美洲)的经济命运。第四个

---

① Wallerstein, *Modern World System*. 比较 Wallerstein, "Fernand Braudel"。
② Gunder Frank, *Capitalism*, 第 32 页以下。

继起的是荷兰共和国,或更准确地说是阿姆斯特丹。布罗代尔将之视为最后一个支配经济的城市。最后,他风格鲜明、笔锋娴熟地一转,便转到问题的另一面,讨论起世界其他国家(包括法国与英国)为何没有取得类似的支配地位,最后以英国与工业革命的史事作结。

　　要在这几卷书中找出偏差或漏洞并不困难,特别是在作者离开他最了解、最钟爱的地中海世界之时。对于一部涉及面如此之广的著作而言,此类偏差实属难免。上文曾提及对《地中海》的严厉批评,与此相似,有论者指出,布罗代尔仍然是当初与费弗尔的分工(假使不是他自己的心态装备)的——用他至爱的一个隐喻来说——"囚徒"。他最终还是对马克斯·韦伯——用他自己的话说——"深恶痛绝",对资本主义的价值观——勤奋、节约、规训、冒险精神等等——着墨甚少。然而,荷兰共和国和日本等国的"冒险精神导向型文化",与西班牙和中国等"反冒险精神型文化"形成了强烈的对比,这些价值观的差异与这些国家的经济史肯定是息息相关的。

　　这种不愿赋予文化或观念自主性的做法,在布罗代尔晚年的一篇文章中表露无遗。在讨论法国抗拒宗教改革问题时(一如他曾讨论西班牙抗拒宗教改革),他给出粗略的化约论的地理学解释。他仅仅提到莱茵河与多瑙河乃是天主教的边界,就像它们是罗马帝国的边界一样。他根本不愿费点笔墨,

59

来分析这些边界与宗教改革的事件和观念之间可能存在的联系。①

然而,布罗代尔三部曲的正面特色,远远压倒了这些不足之处。统而言之,这三卷书对近代早期欧洲的经济史——从"经济"一词的广义上说——进行了富有意义的综合,并将这一历史放置于比较的脉络之内。它们证明作者使用这一世界重量级的书名是正确的。说明时至20世纪后期,仍有可能抵制专业化的压力,对此人们只能感铭于心。人们只能仰慕布罗代尔在超过五十年的时间里,推进两个大规模计划的毅力。

更有甚者,他并未就此罢手。利奥波德·冯·兰克晚年转向世界史。而这一次布罗代尔的抱负更为适中。他以望八十的高龄,着手进行对祖国的总体史研究。在作者1985年辞世时,只完成地理、人口与经济部分,约当原计划的一半,但它们以《法兰西的特性》为题出版。

从某种意义上说,这部遗著的内容是可以预见的——不难想象对法国的布罗代尔式研究将会是何等模样。一如他早期的著作,它吸收了他至爱的地理学家——从维达尔·德·拉布拉什到马克西米连·索尔——的成果。尽管布罗代尔抓住这一机会,对指责他是极端决定论者的批评作了回应,并以费弗尔与维达尔·德·拉布拉什的方式,帮"可能论"说了好

---

① Braudel,"Rejection". 比较 Schöffler, *Reformation*,布罗代尔在战俘营中可能读过此书。

话,但事实上,他并未改变根本立场,而是重申了我们是被"远古而来的巨力""压得粉碎"的信念。

无论如何,这一研究的第一卷再次令人印象深刻地展示了布罗代尔整合空间与历史的能力。它一方面讨论了距离与区域差异,另一方面讨论了交通与民族凝聚力,自然还给出了他对从843年至1761年超长时段内法国不断变动的边界的反思。第二卷的主题是人口与生产,本卷把他研究资本主义的结构照搬到法国,探讨了"乡民经济"(布罗代尔认为,这种经济延续至20世纪),然后是"上层建筑"——城镇、工业、贸易与资本主义。他计划撰写的讨论"国家、文化、社会"的篇章从未完成。①

这里还需讨论布罗代尔著作中的最后一个论题:统计数据。布罗代尔热烈地欢迎其同事与学生应用计量方法。他偶尔利用了统计,特别是在1966年出版的《地中海》的增订第二版中。然而,数据在其历史大厦中的作用只是装点门面,而不是其结构的有机部分,这么说并无不公允之处。②在某种意义上说,他抗拒计量方法,就好比他抵制大多数不同种类的文化史,并将布克哈特著名的《意大利文艺复兴时期的文化》斥为"未定稿"一样。③因此,他与当时年鉴派两个主流进展——

---

① Braudel, *Identity*. 比较 Aymard, "Une certaine passion"; Anderson, "Braudel"; Kaplan, "Lamentations"。Lacoste, "Braudel géographe"提出了批评。

② 比较 Hexter, "Fernand Braudel", 第113页就布罗代尔对统计学的"漫不经心"的使用所做的讨论。

③ Braudel, *On History*, 第186页。

计量史(尽管他支持计量史)与心态史——的关系有点形同陌路。现在转入对这些进展的讨论。

三 计量史的兴起

尽管有布罗代尔的成就及其克里斯玛式的领导,布罗代尔时代年鉴运动的发展并不能单纯从他的观念、兴趣与影响进行解释。还需考察这一运动本身的"集体的命运与总的趋势"。在这些趋势当中,从 1950 年前后至 1970 年甚至更迟,最为重要的趋势肯定是计量史的兴起。这一所谓的"计量革命"首先出现于经济领域,尤其是价格史领域。它从经济领域扩散到社会史,特别是人口史。最后,到了下章讨论的第三代,这一新趋势渗入文化史——宗教史与心态史。①对计量史的信念可归纳为两句话。其一,是恩斯特·拉布鲁斯的评论:"要成为史学家,你必须知道如何算数"。②其二,是勒华拉杜里的断言,在将来,"史学家要不成为程序员,要不什么都不是"。③

恩斯特·拉布鲁斯的重要性 对经济史学家而言,关心

---

① Le Roy Ladurie, *Territory*, 第 7—16 页。
② 引见 Tackett, "Daniel Roche", 第 725 页。
③ Le Roy Ladurie, *Territory*, 第 7 页。

统计绝非新鲜事。在 19 世纪便已出现相当数量的价格史研究。① 至 20 世纪 30 年代早期，对这一课题的兴趣出现骤然增长，这无疑与当时的现象如德国过度通货膨胀及 1929 年的股市大崩盘息息相关。1932—1933 年间，刊出了两部重要的法文价格研究论著。第一本是《价格总体运动研究》，吕西安·费弗尔称该书是史学家的枕边书。② 这是经济学家弗朗索瓦·西米昂的著作，三十年前对传统史学进行毫不含糊的攻击的便是此君。《研究》讨论了历史上从西米昂称之为"A 阶段"的扩张阶段，到紧缩的"B 阶段"的交替过程。在成为第二代主流看法之前，这一术语便为西米昂的朋友马克·布洛赫采用。③

第二本重要的研究谦恭地题名为《18 世纪法国价格运动与财政论稿》，此书由年轻史学家恩斯特·拉布鲁斯撰写。④ 拉布鲁斯比布罗代尔年长两岁，在超过五十年的时间里，对法国的历史写作极有影响。如果说布罗代尔经常提出博士论文的选题，那么通常是拉布鲁斯进行指导。多年以来，七十多位研究生爬上五段楼梯，来到他的书斋，在此接受明智的提议和

---

① 如 Wiebe, *Preisrevolution*。
② Febvre, *Pour une histoire*, 第 190—191 页。
③ Simiand, *Recherches*. 比较 Whalen, "François Simiand"。
④ Labrousse, *Esquisse*. 比较 Grenier and Lepetit, "Labrousse"; Potter, "Ernest Labrousse"。

引人深思的建议。①

由于拉布鲁斯任教于索邦大学,是个马克思主义社会主义者,一度出任饶勒斯的秘书,并从事法国大革命研究(彻头彻尾的事件,至少在法国如此),他几乎不能算是年鉴群体的典型成员。②另一方面,由于他对这个群体的年轻史学家的影响,应该说他在这一群体中绝对是核心人物。③

我们已看到,费弗尔与布洛赫对卡尔·马克思观点的兴趣都不太大。尽管费弗尔信仰社会主义,也仰慕饶勒斯,但他骨子里是个唯意志论者,很难欣赏马克思的精彩之处。至于布洛赫,尽管他对经济史颇为热衷,但他的涂尔干主义方法,让他与马克思保持距离。我们已看到,布罗代尔更多受益于马克思,但这仅见于他晚年的著作。

马克思主义是透过拉布鲁斯才开始渗入年鉴群体的。统计方法也是如此。拉布鲁斯是在经济学家阿尔伯特·阿夫塔连与弗朗索瓦·西米昂的启发下,才着手对18世纪法国经济进行严谨的计量研究的。这一研究分作两个部分出版,《论稿》(1933)处理的是1701—1817年的价格运动,而《危机》(1944)处理的是旧制度的崩溃。这些书充斥着图表,同时关

---

① Goubert, *Parcours*, 第134—142页。比较 Burguière, *Annales School*, 第103—132页对"拉布鲁斯时刻"的讨论。

② Allegra and Torre, *Nascita*, 第328页以下。在 Charle, "Entretien"中,拉布鲁斯表达了对年鉴派的认同。

③ Borghetti, *Labrousse*. 比较 Charle, "Entretien"; Cullen, "Labrousse"; Grenier and Lepetit, "Labrousse"; Potter, "Labrousse"。

注长期趋势与短期周期、"周期性危机"与"周期间歇"。在找出方法测量经济趋势方面,拉布鲁斯表现出了极高的天分。在讨论短期与长期经济周期方面,他分别运用了克里蒙特·加格拉与尼古莱·康德拉季耶夫等经济学家的概念、方法与理论,他还运用了自己的老师、曾考察过经济危机的阿尔伯特·阿夫塔连的方法。

拉布鲁斯认为,在18世纪的法国,坏收成会产生"连锁"反应,引起农村财政状况的恶化,进而引起当时主要面向农村市场的工业的衰退。他还认为18世纪80年代末的经济危机,是法国大革命的一个前提。他的两部专著是对年鉴史学家日后所谓的"局势"(*conjoncture*,详见术语表)的先驱性研究。尽管人们偶尔批评它们以模式剪裁资料,但它们极有影响。①

布罗代尔在著名论文《历史与社会科学》(1958)中,集中讨论了长时段这一概念。在文中,布罗代尔称拉布鲁斯的《危机》是"近二十五年来法国刊行的最伟大的史学著作"。而皮埃尔·肖努称"法国围绕计量史的整个运动,都导源于两本书:《论稿》与《危机》,它们是我们这一代的每日祈祷书",他觉得两书的影响力超出了《地中海》本身。

这些书均极富技术性,此后拉布鲁斯便没发表多少东西了。他是史学家中的史学家。但他并非狭隘的专家。他的兴

---

① Landes, "Statistical Study" 提出了批评。

趣远远超出 18 世纪经济史领域,触及 1789 年革命与 1848 年革命,以及 1700—1850 年欧洲市民阶级的社会史。更有甚者,他曾称"没有心态研究,便没有社会研究"。①

由于拉布鲁斯投入大量时间来指导研究生,他应该被作为年鉴派的"幕后策划"加以纪念,他扮演约瑟夫教父的角色,是布罗代尔扮演的红衣主教黎塞留角色的谦卑但不可或缺的合作者。有理由怀疑,拉布鲁斯影响了布罗代尔《地中海》的 1966 年第二版,这个版本更为强调计量史,这一版中的图表在第一版也没有出现,特别是讨论价格和人口趋势的篇章。1969 年《年鉴》开始采用大开本,以容纳较前更多的图表。

要详尽讨论 20 世纪 50 年代与 60 年代布罗代尔与拉布鲁斯共同影响下的所有著作是不可能的,但同样不可能的是将肖努的《塞维利亚与大西洋》(1955—1960)撇到一边,该书也许是有史以来撰写的最长的一篇史学博士论文(共 8 卷,其中卷 8 亦即阐释卷有三千多页)。②肖努的研究是在其妻子胡格特的协助下撰就的,它试图模仿——假如不是超越——布罗代尔,选择大西洋作为研究区域。他集中关注那些可以测算的、1504—1650 年在西班牙与新大陆之间货物的运输吨位,在此基础上进而讨论贸易总量的更一般性的波动,最后是

---

① Charle, "Entretien".

② Chaunu, *Séville*.

此期主流的经济趋势,特别是从 16 世纪的扩张(西米昂所谓的 A 阶段)到 17 世纪收缩(B 阶段)的转换。

这部厚实的研究开始使用结构与局势这对著名的术语,它一方面将拉布鲁斯从 18 世纪法国研究中提炼出的方法与模式应用于跨大西洋贸易,另一方面至少从经济的角度研究了大西洋,从而对布罗代尔提出挑战,并在研究过程中采用了真正的全球视野。此书讨论西属美洲历史地理的部分篇幅颇长,而且非常精彩。肖努日后对太平洋和美洲的研究表明,在对空间与交通的历史重要性的认识方面,肖努仅次于布罗代尔。①

历史人口学与人口史　　人口史是计量史继价格史之后进行的第二次伟大的征服。人口史的兴起发生于 20 世纪 50 年代,它得益于当时对世界人口爆炸的认识,就好比 20 世纪 30 年代的价格史得益于大崩盘一样。这一领域的发展,至少就法国而言,是人口学家与史学家共同努力的结果。比如,任职于国家人口学研究所(INED)的路易斯·亨利,20 世纪 40 年代从当代人口研究转入对过去人口的研究,他提出"家庭重构"法,将出生、婚姻与死亡记录联系起来,通过对日内瓦、诺曼底及其他地方家庭的个案研究,考察某一区域与某一时期

---

① Chaunu, *Les Philippines*; ibid., *L'Amérique*. 比较 Steward, "Pierre Chaunu"。

的人口问题。① 1946 年开始发行的《人口》是国家人口学研究所主办的刊物,它一直刊载史学家撰写的稿件。

比方说,第一卷就刊载了史学家让·莫瑞特的一篇原创论文。像拉布鲁斯一样,尽管莫瑞特的传世之作不多,但在 20 世纪四五十年代,他是年鉴运动中举足轻重的史学家。这篇文章提出"生计危机"说,认为在路易十四时代的法国,这种危机是家常便饭。随着粮食价格的上涨,很快出现死亡率的上升及生育率的下降。之后是逐渐复苏,接着是下一轮危机。②这篇文章的观点,从古贝尔对博韦人的研究开始,为日后大量区域研究提供了基础。

不久,历史人口学与社会史正式结盟。1960 年,第六部启动了一个新的史学丛书《人口与社会》,出版了为数甚多的重要区域史研究专著。莫瑞特的朋友雅克·迪帕基耶是个与年鉴派声气相通的顶尖历史人口学家,他研究的是旧制度时期巴黎附近的区域。

区域史与系列史的重要性 《人口与社会》丛书第一批出版物中,皮埃尔·古贝尔的论文《博韦与博韦人》是其中一种。③像肖努一样,古贝尔也将其研究分成两个部分:"结构"与"局势"。第二部分关注的是 1600—1730 年的"漫长"的 17

---

① Henry, *Anciennes familles*; Henry and Gautier, *Crulai*.
② Meuvret, "Crises". 比较 Grantham, "Jean Meuvret"。
③ Harding, "Goubert's Beauvaisis".

世纪里,长期与短期的价格、生产与人口的波动。它是西米昂的 B 阶段的区域例证。古贝尔将价格与人口运动结合起来,揭示了经济变迁对人类的影响。

第一部分的重要性在于他将历史人口学融入区域社会史。古贝尔对许多博韦村落——比方说奥纽尔与布勒图尔——的人口趋势进行了细致的研究。他得出与莫瑞特的"旧人口体制"持续论相似的结论,这一体制的特征是,至 18 世纪中叶,每三十年左右便会出现一次生计危机。他还注意到村民是如何通过晚婚,进而缩短妻子的生育期,来对艰难时世作出调整。

然而,古贝尔的成就不只是证明了博韦是符合对 17 世纪经济衰退与人口危机的正统诠释的。他相当强调所谓的"社会人口学",比方说,强调苟延存活的概率在不同社会群体之间并不相同。他称这一研究对"社会史"——一种关注每一个人而不只是富人与权贵的历史——的贡献。古贝尔后来在《路易十四与两千万法国人》(1966)一书中重申了这一观点。

至少对我而言,该书最为有趣的部分是讨论城乡社会的章节,比方说对博韦的纺织生产世界或各种农民——富农、中农与贫农的讨论。这一对社会分化与社会等级的细致研究,乃是对任何旧制度社会化约论的弥足珍贵的矫正。后来古贝尔将之扩充为一部讨论整个法国 17 世纪农民的论著。①

---

① Goubert, *French Peasantry*.

古贝尔的社会分析虽则丰满,但并非总体史。"市民阶级心态"问题尽管得到简单讨论,但是,正如作者一开始就承认的,宗教与政治被排除在外。同样,在20世纪60年代与70年代,大多数年鉴派风格的区域研究专著——引人注目的集体成果,实际上都局限于经济社会史,外加上对地理的布罗代尔式的介绍。①在这些著作中,最引人注目的是勒内·巴勒尔对普罗旺斯的研究,他曾被"拉布鲁斯当权派撂到一边","整整二十年无人提及",他对莫瑞特及其同行进行了激烈批评。②

古贝尔将其论文献给拉布鲁斯。拉布鲁斯在幕后的角色,体现于年鉴第二、三代最为出色的区域研究论著序言的鸣谢中,这包括了从皮埃尔·维拉对加泰罗尼亚的研究,到埃马纽埃尔·勒华拉杜里对朗格多克的研究及米歇尔·伏维尔对普罗旺斯的研究等。③这些研究与其说是一个模式的不同副本,倒不如说是一组主题的个体变种。它们是这一时期年鉴派令人印象最为深刻的成果。在这一方面看来,它们类似于五十年前法国地理学派的区域研究论著,如阿尔伯特·德芒

---

① Saint-Jacob, *Paysans de la Bourgogne*; Baehrel, *Une croissance*; Frèche, *Toulouse*; Garden, *Lyon*; Nicolas, *La Savoie* 等。

② Revel,"Introduction",第57页。

③ Vilar, *La Catalogne*; Le Roy Ladurie, *Paysans de Languedoc*; Vovelle, *Piété baroque*. 拉布鲁斯指导的区域研究也包括了阿居隆对普罗旺斯的研究,德戎对亚眠的研究,道马德对巴黎市民阶级的研究,若热兰对威尼斯的研究,尼古拉斯对萨瓦的研究。

戎的毕加地、朱尔·西翁的诺曼底等。它们还显示了自斯特拉斯堡进入巴黎数十年后,年鉴在外省,在诸如卡昂与雷恩、里昂与图卢兹等大学重新确立地位的过程。总而言之,区域研究将布罗代尔的结构、拉布鲁斯的局势与新的历史人口学融为一体。

对近代早期法国乡村社会的研究,在勃艮第、普罗旺斯、朗格多克、法兰西岛、萨瓦与洛林等省份展开。还有一系列对近代早期城市的研究专著,这些城市不仅包括了法国的亚眠、里昂、卡昂、鲁昂、波尔多,还包括了地中海世界的罗马、巴利亚多利德、威尼斯等其他城市,其中一些论著收入《文明与社会》,这个丛书由史学研究中心出版,1965 年开始启动。①

这些地区城乡研究的家族相似性较强。它们倾向于分成结构与局势两个部分,并在很大程度上依赖于提供相当同质的素材的资料,这些素材能够被编排为长时段的系列,如价格趋势或死亡率等。因此,这一方法常常被称为"系列史"。②在考察这些论题后,人们便可获见勒华拉杜里所谓的"计量革命已完全改变了法国史学家的技艺"这一评论的要旨所在。③

这些地区研究大都由布罗代尔与拉布鲁斯指导,而且处理的大都是近代早期,讨论的区域以法国居多,意大利(从若

---

① Deyon, *Amiens*; Gascon, *Grande commerce*; Perrot, *Genèse*; Bennassar, *Valladolid* 等。
② Chaunu, "Histoire sérielle".
③ Le Roy Ladurie, *Territory*, 第 7 页。

热兰对威尼斯的研究,到艾马德对西西里的研究和德利尔对那不勒斯的研究)和西班牙(拉皮尔、本纳萨等)也较为常见。但也有例外。中世纪专家乔治·杜比撰写了最早的区域研究论著之一。它集中讨论了11、12世纪马孔附近地区的财产、社会结构与贵族家庭。杜比的论文是由布洛赫以前的同事查尔斯·培林指导的,并受到历史地理学的启发。①阿兰·科班也运用年鉴方法对19世纪的里莫辛进行了研究,他的著作开篇介绍的是该区的地理,然后描述"经济、社会与心态结构",最后以讨论政治态度与描述长期变动作结。②

即便是在近代早期研究领域,说年鉴学派或是年鉴圈子完全绝缘于其他史学家,那也是误入歧途的。比如,让·德吕莫之所以研究罗马,里夏尔·加斯孔之所以研究里昂,都是受国际关系教授加斯顿·泽勒启发之故。

需要提及的最为明显的局外人是罗兰·莫斯涅。在指导近代早期的研究方面,他的影响力不亚于布罗代尔与拉布鲁斯。莫斯涅是在《历史评论》而不是《年鉴》发表论文的。他是索邦而不是高等研究院的教授。他是布罗代尔不欢迎的人。假使年鉴圈子是个俱乐部,莫斯涅肯定不是会员。尽管如此,他的学术兴趣与他们在相当程度上是相通的。在布洛赫之后的史学领域,还找不出第二个史学家如此严肃地对待

---

① Duby, *La société*. 比较 Duby, *L'histoire continue*。
② Corbin, *Archaïsme et modernité*.

比较方法,不管比较的对象是近在咫尺还是天各一方。比方说,莫斯涅对法国与英国的政治发展进行了对比;他不仅研究了法国 17 世纪的农民暴动,而且其讨论远及俄国乃至中国。像布罗代尔和拉布鲁斯一样,莫斯涅大量运用了从马克斯·韦伯到塔尔克特·帕森斯和伯纳德·巴柏尔的社会理论(他几乎没提到马克思)。[1]

尽管莫斯涅的政治观念很右,他还是能够在一个 18 世纪的研究中,与铁杆左派拉布鲁斯进行合作。他们对研究方法并无共识,更不用说结论,但两人对旧制度的社会结构,对其"秩序"与"阶级"的分析都深感兴趣,他们曾就这一课题组织过研讨会,在会上唱起对台戏。[2]

莫斯涅指导了为数众多的社会史论文,其主题从 18 世纪法国的士兵,到以电脑处理为基础的对一个法国小镇近三个世纪社会结构变迁的计量分析。[3]在 20 世纪 60 年代早期,他推动了对 16 至 17 世纪农民起义的集体研究项目,其部分目的是为了驳斥苏联历史学家波利斯·普什涅夫对法国农民暴动的马克思主义诠释。普什涅夫的著作于 20 世纪 40 年代在苏联出版,翻译者是莫斯涅在第六部的论敌,由罗伯特·芒德鲁作序。[4]比起布罗代尔与拉布鲁斯指导的区域研究,莫斯涅

---

[1] Arriaza, "Mousnier".

[2] Mousnier and Labrousse, *Le 18e siècle*; Mousnier, *Problèmes*; Labrousse, *Ordres et classes*.

[3] Corvisier, *Armée française*; Couturier, *Châteaudun*.

[4] Porshnev, *Soulèvements populaires*.

及其门生的著作通常更为注重政治,更少关注经济,而且在分析社会结构时,他们更认真对待法律标准,更不重视经济标准。然而,其中某些研究,特别是那些关注暴动的研究,几乎难以与年鉴学人的研究区别开来。①

勒华拉杜里在朗格多克　在这一时期年鉴圈子的区域研究中,除了强调经济与社会的结构与局势外,还可找到一个重要的例外。埃马纽埃尔·勒华拉杜里的博士论文《朗格多克的农民》(1966),是作者对超过两百年时间的所谓"总体史的探险"。②

普遍认为,勒华拉杜里是布罗代尔门生当中最为优秀的一位,也在许多方面酷似布罗代尔——丰富的想象力、广泛的好奇心、跨学科的研究取向、对长时段的关注及对马克思主义的某种暧昧态度。像布罗代尔一样,他也是个热爱南方的北方人(诺曼底人)。他的《朗格多克的农民》建立在与《地中海》一样的规模之上。正如人们可以预见的,它开篇描述了朗格多克的地理。这里的岩石与低矮的灌木,谷物、葡萄与橄榄,还有圣栎与板栗树,都富有地中海乡村的风格。

与布罗代尔一样,勒华拉杜里对自然环境深感兴趣。这

---

① Bercé, *Peasant Revolts*; Pillorget, *Mouvements insurrectionels*.
② Le Roy Ladurie, *Paysans de Languedoc*. 对他的讨论,参见 Burguière, *Annales School*, 第135—149页; Bowman, "Le Roy Ladurie"。

一兴趣引发他对长时段气候史进行出色的比较研究。[①]美国科学家通过使用树木年轮提供的证据(特别是偏西部有时可活1500岁的巨大红杉的年轮),确定气候的长期趋势。窄的年轮意味着干旱年,而宽的年轮意味着充沛的雨水。勒华拉杜里突发奇想,将他们的结论与从另一个"系列史"例证得出的结论放在一起。这一系列史是对欧洲不同地区葡萄酒出产时间的变动的研究。出产时间早,年气候温暖;出产时间迟,年气候寒冷。他总结说:"德国、法国与瑞士古老的葡萄园,完全印证了千里迢迢之外的阿拉斯加与亚利桑那三千岁森林提供的证据。"显然,这类似于布罗代尔对欧、亚两洲人口运动的比较。

另一方面,勒华(这是对他便利的称呼)发现有必要在思想上与布罗代尔保持距离,就好比布罗代尔与马克思保持距离一样。他抛弃了业已成为传统的做法,即根据"结构"与"局势"来组织区域研究专著,将他的著作讨论的1500年至1700年这一时期分成三个阶段,他称这三个阶段为"一个大农业周期",一个涨落、兴衰的宏观运动。

首先是A阶段,这一阶段的经济扩张,是由最终从中世纪后期瘟疫的肆虐中复苏的地区的人口剧增引起的。正如时人所指出的,16世纪朗格多克人"像谷仓里的耗子那样"繁殖。边地被开垦出来,而对土地的利用也更为精耕细作。农

---

① Le Roy Ladurie, *Times of Feast*.

民地产的平均规模变得越来越小(因为分地的孩子增加了),农村雇工日益贫困(因为人口增长导致劳力买方市场的出现)。从变迁中受益的是那些自己经营土地的地主。

至1650年甚或1680年为止(在古贝尔研究的博韦地区人口停止增长后不久),人口增长的速度逐渐放慢,土地所有者继续获益。的确,勒华将1600年至1650年间的时期,称为"租金增长的"阶段。然而,此时西米昂称之为"B阶段"的衰退期开始降临,整体大运动走向逆转。这一逆转的根本原因是农业生产率的下降。一贫如洗的耕作者无力对土地进行投入,而且从这一布满岩石的地中海式土壤所能榨取的东西,无论如何还是有限度的。食物开始不足,生计危机随之而来。大量人口死亡,一些人远走他乡,而且与从前相比,(像博韦人一样)人们倾向于晚婚。"情况就像是在经济收缩的条件下人口正痛苦地进行调整。"① 另一方面,人口下降加剧了经济衰退,并于18世纪早期亦即路易十四的统治行将结束之时跌入谷底。他下结论说,正如托马斯·马尔萨斯所说的,人口增长吞噬了繁荣的每一次增长,从这一意义上说,"至16与17世纪,马尔萨斯的诅咒已降临到朗格多克"。②

以上我描述的是一个出色的地理、经济与社会史研究,其风格类似于20世纪60年代由年鉴主导的典型的区域研究。

---

① Le Roy Ladurie, *Paysans*, 第143页。
② Le Roy Ladurie, *Paysans*, 第311页。

它大量运用计量方法,不仅研究价格与生育、婚姻与死亡率的波动,而且研究财产分配、农业生产率等的趋势。

然而,在一些重要方面,《朗格多克的农民》打破了传统。正如我们所看到的,勒华采用的是编年体组织体例。在每个时段,他讨论了文化进展,如新教兴起与识字率等,他还描述了当地小民百姓对日常生活中经历的经济趋势的反应。

为撰写这一"自下而上的历史",他大量使用了暴动的证据。比方说,在讨论16世纪晚期乡村社会两极分化为富有的土地所有者与一贫如洗的雇工的过程中,勒华以微叙事(mininarrative)的方式,插入罗芒小镇社会冲突的一个插曲。在1580年狂欢节期间,工匠与农民在化装的掩护下,宣称"镇上的富人盘剥穷人,发了横财",并说不久"基督徒的肉将以十六便士一磅的价格出售"。①

同样,在讨论18世纪早期经济衰退的部分,勒华讲述了塞文山脉信奉新教的高地人——卡米萨德人,向刚刚取缔他们宗教的国王发动游击战争的故事。他注意到,这场暴动的领袖,包括女青年,常常陷入一阵阵的颤抖之中,在此状态下,他们能看到天堂与地狱,并预测即将发生的事件。勒华认为,这种沉迷是歇斯底里的,他接着将这一现象联系到此期总体的局势——衰退导致贫穷、晚婚、性无能、歇斯底里,最终导致痉挛。

---

① Le Roy Ladurie, *Carnival* 是后来在此基础上撰写的著作。

勒华的论文总体上得到好评。① 的确,它让他一举成名。然而,随着时间推移,出现了一些有理有据的批评。比方说,他对塞文山脉预言家的描述受到了批评。人们批评他将他们当作病理学个案,而不是将他们的神智着魔诠释为身体语言的一种真正形式。② 根据一位批评者的看法,他的经济分析"无法自圆其说",因为他"将租金与利润混为一谈"。③

更为根本的是,勒华就朗格多克社会变迁提出的"人口学模型",受到了马克思主义者的攻击。他们认为,这个模型过于简单,对马尔萨斯论亦步亦趋,"正是阶级关系、阶级权力的结构,决定了特定人口与商业变迁影响收入与经济增长的长期趋势的方式与程度,而不是相反"。对此,勒华的回应是,他的模型并不简单,而是复杂的、"新型的马尔萨斯论",它还融入了阶级结构。④ 我们最终面对的是社会变迁的两个对立模型:一是融入了阶级的人口学模型,一是融入人口学的阶级模型。正如围绕布罗代尔的《地中海》的自由论与决定论争论一样,似乎无法在经验层面来断定这个问题的是非。

不管人们是否接受作者的解释模型,《朗格多克的农民》让人对其在细致的计量经济社会史与出色的印象主义式的政治、宗教和心理史之间进行的成功而又非同寻常的结合油然

---

① Bercé,"Paysans"提出了若干批评。
② Garrett,"Spirit Possession".
③ North,"Comment".
④ Brenner,"Agrarian Class Structure"; Le Roy Ladurie,"Reply".

而生仰慕之情。在该书出版近半个世纪之后重新审视这一研究,现在已然清楚的是,勒华是最早发现布罗代尔范式的局限所在,并想出改进方案的人之一。这些改进主要是年鉴第三代的工作,这是下一章的主题。

第四章　第三代与文化转向

在不同人眼中,年鉴群体是个"学派""星系"或"运动",我们还可形象地称之为一个家庭。据我们所知,吕西安·费弗尔将布罗代尔和芒德鲁视为"儿子"。布罗代尔有家长风范——假如不是行使家长权威的话,他一般用"小"字来称呼年轻同行:"小雷维尔""小皮埃尔"(古贝尔)等。反过来说,皮埃尔·肖努在一次访谈中称:"我深爱布罗代尔,就像深爱我的父亲。"①

在这个群体的成员间,亲属关系并不罕见。比如,汉学家谢和耐是古典学家路易·热耐特之子。曾担任人文科学研究所所长的意大利史学者莫里斯·艾马德,是布罗代尔老友、古代史学者安德烈·艾马德之子。②人口学家埃尔韦·拉·布拉斯是社会学家加伯里尔·拉·布拉斯之子。让-皮埃尔·古贝尔是皮埃尔·古贝尔之子。而研究东南亚的史学家德尼·隆巴德是中古史学家莫里斯·隆巴德之子。

这个群体的某些成员结为了夫妇:如雅克·奥祖夫和莫

---

① Valensi,"The Problem of Unbelief",第26页。
② 安德烈·艾马德一本著作的书名是《菲利普二世时期的希腊世界》(1948),这意味着他向布罗代尔致敬,尽管他关注的是马其顿而非西班牙的菲利普。

娜·奥祖夫夫妇,让-克劳德·佩洛和米歇尔·佩洛夫妇,中古史学家让-克劳德·施密特和古代史学家波利娜·施密特夫妇。弗朗索瓦·费雷是皮埃尔·诺拉和德尼·里歇二人的内兄弟。

上一章的主角布罗代尔和拉布鲁斯分别出生于1902年和1900年。而本章侧重关注的是20世纪20年代出生的史学家:莫里斯·阿居隆、马克·费罗、弗朗索瓦·费雷、谢和耐、雅克·勒高夫、罗伯特·芒德鲁、米歇尔·佩洛和埃马纽埃尔·勒华拉杜里。要断定一代人开始、结束的时间从来就不容易,不过在此将以乔治·杜比(生于1919年)乃至菲利普·阿里埃斯和让-皮埃尔·维南(均生于1914)为一方,以20世纪30年代初至30年代中期出生的让-路易·弗兰德林、莫娜·奥祖夫、阿兰·贝桑松、米歇尔·伏维尔、菲利普·茹塔尔、内森·瓦奇特尔和丹尼尔·罗希等为另一方的史学家列入第三代是合情合理的。这个清单显示,年鉴群体在第一代势单力薄,但到第三代则是兵强马壮。

政治事件,如德雷福斯事件,经常被用于标识乃至编排世代,在此,1968年以后,第三代的崛起变得日益明显。1969年,杂志的营运进行了重要的人事调整——甚至可说是"清洗"。这显然是对法国国内称之为"事件"的1968年五月危机的一种反应。事件好似对唾弃它们的史学家进行报复。不管如何,布罗代尔在听到新闻后,从芝加哥飞回巴黎。为让

《年鉴》获得新生——他称之为"脱胎换骨",他决意招纳新人。①勒高夫和勒华拉杜里参与《年鉴》的营运正是从 1969 年开始的。1972 年,布罗代尔从第六部主任的职位退休(这一职位传给了雅克·勒高夫),1975 年,老的第六部退出历史舞台,勒高夫出任重新组建的社会科学高等研究院的院长,1977 年,这个位置又由弗朗索瓦·费雷接替。

然而,比行政变动更为重要的是这一时期的学术变动。问题在于第三代的思维肖像比第一、二代更难勾勒。没有人像当年费弗尔与布罗代尔那样,在这一群体中占据主导地位。的确,某些评论家已谈到学术"碎片化"的状况。②起码人们必须承认多中心论占了上风。该群体的某些成员推进费弗尔的研究计划,将史学的边界拓展到儿童、梦、体态及——最为重要的——妇女史(由米歇尔·佩洛和乔治·杜比组织的妇女史集体项目,此前杜比曾从事婚姻史和中世纪妇女研究)。③的确,跟前辈不同的是,第三代既把妇女纳入群体当中(如克里斯蒂安·卡拉皮斯、莫娜·奥祖夫或吕塞特·瓦朗西),也把她们列为历史研究对象。另一些人则由于整合政治史与事件史,因而可说是拓展或削弱了该计划的基础。一些成员继续从事计量史,而另一些人则反对它。

---

① Le Goff, "Appétit" 否认这些变动跟危机有关。比较 Daix, *Braudel*, 第 427—428、439 页。

② Dosse, *New History in France*.

③ Duby, *The Knight, the Lady and the Priest*; Duby and Perrot, *History of Women*. 比较 Stuard, "Annales School"。

与前辈相比,这一代对来自英语世界的观念更为开放。许多成员曾在美国——在芝加哥、普林斯顿、伊萨卡、麦迪逊或圣地亚哥——待过一年或更长时间。与布罗代尔不同,他们不单用英语阅读,还会说英语。他们采用各色各样的方式,致力于综合年鉴传统与美国的学术潮流——心理史、新经济史、民间文化史、象征人类学等。法、美史学家之间的合作时有发生。①

在接下来的部分,我将集中讨论三个主题:心态史的发现或重新发现;在文化史中运用计量方法的努力;最后,对计量方法的反动:不管采取的是历史人类学、回归政治还是叙事的复兴的形式。这种讨论方式的代价是,许多有趣但无法列入上述范畴的成果只能顺带提及,甚至完全排除在外。但是,集中讨论乃是避免本章变成像年鉴群体那么碎片化(有论者提出这个批评)的唯一方式。

一 从地窖到顶楼

正如我们看到的,在布罗代尔那一代,心态史与其他形式的文化史并未完全被忽视,但是它们被降格至年鉴事业的边缘。但是,从20世纪60年代至70年代,发生了一个重要的兴趣转换。对1965—1984年刊载于《年鉴》的文章的分析显

---

① Herlihy and Klapisch, *Tuscans*.

示,约35%的文章关注文化史或学术史。① 不止一位年鉴史学家的学术路子,包括了学术生涯中期的重要转换,即从关注社会的经济基础或人口基础,转向文化的"上层建筑",或如米歇尔·伏维尔所说,"从地窖到顶楼"。②

为何会发生这一转换呢?我敢肯定,这一兴趣转换的部分原因,是出于对布罗代尔排斥心态史的反动——这是布罗代尔与费弗尔史学方法的差异所在,上文提到,费弗尔对思维模式是颇有兴趣的。回到年鉴家庭观,也许可将文化转向视为一位杰出艺术史学家所称的"祖父定律"的一个例证:"一代学人,出于对父辈和老师观念和感觉的用心良苦的不管不顾,跳回上一代,重拾父辈如此热衷地加以抵制的那些走向——尽管是在新的意义上。"③

从"地窖到顶楼"的转向,还构成了抵制一切形式的决定论的一个部分,这个反应的涉及面就要广得多了。这是20世纪60年代日益明显的趋势。这个群体某些成员,如维南,一度加入了法国共产党,但1968年苏联坦克冲入布拉格之后,他和许多西方共产主义者一样,在这段时期离开了共产党。而在1958年苏联坦克进驻匈牙利之时,贝桑松、迪帕基耶、费雷和勒华拉杜里等人还留在党内。④

---

① Hunt, "French History", 第216页。
② Vovelle, *De la cave au grenier*. 这个说法其实是由勒华拉杜里提出的。
③ Friedländer, *Mannerism*, 第54页。
④ Verdès-Leroux, *Au service du parti*. 对其政治经历的讨论,参见 Le Roy Laduire, *Paris-Montpellier*。

然而,实际上是菲利普·阿里埃斯(一位君主论者,一度是右翼的法兰西行动党的支持者)在1960年出版的一本出色的、几乎引起轰动的书中,将大众的注意力引向心态史。阿里埃斯原本不属于年鉴群体,尽管他晚年在高等研究院任教。对索邦史学家而言,他跟年鉴太过亲近,而对职业年鉴学人而言,他更像是个业余学者。① 他称自己是"礼拜日的史学家"。他在一家热带水果研究所工作,业余时间都致力于史学研究。一位顶尖职业史学家甚至斥之为"香蕉贩子"。②

阿里埃斯受的是历史人口学训练,后来却抵制运用计量方法来研究社会(就像他抵制现代工业官僚世界的其他方面一样)。他的兴趣转向自然与文化的关系,转向一个特定文化看待与区分诸如儿童与死亡等自然现象的方式。③

在对旧制度时期家庭与学校的研究中,阿里埃斯认为,儿童观——或更准确地说,儿童感——在中世纪并不存在。我们称之为"儿童"的年龄层,在七岁之前差不多被等同为动物,此后则基本被当作缩微的成人来看待。根据阿里埃斯的看法,在法国,儿童是在17世纪前后被发现的。举例说,此时人们开始给儿童穿特别的服装,如儿童"袍"。此期的书信与日记证实,成人对儿童行为的兴趣日渐增长,他们有时试图在

---

① Chartier, "L'amitié de l'histoire",第24页。
② 根据Hutton, *Philippe Ariès* 的说法,此人是布罗代尔;而根据Gros, "Philippe Ariès"的说法,这个说法出自"索邦的一位学术权威"。
③ Ariès, *Centuries of Childhood*; ibid., *Hour of Our Death*. 比较Hutton, *Philippe Ariès*。

书信和其他文本中复制孩子气的言辞。阿里埃斯还援引肖像学的证据,如日益增多的儿童像,以证明作为人类发展的一个阶段,儿童意识可上溯至近代早期——而不是更早。

该书英文名是《儿童的世纪》。这不是本十全十美的著作,而且也确实遭到许多学者公平和不公平的批评。中世纪专家找出证据,批评了它对此期的概括过于笼统。另一些史学家批评阿里埃斯在讨论欧洲发展时,太过依赖法国本身的证据,他也没有充分区分男人与女人、精英与平民的态度。[①]尽管如此,菲利普·阿里埃斯的成就,就在于将儿童置于历史地图之上,从而启发了数以百计的对不同地区、不同时代的儿童史的研究,并将心理学家与儿科学家的注意力吸引到新史学。

阿里埃斯晚年全力考察人们对死亡的态度。他再度把焦点放在文化——西方文化——折射下的一个自然现象上,并回应了吕西安·费弗尔(在 1941 年提出的)著名的呼吁:"我们缺少死亡史。"[②]他的巨著《面对死亡的人》,描述了大约长达一千年之久的超长时段的发展状况,区分了从中世纪早期的"平淡无味的死亡"到我们自身文化的"隐匿的死亡"的五种态度。前者被定义为"混杂了冷漠、顺从、司空见惯与缺乏隐私的"观念;而后者倒转了维多利亚时代的实践:我们在公

---

① 最有说服力的批评见于 Herlihy, "Medieval Children"; Hunt, *Parents and Children*, 第 32—51 页;及 Pollock, *Forgotten Children*。

② Febvre, *New Kind of History*, 第 24 页。

开讨论性的同时,却把死亡当作是禁忌。《面对死亡的人》的优缺点与《儿童的世纪》类似。它们一样大胆而富有原创性,一样使用各色证据(包括文学与艺术,但不包括统计),也一样不愿描述地区或社会差异,这和作者早年的人口学研究形成了鲜明对比。①

菲利普·阿里埃斯的研究尤其对历史人口学提出了挑战,作为回应,某些历史人口学家日益关注价值与心态在"人口学行为"中的角色——换句话说,注意研究家庭、性意识史及费弗尔盼望已久的情史。这些进展的核心人物是让-路易斯·弗兰德林。他对旧制度时期法国的研究,讨论了父权的性质、对少儿的态度、教会教义对性意识的影响与农民的情感生活等问题。他后来还研究了饮食文化史。②另一位重要学者是克里斯蒂安·卡拉皮斯,她对中世纪晚期和文艺复兴时期的托斯卡纳史进行研究,并从人口学转而研究妇女、家庭和仪式。③这一领域的研究,为打通基于文学材料的心态史研究(比方说费弗尔的《拉伯雷》)与忽视态度和价值的社会史作出了特别的贡献。

谢和耐的著作为这种跨界研究提供了一个好例子。像其他同辈法国学者那样,谢和耐顺着楼梯从地窖爬到顶楼,其博士论文研究的是佛教经济生活,后来转向对中国基督教传教

---

① 对阿里埃斯公允的评价,见于 McManners, "Death"。
② Flanderin, *Families*; ibid., *Sex in the Western World*; ibid., *L'ordre des mets*.
③ Herlihy and Klapisch, *Tuscans*; Klapisch, *Women, Family and Ritual*.

的研究。①他的《中国与基督教》一书,是集中讨论误解的心态史著作。传教士深信自己成功使别人改宗,但他们没有理解支持新宗教对改宗者自身的意涵。中国官员本身也误解了传教士的意图。

根据谢和耐的看法,这种误解揭示了双方的范畴、"思维模式"或"心智框架"之间的差异,而这又牵涉到各自语言的差异。通过关注两个文化之间面对面的接触,作者以欧洲史学家无从获取的方式,成功地揭示了心态问题。布罗代尔可能从局外人角度视为"拒绝借用"的个案,谢和耐却从内部出发进行了诠释。

从事南美研究的内森·瓦奇特尔,关注的焦点也是文化接触。他的《被征服者的视野》(1971)是从印第安人角度写成的秘鲁早期殖民史。这一研究与年鉴史学家的欧洲史研究,在几个方面都有共通之处。它依次处理了经济、社会、文化和政治史。它为自下而上的历史提供了例证,对民众暴乱着墨甚多。它运用了马克·布洛赫的回溯法,通过研究当代舞蹈中对西班牙征服的表述,来重建印第安人最初的反应。它从社会人类学借用概念。然而,瓦奇特尔并未简单地使用近代早期史学家的结构—局势—事件模式。他认为,此期秘鲁的社会文化变迁,并非发生于旧结构当中。相反,这是个"非结构化"过程。瓦奇特尔对这一过程的关注,赋予他的著

---

① Gernet, *Les aspects économiques du bouddhisme*; ibid., *China and Christianity*.

作一种动力学特征,其悲剧色彩甚至连《朗格多克的农民》都无可比拟。瓦奇特尔后来撰写的讨论玻利维亚印第安人的著作,处理了长达五个世纪的历史,并再次使用了回溯法。①

接触也是年鉴传统最出色的研究之一、德尼·隆巴德所著的题为《爪哇十字路口》的三卷本印尼研究著作的主题。作者强调,印尼是印度洋和太平洋的交会点,她不仅是个贸易中心,也是"几乎所有世界伟大文明的交汇地或融合地"。他专章讨论了年鉴学人钟爱的死亡、时间等主题。他首先对这一地区的西方化和西方化的局限进行了考察。第二卷转而探讨中国和穆斯林商人及其对印尼文化的影响。最后在第三卷,他对专制制度和古印度的影响进行了讨论。这部研究文化合成(cultural hybridization)的论著出版于 1990 年,远远早于这一主题风靡之时。考虑到此书篇幅之大及视海洋为不同社会的纽带的看法,不妨说此书是亚洲版的《地中海》。②

在年鉴群体内部,一些史学家一直以文化为主要关注点:阿尔方斯·迪普隆便是一个例子。迪普隆是另一位与布罗代尔同辈的史学家,他在学术圈外一直不甚出名,但他对年轻法国史学家相当有影响。③从这一观点看来,他也许确可被视为文化史领域的拉布鲁斯。由于他的博士论文关注的是无意识的态度,得到了布罗代尔的正面关注。它研究的是"十字军"

---

① Wachtel, "Retour des ancêtres".
② Lombard, *Le Carrefour javanais*.
③ 弗兰德林、朱利亚、奥祖夫与罗希等人均参加过他的研讨班。

观念,将它视为神圣化的一个例子,他认为这是一场为获得圣地而发动的战争。在耽搁四十年后,这篇论文于 1997 年出版。①

后来,迪普隆集中关注朝圣活动,认为这是对神圣的寻求,是对卢尔德或洛卡莫多等宇宙力量所在的"集体感性"的一个例证。他对神圣空间的兴趣,激发他的门生去考察教堂平面布局的变迁及这些变迁的象征内涵。②他将他对神圣事物的属性等宏观主题的兴趣,与财产清单、图像、(比方说)非凡意象的精确性相结合。一如他讨论涵化观念的论文——不亚于他自己的专题研究——揭示的,迪普隆致力于融汇宗教史与心理学、社会学与人类学。③瓦奇特尔对秘鲁的研究和罗伯特·米舍姆布莱对近代早期法国的研究,都沿袭了他运用备受争议的"涵化"一语来讨论文化变迁的做法。

心理史 然而,追随费弗尔的风格,进行历史心理学研究的首屈一指的人物,当推罗伯特·芒德鲁。④费弗尔去世后不久,芒德鲁在他的论文中发现一宗档案,是一部尚未动笔的著作的笔记,该书打算对拉伯雷进行后续研究,考察近代法国心态的兴起。芒德鲁决定继续他导师的遗业,出版了《法国近

---

① Dupront, *Mythe du Crusade*.
② 比如,Froeschlé-Chopard, *Espace et sacré* 一书就是献给迪普隆的。
③ Dupront, "Problèmes et méthodes"; ibid., "De l'acculturation".
④ Muchembled, *Popular culture*, 结论。

代史导论》。该书副标题是"一篇心理史论文,1500—1640",包括了健康、情感与心态等章节。①

该书出版后不久,芒德鲁与布罗代尔失和。不管背后的个人原因为何,他们的失和发生于一场有关年鉴运动之未来的论战之中。在这场论战中,布罗代尔支持革新,而芒德鲁捍卫费弗尔的遗产称之为"原本的年鉴",而历史心理学或心态史在这一遗产中占有重要地位。芒德鲁还撰写专著,讨论17至18世纪民间文化。在《17世纪法国的地方官与巫师》(1968,副标题是"历史心理学分析")这一研究中,他继续沿着这一方向前行。芒德鲁同情马克思的观点,试图结合阶级关系分析和集体心态分析。②

处于年鉴边缘的让·德吕莫最初是个经济社会史学家,后来兴趣从天主教国家的明矾生产和罗马城的经济社会生活转向文化史。他的第一个行动是转向宗教改革与所谓欧洲"非基督教化"史。稍近,德吕莫转向费弗尔意义上的历史心理学,编撰了雄心勃勃的西方恐惧感史与罪恶感史,对"多数人的恐惧"(海洋、鬼、瘟疫、饥饿)与"主导文化"的恐惧(撒旦、犹太人、女子——特别是女巫)作出了区分。③

德吕莫在书中谨慎地运用了威廉·利希与艾里克·弗罗姆等人的精神分析学观点。在他之前,米歇尔·德塞都已开

---

① 对他的讨论,参见 Cottret, "Bilan"; Joutard and Lecuir, "Robert Mandrou"。
② Mandrou, *Classes*; ibid., "Histoire sociale"。
③ Delumeau, *Vie sociale*; *Catholicism*; *La peur*.

风气之先。德塞都和阿里埃斯一样,到了晚年于 1984 年才进入高等研究院(他生于 1925 年)。他曾是个耶稣会士,学识渊博,主要兴趣包括神学、哲学、人类学、社会学及史学和精神分析学(他属于雅克·拉康学派)。在他从哲学转向世俗话题的过程中,1968 年五月事件是个重要阶段(他撰文捍卫造反派)。1969 年,德塞都出版了对芒德鲁巫技研究的批评之作,1970 年,他出版了自己对巫技的诠释——与费弗尔差别较大,而与弗洛伊德较接近,这本书研究的是 17 世纪 30 年代法国小镇卢敦一群被魔鬼集体附体的修女的著名案例。[①]

至于埃马纽埃尔·勒华拉杜里,他在前一章讨论的《朗格多克的农民》(1966)中,已将弗洛伊德的著作列入参考文献,位置夹在对图卢兹物价的研究与对近代早期阶级结构的分析之间。勒华将罗芒狂欢节描述成一出心理剧,视为"人们直接接触无意识产物"的方式,比方说吃人肉的幻觉,正如他从歇斯底里的角度,诠释了卡米萨德预言者的痉挛。正如他首先坦白的,"人们无法邀请卡瓦里埃与马泽尔(这次暴动的领袖)坐在假想中的某位史学家兼精神分析学家的沙发上。人们只能注意到通常在类似的歇斯底里病例中碰见的某些显而易见的特征。"同样,勒华考察了巫术审判中过去为人忽视的一个侧面:指控巫婆在婚礼中通过打结,让她们的受害者变成性无能,他令人信服地将这一仪式诠释为象征层面的

---

① Certeau, "Une mutation"; ibid., *Possession at Loudun*.

阉割。①

年鉴派的其他成员也追随这一方向,尤其是阿兰·贝桑松。他是研究俄国的专家,曾在《年鉴》发表一篇长文,讨论他所谓的"精神分析史"的可能性。在一项对父子关系的研究中,他试图将这些可能性付诸实践。这一研究考察的焦点是恐怖伊凡与彼得大帝这两位沙皇,前者杀死了儿子,而后者将儿子处死,似乎他们不得不激活一个神话。②后来,作者放弃了精神分析学对史学家有用的信仰。

吕西安·费弗尔的心理学观点来自斯特拉斯堡同事夏尔·布隆代尔与亨利·瓦隆,他们都是非弗洛伊德或反弗洛伊德学者。而贝桑松、勒华拉杜里与德吕莫的心理学观点,主要来自弗洛伊德与弗洛伊德学派或新弗洛伊德学派。以研究个人为导向的美国式心理史学,最终与以研究群体为导向的法国式心理史学相遇了,但两股潮流的汇合并未产生综合。

意识形态与社会想象 然而,这一时期年鉴群体的主流走向大异其趣。20世纪60年代涉足心态史研究的学者中,最为出色的两位是中世纪史学家雅克·勒高夫与乔治·杜比。

比如,勒高夫在1960年发表了一篇著名论文,讨论"中世

---

① Le Roy Ladurie, *Paysans*, 第196、284页; ibid., *Mind and Method*, 第3章。
② Besançon, *Le tsarévitch immolé*; "Psychoanalysis"; *Histoire et expérience*.

纪商人的时间与教会的时间"。①马克·布洛赫已谈过中世纪的时间感,而在16世纪不信教问题的研究中,吕西安·费弗尔就一个人们常常对自己的准确岁数一无所知、以太阳而不是时钟测量日子的时代,讨论了他称之为"流动的"或"不精确的"时间感。②勒高夫提炼了布洛赫和费弗尔本身提出的不甚精确的概括,讨论了僧侣的时间观与商人的时间观之间的冲突。

不过,他对心态史或是他后来所谓的"中世纪想象"史最实质性的贡献,是二十年后出版的《炼狱的诞生》(1981)一书,该书是研究来世表象变迁的史学著作。勒高夫认为,炼狱观的兴起,构成了"封建基督教转型"的一个环节,并认为在思想变迁与社会变迁之间有关联。同时,他坚持"心态结构""思维习惯"或"思想装备"——换句话说,心态——的中介作用,注意到12、13世纪出现了对时间、空间与数量的新态度,包括他所谓的"来世的簿记"。③勒高夫还通过主编两部论文集,推广年鉴方法。第一部与皮埃尔·诺拉合编,强调"新问题""新方法"和"新对象",而第二部提出 *vouvelle histoire*(新史学)一语。④

---

① Revel and Schmitt, "L'ogre"; Rubin, "Jacques Le Goff"; Rollo-Koster, "Jacques Le Goff"; Duhamel, *Georges Duby*; Odalia, *Duby*; Oexle, "Duby"; Shopkow, "Georges Duby".

② Le Goff, *Time, Work and Culture*, 第29—42页。

③ Le Goff, *Purgatory*; 比较 Chiffoleau, *Comptabililté*。

④ Le Goff and Nora, *Constructing the Past*; Le Goff, *La nouvelle histoire*.

至于乔治·杜比,他是个出名的中世纪法国经济社会史专家。他的博士论文出版于1953年,处理的是马孔地区的社会。随后他对中世纪西方的乡村经济进行了扎实的综合研究。①在很大程度上说,这些研究遵循的是马克·布洛赫的《封建社会》与《法国农村史》的传统。20世纪50年代,当杜比逐渐将兴趣从地窖转向顶楼时,他与罗伯特·芒德鲁合作研究法国文化史。②

后来,杜比转向新方向。在人类学家马塞尔·莫斯著名的礼物研究的启发下,杜比通过分析战利品和领主赠予扈从的礼物,解释了他所谓的"欧洲经济的首次兴起"。③然后,他运用新马克思主义社会理论,转而对意识形态、文化再生产与"社会想象"进行历史分析,并试图结合心态史进行讨论。

杜比的《三个等级》与勒高夫的《炼狱》在许多方面有着共通之处。它通过个案研究讨论了作者所谓的"社会变迁过程中物质因素与心态因素之间的关系"。作者集中考察的集体表象,将社会分成三个群体——牧师、武士与农民;换言之,祈祷者、战斗者与劳动者(或是耕作——拉丁动词 laborare 是个好用的多义词)。杜比清醒地意识到,正如伟大的古典学家乔治·杜梅泽尔指出的,社会由三个群体组成,他们分别执行三个基本功能,这种观念可远溯至印欧传统,也见于从古印

---

① Duby, *La société*; ibid., *Rural Economy*.
② Duby and Mandrou, *French Civilization*.
③ Duby, *Early Growth*.

度到恺撒时期的高卢等不同地区。像过去的中世纪史学家一样,杜比认为这个三个等级的意象,通过暗示所有三个群体以不同方式服务于社会,为领主剥削农民执行了合法化的功能。

然而,他并未就此罢手。他所感兴趣的是,从 9 世纪开始,在威塞克斯、波兰等相距甚远的地区,都重新激活了这个三体合一社会的概念。于是,他讨论这一复苏的社会与政治脉络,尤其是它在法国的复苏,这一意象是 11 世纪早期开始在那里重新出现的。它成为君主手中的"武器",他们声称身兼三个基本职能。原本隐藏在时代的"心态"之中的知识体系,此时显然成为了服务于政治目的的意识形态。杜比评论说,意识形态并非对社会的被动反映,而是对它施加影响的一个计划。①

杜比的意识形态概念与哲学家路易斯·阿尔杜塞相差不远,阿尔杜塞曾将之定义为"对个体与其存在的真实处境之间的假想的(或是想象的)关系"。杜比在《三个等级》中也确曾引述他朋友阿尔都塞的话。②与杜比类似的是,18 世纪专家米歇尔·伏维尔也认真地试着将费弗尔与勒费弗尔风格的集体心态史,与马克思主义的意识形态史结合起来。③

杜比和勒高夫是同事、对手和好友,也是他们所在职业的

---

① Duby, *Three Orders*.

② Althusser, "Ideology"; Duby, *L'histoire continue*, 第 105 页;比较 Schöttler, "Althusser and *Annales*"。

③ Vovelle, *Ideologies and Mentalities*.

重要拓荒者,两人的相似之处甚多。但从某些方面看,他们的兴趣和个人作风都颇不相同。杜比投入大量时间写书、编书,而勒高夫更为人所知的是他对会议和研讨课的贡献。令杜比成名的是法国乡村史研究,而勒高夫更关注城市史研究。杜比的论著涉及骑士、妇女、家庭及艺术史(他是个有天分的业余画家),而勒高夫关注的焦点是教会和大学。甚至他们的文风都互不相同。杜比的文风优雅、高贵,以叙事为表达形式,具有自我意识较强的文学风格,而勒高夫的文风富于学术性、论辩色彩和口语化。我在想,要是他们生活在他们毕生研究的中世纪,他们会从事何种职业。我猜想杜比最有可能成为某一本笃会重要隐修院的院长,并成为其编年纪执笔者,而勒高夫会成为多明我会的修士,在大学开设讲座、进行辩论的同时,前往各处巡回布道。

  这一时期对心态或集体想象的兴趣,并不限于中世纪学者,两个例子证明了这一点。其一,是让-皮埃尔·维南,他是路易·热耐特的学生,早在1966年就出版了讨论古埃及思想的著作。①该书出版后,维南自己和他所在圈子的其他成员撰写了大量心态史著作。在维南的圈子中,最重要的是皮埃尔·维达尔-纳凯和马塞尔·德蒂安,他们曾一起做过合作研究。②

---

 ① Vernant, *Myth and Thought*.
 ② Vernant and Vidal-Naquet, *Grèce ancienne*; Détienne and Vernant, *Cunning Intelligence*. 比较 Burguière, *Annales School*, 第52—78、219—242页。

其二,是研究19世纪的阿兰·科班,他并非年鉴网络的一分子,但年鉴方法对他的启发是确定无疑的。他的博士论文出版于1975年,讨论的是利摩日地区。论文开篇就向迪普隆、芒德鲁、费弗尔和布洛赫致敬,并大谈他所谓的"心智结构"。在《臭与香》(1982)中,科班对气味或气味感知史进行了大胆的研究,他将这种历史视为对社会想象的研究,该书让科班的名声首次进入圈外。费弗尔认为,16世纪气味感知逐渐衰弱,而科班对此提出批评,但同时他追随费弗尔,对感知史进行研究。①

心态史的重要贡献是由杜比与勒高夫等中世纪史学家做出的,这一点几乎不足为奇。中世纪与我们之间的遥远距离,它们的"他性",提出了这种方法有助于解决的问题。另一方面,在讨论这一阶段时,面对中世纪保留下来的资料类型,研究文化的另一种新方法,在某种程度上说相形之下就显得束手无策了,这一方法便是系列史。

二 系列史的"第三层面"

心态史之所以在第二代被置于年鉴的边缘位置,并不单纯是因为布罗代尔对之毫无兴趣。它此期被边缘化至少有两

---

① Corbin, *Archaïsme et modernité*; *The Foul and the Fragrant*. 比较 Heuré, *Alain Corbin*.

个更为重要的理由。其一,许多法国史学家相信——或至少是假定——比起过去的其他侧面,经济社会史更为重要或更为根本。其二,上一章讨论的新计量方法更容易把握的不是心态,而是经济社会结构。

不管如何,还是有学者沿着皮埃尔·肖努在一篇他(追随恩斯特·拉布鲁斯的说法)所谓"第三层面的计量"的宣言中倡导的路线,进行相关的尝试。①吕西安·费弗尔的《亚眠:从文艺复兴到反宗教改革》(1941)一文,已然揭示了对长时间范围内的一系列文献(在此是死后的财产清单)进行研究,对于描述态度乃至艺术趣味变迁是有价值的。②不过,费弗尔并未给读者提供精确的统计。改进统计方法的目的,是为了研究宗教实践史、书籍史与识字率史。不久以后,它才扩展至其他文化史领域。

早在20世纪30年代,加伯里尔·拉·布拉斯在发表的一篇论文中,就谈到如何以对圣餐参与、牧师职业状况等情形的统计为基础,撰写法国的宗教实践史或是法国天主教的回溯社会学。③拉·布拉斯是费弗尔和布洛赫在斯特拉斯堡的同事,他对神学、历史、法律与社会学有着广泛的兴趣。他创建了由教会史学家与宗教社会学家组成的学派,他们特别关注18世纪晚期开始的法国的所谓"非基督教化"问题,他们

---

① Chaunu, "Un nouveau champ".
② Febvre, *New Kind of History*, 第193—207页。
③ Le Bras, "Statistique".

通过计量方法考察这一问题。拉·布拉斯及其追随者并不属于年鉴群体的成员——他们通常是牧师,他们有自身的研究中心与杂志的网络,如《法国天主教会史评论》。然而,拉·布拉斯的著作受到他以前的同事吕西安·费弗尔的欢迎,而他的追随者又显然受到了后来的年鉴派的启发。①

我们不妨选取讨论17、18世纪拉罗切尔主教管区的一篇论文,作为这一大类研究的一个例子。其组织构架和年鉴式区域研究甚为相似。开篇考察的是这个位于平原与林区之间的主教区的地理环境,然后讨论宗教实践,最后是1648—1724年的事件与趋势。对计量方法的运用,也让人联想到布罗代尔和拉布鲁斯门生的区域研究专著。②

拉·布拉斯圈子的研究(像阿里埃斯的研究一样),反过来也启发了某些从地窖爬上顶楼的年鉴史学家的研究。跟以前的相关研究相比,这些对昂儒、普罗旺斯、阿维尼翁与布里坦尼的区域研究,更集中地关注文化,尤其是图像、仪式所揭示的死亡态度或"死亡文化"。正如勒高夫在为其中一本著作所写的序言中指出的,"死亡正风行一时"。③

在这些研究中,最富原创性的当推伏维尔的研究。④根据

---

① Febvre, *New Kind of History*, 第268—275页。
② Pérouas, *La Rochelle*. 比较 Marcilhacy, *Orléans*。
③ Lebrun, *Les homes et la mort*; Chiffoleau, *Comptabilité*; Croix, *La Bretagne*. 比较 McManners, "Death"。
④ Vovelle, *Piété*. 比较他的通论,*La mort*. 对他的讨论,参见 McPhee, "Michel Vovelle"。

米歇尔·伏维尔的自白,他是个"在恩斯特·拉布鲁斯学派中成长起来的"研究旧制度和法国大革命的马克思主义史学家,他对"非基督教化"问题产生了兴趣。他试图通过研究反映在遗嘱中的对死亡与来世的态度来检测这一过程。其结果是,他在博士论文中系统分析了大约30000件遗嘱,在此基础上对普罗旺斯进行了研究。早期史学家在讨论死亡时,将定量证据与文学类证据结合起来,而伏维尔还试图对态度进行测量。比方说,他关注这些遗嘱是否提及庇护性圣徒的护佑;立遗嘱者希望为他或她灵魂的安息所念的弥撒的数量;丧事的安排,甚至是丧礼中使用蜡烛的重量。

伏维尔认识到从他所谓的17世纪"巴洛克式的浮华"的葬礼,向18世纪的有节制葬礼的一个基本转变。他的基本假设是,遗嘱的语言反映了"集体表象的体系"。他的基本结论是对世俗化走向的认定,认为法国大革命期间的"非基督教化过程",是自发而非自上而下强制进行的,它构成了更为宏观的趋势的一个部分。尤其值得注意的是,伏维尔论述了新态度传播的过程。它们从贵族传到手工业者与农民,从艾克斯、马赛、土伦等大城市,传到巴塞罗纳特等小城镇,进而再渗透到乡村。大量地图、曲线图与表格证明了他的论点。

《巴洛克虔诚与非基督教化》——这是伏维尔论著的书名——在学术界引起了不小的轰动,其部分原因是该书清醒地认识到了对统计数据进行诠释的困难,它对数据的运用有节制且技巧高超。正是在该书和阿里埃斯著作的启发下,皮埃尔·肖努运用相同方法,组织了对近代早期巴黎死亡态度的集体研究。因此,专业人士的集体研究与计量研究,补充了阿里埃斯以其处心积虑的印象主义风格、孤身一人开展的死亡史研究。①

这项由世俗历史学家在电脑武装下开展的对来世的研究,至今仍是第三层面系列史最为引人注目的例证。不过,其他文化史学家也有效运用了计量方法,尤其是在识字史与书籍史领域。

识字史是另一个适宜进行集体研究与统计分析的文化史领域。的确,19世纪70年代,一位法国校长已开展这一领域的研究。他以结婚登记签名为资料,注意到不同县份识字率数据的巨大差别,及从17世纪晚期开始的识字率的上升趋势。20世纪50年代,两位史学家重新分析了他的材料,以图表的方式揭示了两个法国之间的戏剧性对比,这两个法国是由圣马洛与日内瓦一线划分开的。在此线东北,识字率相对较高,而在此线西南,识字率低。②

这一领域最为重要的计划开始于20世纪70年代早期,是在高等研究院进行的,主持其事的是弗朗索瓦·费雷(恩斯·拉布鲁斯的一个门生,此前进行社会结构的计量分析)与雅克·奥祖夫。这一计划处理的是16至19世纪法国识字

---

① Chaunu, *La mort*. Chaunu, "Le fils", 第92页承认,他被伏维尔的著作"震惊"了。

② Fleury and Valmary, "L'instruction".

率水平的变动。①研究者们较前使用了更为广泛的资料——从人口普查到军方的征兵统计,因此,他们能够辨明而不是假定签名的能力与阅读和书写能力之间的关系。他们证实了对两个法国的传统区分,但提高了分析的精确度。另一个有趣的结论是,他们注意到,18世纪识字率在妇女中扩散的速度超过了男性。②

伴随识字率研究而来的,是对所谓"书籍史"或阅读史的研究。这一研究关注的不是巨著,而是书籍生产的趋势与不同社会群体的阅读习惯。比方说,前面提及的罗伯特·芒德鲁的民间文化研究,关注的是廉价书,亦即所谓的"蓝皮书库"(这些书籍的封面用的是包装食糖的蓝纸,故名)。这些书只值一两个苏,由小商贩零售,它们主要是由法国东北部特鲁瓦的几个印刷商世家生产的,那里是识字率最高的地区。芒德鲁考察了大约450种样本,注意到宗教读物(120种)、历书甚至是骑士传奇的重要性。他下结论说,这本质上是"消遣的文学",基本读者群是农民,反映的是"从众"的心态。这最后两个结论已遭到该领域其他学者的反驳。③

与芒德鲁几乎同时,第六部启动了对18世纪法国书籍社会史的集体研究计划,对计量方法进行更充分的运用。④然

---

① Cox, "François Furet"; Prochasson, *François Furet*.
② Furet and Ozouf, *Reading and Writing*.
③ Mandrou, *Culture populaire*; Bollême, *Bibliothèque bleue*; Chartier, *Cultural Uses*, 特别是第240—264页。比较 Clark, "French historians" 与 Joutard, "Préface"。
④ Bollême, *Livre et société*. 比较 Roche and Chartier, "L'histoire du livre"。

而,法国书籍史的关键人物,是国家图书馆的亨利–让·马丁,他是费弗尔的另一位合作者。我们提到,马丁与费弗尔合作,在《印刷书的来临》(1958)中,对印刷术的发明与传播进行了全面考察。随后,他撰写了对17世纪法国书籍贸易与阅读大众的严谨的计量研究。该书不仅分析了书籍生产的趋势,而且分析了阅读大众不同群体的阅读趣味的变动,尤其是巴黎议会文职官员的阅读趣味,这反映在他们的私人图书室中不同主题书籍的比例上。此后,马丁和罗杰·夏蒂埃主持了一项对法国书籍史的大型集体研究。①

在第六部的书籍史计划中,丹尼尔·罗希是个杰出的合作者。罗希也是拉布鲁斯的学生,一直以来,他特别关注文化的社会史研究,尤其是法国启蒙运动时期。他的博士论文关注的是18世纪外省的学院(亦即学会),这篇论文最引人注目之处,在于它将文化与政治、研究过去的定量和定性方法结合起来。②

罗希在20世纪70年代中期组织了自己的研究班子,从事18世纪巴黎平民日常生活的研究。③《巴黎人》(1981)便是这一集体研究的成果,书中有一个篇幅颇长的章节,专门讨论大众阅读,结论是,在下层阶级的某些群体,尤其是在仆人的生活中,阅读与书写扮演了重要的角色。不过,《巴黎人》最

---

① Martin, *The French Book*; Martin and Chartier, *Histoire de l'édition française*.
② Roche, *Siècle des lumières*. 比较 Tackett, "Daniel Roche"。
③ Pallares-Burke, *The New History*, 第106—128页; Chisick, "Daniel Roche"。

为突出的特点是,它是从对普通巴黎人物质生活的总体研究框架中,来对阅读进行分析的。从本质上说,这是基于死后财产清单的系列史研究,这些清单充满死者服饰与家具的细节信息。罗希颇有技巧地诠释了这些细节,建构起日常生活的图景。

此后,罗希撰写了讨论近代早期法国服饰社会史的著作和讨论"平常事物"的著作,后者被视为消费社会兴起的一个部分。① 在这些研究中,他将布罗代尔对"物质文明"的关注和他的老导师恩斯特·拉布鲁斯的更为精确的方法及第三代典型的对人类学的兴趣结合起来。他讲过一个故事,某日,他在街上遇见罗兰·莫斯涅。"罗希先生,你还是个涂尔干主义者吗?""越发如此了。"他回答说。②

三 反动:人类学、政治、叙事

显然,普通史学中运用的计量研究法,尤其是文化史领域的计量研究法,都难逃化约论的批评。总的来说,能够进行定量分析的东西,未必就是关键的东西。计量史学家可以计算婚姻登记的签名、私人藏书室的藏书、复活节领受圣餐的人数、是否提及天庭等等。问题在于这些统计是否是识字率、虔

---

① Roche, *Culture of Clothing*; ibid., *Everyday Things*.
② 引见 Tackett, "Daniel Roche", 第 756 页。

诚度或史学家想要考察的任一问题的可靠指示器。一些史学家探讨了他们数据的可靠性;而另一些只是在作假设。某些史学家利用其他类型的证据,来赋予他们的统计以意义,而另一些则没有这样做。某些史学家记得他们处理的是有血有肉的人,而另一些看来已将之抛诸九霄云外。对这一运动的任何评价,必须区分对这一方法的要求是适度还是过度的,也必须区分人们运用它的方式是粗略的还是富有技巧的。

至20世纪70年代末,这种史学的危机已然是显而易见。的确,出现了对计量方法的多少有点不加区分的负面反弹。几乎同时,对年鉴一贯主张的立场,尤其是对社会史与结构史的支配地位,出现了全面的反动。若从正面看待这些反动,我们可区分出三个趋势:人类学转向、政治的回归与叙事的复兴。

人类学转向 更准确地说,人类学转向乃是转向文化人类学或"象征"人类学。毕竟,布洛赫与费弗尔都曾读过弗雷泽和列维-布留尔的书,并在他们对中世纪与16世纪心态的研究中运用了从中学到的方法。古典学家路易·热耐特和汉学家葛兰言都受惠于涂尔干的观点。① 布罗代尔谙熟马塞尔·莫斯的研究,他对文化边界与交流的讨论便是在这一基础上展开的。

---

① 对热耐特的讨论,参见 Humphreys,"Louis Genet"。

我们提到,后来,为理解中世纪早期的经济史,杜比曾援引莫斯对礼物功能的研究。克劳德·列维-斯特劳斯在《年鉴》发表文章,而勒高夫和勒华拉杜里在分析梅露西娜神话时引用了他的观点。①维南和维达尔-纳凯在讨论希腊——如斯巴达——神话、思维乃至社会组织时,也曾引用列维-斯特劳斯的看法。②在人类学意识的激励下,米歇尔·伏维尔和莫娜·奥组夫等史学家对仪式,特别是法国大革命爆发后的官方节庆进行研究。③菲利普·茹塔尔在研究通过口述传统传承的卡米萨德人暴动的记忆时,进行了准人类学的田野调查。④

早期史学家想要向兄弟学科索取的东西,似乎仅仅在于在寻求新概念之时,偶尔有机会对它们进行掠夺。然而,20世纪70至80年代的若干史学家心怀更为严肃的企图。他们甚至考虑联姻,考虑以"历史人类学"或是"人类学化的历史学"的方法,将两门学科结合起来。⑤

比如,1975年,勒高夫在高等研究院首次开设以中世纪"历史人类学"为主题的讨论课(此前,他和课程组其他成员

---

① Lévi-Strauss, "Le temps du mythe"; ibid., "Histoire et ethnologie"; Le Goff, "Mélusine au Moyen Age"; Le Roy Laduire, "Mélusine ruralisée".
② Vernant, *Myth and Thought*; Vidal-Naquet, "Le Chasseur noir".
③ Vovelle, *Métamorphoses*; Ozouf, *Festivals*.
④ Joutard, *Legende des Camisards*.
⑤ Burguière, "New Annales"; Valensi and Wachtel, "L'anthropologie historique".

称之为历史"社会学"),这个课程后来成为常设课程。接着,勒高夫创建了关注中世纪西方历史人类学的群体,随后各种研究宗教人类学和经院哲学人类学的群体或工作坊也纷纷建立。他自己的研究范围包括了对中世纪传说的结构分析和对社会生活中象征性举止的研究,特别是对效忠仪式的研究,他还研究了"喧闹小夜曲"习俗——嘲弄老牛吃嫩草的男子。①

吸引这些史学家的首先是新兴的象征人类学。在他们脚注中反复出现的名字包括:欧文·戈夫曼、维克多·特纳(两人都强调日常生活中的戏剧因素),尤其是皮埃尔·布尔迪厄。

布尔迪厄最初从事阿尔及利亚的人类学研究,后转向对当代法国的社会学分析——或从进行阿尔及利亚的社会学研究转向法国的人类学研究,他的影响是多方面的。他的教育社会学观点,尤其是教育是"社会再生产"的一种手段的看法,启发了一系列对学校与大学的社会史研究。②他的"象征资本"这一概念,为某些最近对摆阔消费的史学研究提供了基础。③

研究心态、民间文化与日常生活的史学家,都受惠于布尔迪厄的"实践理论"。他以更有弹性的"策略"与"惯习"等概

---

① Le Goff, *Time, Work and Culture*; Le Goff and Schmitt, *Charivari*. 比较 Schmitt, "Gestures"。

② Bourdieu and Passeron, *Reproduction*; Chartier, Julia and Compère, *L'éducation*; Charle, *République*.

③ Roche, *Everyday Things*.

念,取代社会"规律"观念(他认为它太过僵化、决定论味道太浓),这一做法对法国史学家(其他学者姑且不论)研究实践产生的影响如此广泛,以至于仅举特定例证(如中世纪贵族的联姻策略)都会是误导。①比如,罗希讲述的涂尔干故事姑且不论,他似乎在皮埃尔·布尔迪厄讨论物质对象和文化实践的社会意义的著作中获益良多。对个体行动者及其网络的兴趣与日俱增。②

从20世纪70年代起,历史人类学——更准确地说,人类学化的历史学——成为年鉴群体内外的主要关注点。比如,阿兰·科班称自己的感知史研究是"感知人类学"的一个例子。长期以来就与年鉴群体交往甚密的波兰史学家克兹斯托夫·波米安(一度是位哲学家),撰写了一部主要讨论18世纪法国收藏的历史人类学著作。③埃马纽埃尔·勒华拉杜里在一系列研究中也沿着同一方向前行,其中最为著名的是《蒙塔尤》(1975)一书。

蒙塔尤是法国西南部阿列日地区的一个村落。14世纪初,纯洁派异端在这一带相当有号召力。当地一位主教雅克·富尼埃搜捕、审问、处罚了这些异端分子。审问记录保存至今,并于1965年出版。毫无疑问,正是勒华对社会人类学的兴趣,让他不仅看到了这些资料对纯洁派研究的价值——

---

① Bourdieu, *Outline*.
② Jacob, "Actornetwork". 比较 Revel, *Jeux d'échelles* 一书的论文。
③ Corbin, *Time*; Pomian, *Collectors*.

从事异端史研究的专家已注意到这一点,而且看到了对法国乡村史研究的价值。他注意到,其中二十五个人——大约占记录中出现的嫌疑人的四分之一——来自同一个村落。他的灵感是将记录视为对这二十五个人(约占该村落人口的百分之十)进行采访的记录。

勒华告诉我们说,他所要做的是,依照人类学家撰写社区研究时经常采取的那种方式,将嫌疑人提供给审问人的信息进行重新编排。他将之分为两个部分。首先处理的是蒙塔尤的物质文化。比如,村中房子是用石头建的,没有灰泥,这样,邻居便可透过裂缝互相观察、互相聆听。该书第二部分关注的是村民的心态——他们的时空感、童年与死亡、性、上帝与自然。像布罗代尔一样,勒华也描述、分析地中海文化与社会,但没有人可指责他在书中对人置之不理。《蒙塔尤》吸引了大批读者,并让人难以忘怀。从本质上说,这是因为作者有本领让个人起死回生,这些人包括了温驯、热爱自由的"好牧民"皮埃尔·莫利,当地的贵妇、性感的普兰尼索尔的比特莉丝,以及强暴她的、富有攻击性的、充满自信的牧师皮埃尔·克拉格。

《蒙塔尤》还是一本雄心勃勃的社会文化史研著。它的原创性并不在于它提出的问题,因为正如我们看到的,包括费弗尔(关于不信教)、布罗代尔和肖努(关于房屋)、阿里埃斯(关于童年)、弗兰德林(关于性)等在内的两代法国史学家,已经提出了这些问题。勒华是最早使用审判记录来重构日常生活与态度的人之一,但他在这方面并非绝无仅有的一个。他的方法的新颖之处在于,他试图撰写人类学意义上的历史社区研究——不是某一特定村落的历史,而是借助居民自身的话,对这一村落及对这个村落代表的大社会进行描绘。《蒙塔尤》是日后所谓"微观史学"的一个早期典范。作者借助一粒沙子研究整个世界,或用他自身的隐喻说,通过一滴水研究整个海洋。

对该书最为严厉的批评,正是集中在这一点上。①论者指责《蒙塔尤》说,该书对其基本资料的使用(除细节方面的不准确外)不够严谨。勒华曾将这些资料描述成"农民对自身的不折不扣的证词"。②

情况自然远非如此。村民提供口供时用的是奥克语,而被记录时用的是拉丁文。他们并非在自发状态下谈论自己,而是在折磨的威胁之下回答问题。史学家不能掉以轻心,忘记他们与研究的男女之间的那些中介层面。

对该书的第二个主要批评——这一批评也触及在它激发下日益风行的微观史学方法——涉及典型性的问题。没有任何社区是孤岛,即便是像蒙塔尤那样的山村。该书本身清楚说明了它与外界的关系远及加泰罗尼亚。问题在于,村落代

---

① 最为透彻的批评见于 Davis,"Les conteurs";Boyle,"Montaillou revisited"与 Rosaldo,"Door of his Tent"。

② Le Roy Ladurie, *Montaillou*,第 9 页。这里引用的是法文版,因为英文版未收入这篇导论。

表的宏观单位究竟是什么？它是哪个大洋之中的一滴水？它假设中的典型，是阿列日、法国南部、地中海世界还是中世纪？尽管作者在处理统计与样本方面显然经验老到，但他并没有讨论这一关键的方法论问题。难道这是因为他撰写《蒙塔尤》是出于对枯燥无味的计量方法的反动吗？

就像村中房屋本身充满裂缝一样，在《蒙塔尤》中也很容易找到漏洞。它之所以值得被记住，首先是因为作者具备让过去起死回生的能力，还因为他向文献提出问题，读出了文字背后的弦外之音，并让它们揭示甚至连村民也没有意识到的他们事实上知晓的东西。它是历史想象的精心杰作，是对人类学化历史之可能性的一个启示。

回归政治 对所谓年鉴派最为有名的一个指责，也许是认定这个群体忽视了政治。杂志似乎坦承了这一指责，因为直到1994年，刊头的口号"经济、社会、文明"中并未提及国家。这一批评并不全然是空穴来风，但是必须进行更为准确的界定。①

费弗尔与布洛赫的主要精力都放在学术而非国内政治上，但这一群体的不少顶尖史学家，至少在某一时段曾经常作为共产党的一分子卷入战后法国政治。其中一位的回忆录提供了1956年之后几年中的党会、谴责、开除和辞职的栩栩如

---

① Julliard, "La politique".

生的画面。①

当然,忽视政治的指责,针对的是这一群体的史学著作,但这里也需要做出准确区分。比如,这一观点很难用于马克·布洛赫身上。他撰写《国王的触摸》的本意,就是为了对王权观念史做出学术贡献。他的《封建社会》开篇就叙述了维京人、穆斯林与匈牙利人对西欧的入侵,此外还包括对封建制度作为一种统治形式的长篇讨论。

对吕西安·费弗尔而言,这一指责多少有几分道理。尽管费弗尔在讨论菲利普二世与弗朗什-孔泰的论文中,曾用不少篇幅讨论尼德兰暴动,但后来他用惯有的猛烈风格抨击政治史,并转向宗教与心态研究。说到布罗代尔,必须注意《地中海》结构性的部分中,包含若干讨论帝国与战争组织的章节。他斥之为最肤浅的历史,正是政治事件与军事事件,尽管如此,他还是在这些方面花了不少笔墨。

年鉴派影响下的近代早期法国的区域研究,一般都局限于经济社会史。古贝尔的《博韦》就是个显而易见的例子。但没人能给古贝尔贴上非政治史学家的标签,因为后来他写了一本有关路易十四的书,并对旧制度进行了研究,这一研究第二卷关注的便是权力。②

也许对旧制度政治的研究而言,区域并非合适的框架。

---

① Le Roy Ladurie, *Paris-Montpellier*.
② Goubert, *L'ancien régime*.

这样一种假设很可能让作者在某些区域研究中,不便插入讨论政治的部分。但是,莫斯涅的门生讨论民众暴动的论著,加上最近某些美国学者对区域层面的政治的研究,都说明这一假设是错误的,"总体史"的大好良机就这样被错失了。正如我们看到的,勒华拉杜里是这一规则显而易见的例外,他的确讨论了朗格多克的暴动(假如不是该省行政的话),并在之后进行了某些毫不含糊的政治史研究。①

年鉴群体中的中世纪史学家远远没有排斥政治史,即便他们更为关注其他论题。乔治·杜比最初是位经济社会史学家,后来转向心态史,他曾撰写一部讨论中世纪布汶之战的专著。他是从政治的脉络——法国与其他君主政体的危机——出发,来描述三个等级观念的起源或是被激活过程的。雅克·勒高夫认为,在"其没有自主性的希望"的意义上说,政治不再是历史的"脊梁骨"。但是 1996 年,他出版了对中世纪统治者圣路易的重要研究。②

但在年鉴学人中,最为注意政治的,是自身关注所谓法国"当代史"亦即 1789 年以后这段时期的史学家,这一点不足为奇。人们不能指责弗朗索瓦·费雷与米歇尔·伏维尔忽视政治,他们都投入大量时间研究法国大革命——尽管他们对其他史学课题也有兴趣。莫娜·奥祖夫对大革命节日的研

---

① Le Roy Ladurie, *Royal State*.
② Le Goff, "Backbone".

究,对政治史和文化史均有意义。拉布鲁斯的学生米歇尔·佩洛的成名作就是对罢工的研究。①

1978年,费雷出版了一本讨论法国大革命的著作,引起了轩然大波。此书对前人对事件的社会诠释提出了批评,主张以语言、"话语"和想象取代它们,也就是说,它建议,社会阶级的重要性,不如对平等、民主等关键概念意义的争论。这一研究的出版本身,就是一个政治事件,它导致法国共产党(费雷曾是其中一员)、温和左派(他后来追随的派别)和右派(他此期开始加入)的冲突死灰复燃。伴随着费雷从社会经济史经由识字率史到话语史的转变,他对计量方法乃至一般年鉴方法都提出了批评。②

同样,政治在马克·费罗的著作中占据核心位置。费罗是研究俄国革命与第一次世界大战的史学家。尽管他对事件颇感兴趣,布罗代尔还是指派他担任《年鉴》杂志的秘书。费罗的著作显示了他对事件与结构之间关系的关注。他运用社会史方法研究俄国革命,从"自下而上"的角度讨论俄国军队史,并讨论了苏联官僚体系的兴起。③

但毋庸置疑,这一领域最为突出的人物非莫里斯·阿居

---

① Ozouf, *Festivals*. 比较 Chisick, "Mona Ozouf"; Perrot, *Workers on Strike*。

② Furet, *Interpreting the French Revolution*; ibid., "Quantitative History"; ibid., "En marge des *Annales*". 比较 Cox, "François Furet"; Prochasson, "François Furet"; ibid., *François Furet*。

③ Ferro, *October 1917*; *The Great War*; "Système bureaucratique". 比较 Ferro, *Autobiographie*; 及 Callahan, "Marc Ferro"。

隆莫属。阿居隆是《村落之中的共和》的作者,该书研究的是1789—1851年间瓦尔(在普罗旺斯)平民的政治行为。①这一研究运用了广义的马克思主义框架——政治意识的发展。1815年—1848年是准备的年代,其间对公共权利(尤其是对森林木材)的侵犯产生的矛盾,加上伴随识字率传播而来的"文化视野的拓宽",刺激了这一地区政治意识的发展。1848—1851年间第二共和国的短暂岁月是"启示"的年代,其间瓦尔平民首次参加了选举,并在选举中支持左派。

尽管阿居隆的研究主要处理的是乡下而非城镇,但不妨说,它关注的焦点是"普罗旺斯工人阶级的形成"。②该书与爱德华·汤普森的共通之处还不止这点。两位史学家都是"开放的"、经验主义的、折衷主义的马克思主义者。③两位都关注"社交性"的形态。汤普森讨论共济会及其"亲密仪式",而阿居隆从这一角度研究了共济会分会与天主教兄弟会,并进而对市民阶级的"圈子"与咖啡馆进行了讨论。sociabilité(社交性)一语之所以风靡法国,便要归功于他。④两位史学家都认真看待文化。汤普森描述了大众激进主义的传统;而阿居隆

---

① Agulhon, *Republic*. 比较 Agulhon, "Vu des coulisses"; 及 McPhee, "Maurice Agulhon"。

② 要是阿居隆的博士论文的不同部分没有分开出版(出版时论文中讨论瓦尔农民的部分和讨论土伦工人的部分被拆分了),这一印象可能还会强烈得多。

③ 对这一转向"折衷主义与经验主义"的讨论,参见 Agulhon, "Vu des coulisses",第43页。

④ Thompson, *Making*, 第416页以下;Agulhon, *Pénitents*; ibid., *Le cercle*。

描述了喧闹小夜曲与狂欢节,如1850年维多班的"煽动性的狂欢节",尽管比起1580年罗芒狂欢节,这次更为温和,却也别具意义,因为它显示了"无政府主义"与现代性之间、政治的"民俗化"与民俗的政治化之间相辅相成的过程。①

总而言之,费弗尔与布罗代尔可能并未忽视政治史,但他们并未将之视为研究的首选对象。第三代对政治的回归是对布罗代尔的反动,也是对其他形式的决定论(尤其是马克思主义"经济决定论")的反动。与此密切相关的,是对能动性之作为结构对立面的重要性的重新发现。与此相关的还有,人们意识到"政治文化"及观念与心态的重要性。作为这些变动的结果,政治史获得重生。

叙事的复兴 对政治史的回归牵涉到对决定论的反动,正如我们看到的,这一反动也激发了人类学的转向。它还牵涉到对事件叙事兴趣的复苏。②事件并不总是政治性的——想想1929年的大崩盘、1348年的大瘟疫或——千真万确——《战争与和平》的出版。尽管如此,对政治史、事件史和叙事史的探讨之间有着千丝万缕的联系。正如其他地区的史学家一样,在法国第三代年鉴学人中间,"叙事的复兴"是与所谓的"回归政治"同步出现的。"叙事的复兴"一语是由

---

① Agulhon, *Republic*.
② Nora, "Retour".

英国史学家劳伦斯·斯通提出的,他将这一趋势归因于对马克思主义与年鉴史学家等的"经济决定论的史学解释模型"的做法,尤其是对它将文化降格为上层建筑或是"第三层面"的做法的"幻想的广泛破灭"。毋庸怀疑,斯通察觉到了一个有意义的趋势,但具体问题还是需要进行具体分析。

涂尔干、西米昂与拉孔布对"事件史"轻蔑的排斥,已见于本书开篇的讨论。费弗尔对问题导向史学的强调,说明他也持有同样的看法,尽管他在博士论文中给尼德兰暴动等事件留下了空间。据我所知,马克·布洛赫从未指责过事件史,但也从未写过这种类型的历史。

至于布罗代尔,他既指责这种历史又践行了这种历史的写作。更准确地说,正如我们看到的,他声称事件史是历史的表层。他并没有说这一表层是索然无味的——相反,他认为这是"最令人兴奋的"。①但是,他的兴趣在于,事件兴许会显示"深层的现实",表层之下的潮流。对布罗代尔来说,事件只不过是反映结构史的镜子。

在对时间与叙事的权威研究中,哲学家保罗·利科认为所有史学著作都是叙事,就连布罗代尔的《地中海》也不例外。他显示了传统史学与结构史学的相似之处(它们的时间性、因果性等等),这点殊难辩驳。尽管如此,称《地中海》是叙事史确定无疑地意味着,"叙事"一词是在如此广泛的意义

---

① Braudel, *Mediterranean*.

上被使用,以致它变得毫无用处。①

20世纪60年代与70年代绝大多数的区域研究专著根本不包括叙事,从这一意义上说,它们朝这一方向比布罗代尔走得更远。勒华拉杜里的《朗格多克的农民》是个例外。正如我们看到的,书中交叉进行结构分析与对事件尤其是反抗的描述:1580年的狂欢节,1670年的维瓦拉斯起义,以及1702年的卡米萨德人暴动。勒华将事件视为对结构变动的反响或是回应,这与布罗代尔将事件视为镜子或是显示隐藏结构的石蕊试纸相差不远。

同样的观点也适用于乔治·杜比在1973年出版的一本书,该书肯定会让费弗尔大吃一惊,因为他处理的不仅是个事件,而且是场战役——1214年7月27日的布汶之战。该书甚至收入名为《缔造法国的日子》这一相当老套的丛书,是面向大众读者写的。尽管如此,杜比并未回到老套的历史。他运用当时对这一战役的记载,揭示中世纪对战争的态度,他还讨论了后人对布汶之战的看法,认为这些看法是个"神话",反映的更多是叙述者而不是他们叙述的事件的情况。②

这些研究没有提出的显而易见的问题是,是否有某些事件并不仅仅是在反映结构,而至少是有可能改变结构呢? 1789年或是1917年的事件会是如何呢? 社会学家埃米尔·

---

① Ricoeur, *Time and Narrative*, 第1卷。
② Duby, *Legend*.

涂尔干——对事件史的批判在极大的程度上应归功于他——会毫不犹豫地甚至将1789年斥为一个症候而不是社会变迁的原因。①然而,他的某些继承人已经跟这种极端的涂尔干主义或是布罗代尔主义立场分道扬镳。比如对法国西部萨尔特省的一项社会学研究认为,为解释这一地区的政治态度(直到1960年仍分为东部的左翼与西部的右翼),必须考虑到1789年及其余波(这部著作开篇就正面提及费弗尔的看法,并运用了布洛赫的回溯法)。②

勒华拉杜里在一篇论文中注意到这一研究的意义。他讨论了分别称为"创伤性"事件、作为"催化剂"的事件与"创造性"的事件等各种事件。他运用如此五花八门的隐喻,正说明了对事件的重要性他也尚无定论,他的文章仅仅是提请史学家对事件与结构的关系进行反思。③不过,若干年之后,勒华回到罗芒狂欢节——此前他在《朗格多克的农民》中有所论及,并在一部新书中讨论了这一主题。他借用人类学家维克多·特纳的术语,将这一事件当作"社会剧"来进行分析,因为它彰显了潜藏在小镇及周边乡村的冲突。换句话说,它是症候而不是起因。④

罗芒狂欢节算不上大事件。1789年的事件、1914年至

---

① Giddens, "Durkheim's Political Sociology". 比较 Wrzosek, "Pourquoi les Annalistes?"
② Bois, *Paysans de l'Ouest*.
③ Le Roy Ladurie, *Territory*, 第169—186页.
④ Le Roy Ladurie, *Carnival*.

1918 年的世界大战或 1917 年革命(我们提到,年鉴学人涉足了所有这些论题)之类,就无法被斥为仅仅是社会或心态结构的反映了。在 1989 年《年鉴》纪念法国大革命二百周年专号发表的一篇文章中,弗朗索瓦·费雷居然认为,大革命事件毁灭了旧结构,并赋予法国政治"遗产",他甚至认为,1789 年的短短几个月具有决定性意义。①

年鉴派第三代还有另一个特征值得我们注意。正是在这个时代,他们那种类型的史学开始在法国风行。布罗代尔的《地中海》与布洛赫和费弗尔的著作出版时销量并不大。只有到 1985 年,当《地中海》的销售达到 8500 册时,该书才称得上畅销书。另一方面,《蒙塔尤》攀升到法国非小说类畅销书排行榜的首位。当密特朗在电视上坦言他在读这本书时,它的销量提高了,而村子本身几乎被淹没在成群结队的游客之中。杜比的《三个等级》尽管是为学者而非大众撰写的,但出版不久后就销售了 50000 册。②

《蒙塔尤》是本在合适地点、合适时间写的书,它顺应了生态学与地方主义潮流,但是它的成功仅仅是作为一个最为突出的例证,反映了 20 世纪 80 至 90 年代法国大众对"新史学"表现出的兴趣。当布罗代尔的《文明与资本主义》三部曲在 1979 年出版时,媒体给予的那种关注,是他早期的著作可

---

① Furet and Halévy, "L'année 1789".
② Shopkow, "Georges Duby", 第 447 页。比较 Raphael, "Buchmarkt"。

望而不可即的。年鉴群体的若干成员常常在电视与广播节目中露面甚至制作节目,如乔治·杜比或雅克·勒高夫。1968年起,勒高夫便担任每周一次的法国文化节目"周一论史"的主持人。其他如皮埃尔·肖努、莫娜·奥祖夫、米歇尔·佩洛与罗杰·夏蒂埃,定期为包括《费加罗报》《世界报》《快讯》《新观察家》在内的报刊写稿。很难想象在任何其他国家或任何其他时期,在传媒中有如此之多的职业史学家如此稳固地占有一席之地。

20世纪50至60年代,年鉴派史学家的著作一般是小开本的厚书,由阿曼德·柯林出版社(杂志的忠实出版商)或是高等研究院自身发行。但从20世纪70年代起,它们多半是大开本的薄书,由顶尖出版商刊行,而且经常被列入其他年鉴派史学家主编的丛书。阿里埃斯与芒德鲁为普隆出版社主编了一套《文明与心态》丛书。阿居隆为奥贝尔·蒙田出版社主编一套史学丛书,而杜比为瑟伊出版社主编了好几套丛书,包括多卷本的法国乡村史(1975—1976)、法国城镇史(1980—1985)、法国私生活史(1985—1987)和妇女史(1991—1992)。皮埃尔·诺拉提供了史学家与出版商进行更为密切合作的一个例子。他一边在高等研究院任教,一边在伽里玛出版社任职。创立著名的史学书库丛书的正是诺拉,这套书收入了不少他的同事的研著。

我并不是说,媒体创造了对这种历史的兴趣潮流,尽管它们肯定鼓动了这一潮流。编撰者与出版商肯定都认定,普通历史著作尤其是年鉴风格的社会文化史是有市场的。至少对这个运动第四代的最初几年来说,史学仍旧是公众瞩目的焦点,下面就转入对他们的讨论。

第五章　新方向（1989—2014）

如果说1968年前后是年鉴运动第三代形成的关键年代，那么，1989年前后是第四代至关重要的年代。本书第一版讲述了这一运动截至1989年的故事。那个年份似乎是合乎时宜的，因为此年是杂志创办六十周年。其重要性超乎我的预想，这主要不是因为柏林墙的倒塌，而是由于1988年和1989年杂志先后发表了两篇匿名评论，两篇文章都谈到包括史学在内的社会科学的危机或"关键转向"，并吁请读者反思他们研究过去的方法。几乎是头一次，我们发现了来自年鉴内部的毫不含糊的批评（芒德鲁和费雷对计量史的攻击是罕见的例外）。①

年鉴第四代史学家大都出生于20世纪40年代，他们包括：阿兰·布罗、罗杰·夏蒂埃、阿勒特·法杰、塞尔日·格吕津斯基、弗朗索瓦·阿尔托、贝尔纳·勒帕蒂、热拉尔·努瓦里埃尔、安托万·利尔蒂、雅克·雷维尔、弗朗索瓦-约瑟夫·吕朱、让-克劳德·施密特、吕塞特·瓦朗西和乔治·维加埃罗。跟上一代一样，这个群体规模较大，比较多元。但与前二

---

① Furet, "Quantitative History"; Mandrou, "Mathématiques et histoire".

代相比，它更像机构或网络，而非拥有在对抗主流趋势基础上确立的明确目标和认同的运动。在1990年付印的本书第一版中，我不无理由地指出，"年鉴运动实际上已寿终正寝"。其主要理由在于，跟1968年相比，1989年，巴黎大张旗鼓地庆祝法国大革命200周年，标志着事件对低估它们的学者带来了更猛烈的"复仇"。从那年起，我们看到对叙事和政治的兴趣复苏，也看到对自上而下和自下而上视角的强调。这一转变，加上日益意识到法国在观念世界的影响逐渐衰微，带来了学科内部的危机感。

由于年鉴方法的独特性下降，有理由追问，围绕杂志形成的网络，到1989年是否已接近尾声。然而，上一段提到的史学家们出版了为数甚多的出类拔萃、充满原创、令人激动的著作。更重要的，他们都受惠于年鉴传统——前辈们的遗产。

在下文即将讨论的某些文化史著作中，这一代与第三代的延续性是相当显而易见的。然而，这一群体的某些成员转向新方向，其多样性同时显示了创造力和碎片化。为方便起见，我们区分出六个走向：回归社会史、微观史转向、身体史转向、图像史转向、记忆史转向及最后一个转向——似可称之为"反思"转向，这要归功于晚年米歇尔·福柯、米歇尔·德塞都和皮埃尔·布尔迪厄的社会文化理论。

延续　先谈延续。一些年鉴学人同时延续、改进了在第三代占据支配地位的那种文化史。比如，让-克劳德·施密特曾是勒高夫的一个学生,后来又经常和他合作。但施密特也探讨新课题。早在1979年,他在出版的一部著作中讨论一只被封圣的中世纪格雷伊猎犬。①他后来还撰写著作,讨论举止史(1990)——勒高夫也曾讨论过这个课题——和中世纪幽灵史(1994)。②

这一代的另一位中世纪学者是阿兰·布罗。他以选题独特著称。他的著作包括对《金色传奇》(中世纪圣徒传记汇编)的结构主义分析、对女教皇琼的神话构建的研究和对封建领主对其农奴新娘的"初夜权"的研究。③布罗还从表演和所谓——借用语言学术语——礼仪"能力"的角度,对王权仪式进行了分析,前人认为仪式只不过是跟着脚本依葫芦画瓢,与此相比,布罗的方法更具弹性或流动性。④

第四代史学家当中,从事近代早期研究的包括雅克·雷维尔、阿勒特·法杰、罗杰·夏蒂埃、克里斯蒂安·茹奥和安托万·利尔蒂。比如,在《造反的规则》(1988)中,法杰和雷维尔讨论了由儿童绑架谣言引发的18世纪巴黎民众骚乱。他们对所谓的"暴民逻辑"进行了讨论,这一研究承袭由马克·布洛赫和乔治·勒费弗尔建立的学术传统,布洛赫曾从事谣言研究,而勒费弗尔讨论过革命骚乱——这一研究也非

---

① Schmitt, *Holy Greyhound*.
② Schmitt, *La raison des gestes*; ibid., *Ghosts in the Middle Ages*.
③ Boureau, *Légende dorée*; *Pope Joan*; *The Lord's First Night*.
④ Boureau, "Les cérémonies royales".

常著名。法杰还出版了《脆弱的生命》(1986)一书,此书关注的是巴黎平民,特别是男女、贫富、主仆、邻里和同事之间团结、冲突并存的主题。《脆弱的生命》是在司法记录的基础上写成的,它分为三个部分,分别处理了三个团结和冲突的场域:家庭(家庭和婚姻)、作坊和街道。①

第三代的一些成员从地窖爬到顶楼,但罗杰·夏蒂埃一直就在顶楼工作。20世纪七八十年代,他从事上一章讨论的由亨利-让·马丁、丹尼尔·罗希等人引领的书籍史研究。夏蒂埃沿着"文化转向"的路数,将旧的书籍经济社会史,转化为关注印刷品使用的"阅读史"。他的论著显示,他对心态史和第三层面系列史的不满与日俱增。他批评这些方法错误地预设了系列中不同事项的同质性。他讨论蓝皮书库的系列论文,动摇了罗伯特·芒德鲁提出的诠释的基础。他指出,这些廉价书籍的读者,并不限于农民或平民。至少在1660年前,其主要读者是巴黎市民,偶尔还有上层阶级。②夏蒂埃坚持的更一般性的看法是,"在特定文化形式与特定社会群体之间建立排他性的关系"乃是不可能的。这自然让文化的系列史研究变得更为困难,假如不是全然不可能的话。在夏蒂埃自身对廉价书及其他文本的分析中,核心概念是"挪用"。他建议说,大众不一定会认同于特定的文本库、物件、信仰或是其

---

① Farge and Revel, *Rules of Rebellion*; Farge, *Fragile Lives*.
② Chartier, *Cultural Uses of Print*. 比较 Mason, "Roger Chartier"。

他东西。大众存在于"使用文化产品的方法"之中,这些产品包括印刷品和节日等。因此,夏蒂埃关注的主要是特定文本在适应某个大众——或更准确地说一代接一代的大众——需求的过程中所经历的转型。他讨论的大众通常来自法国,但他也谈到来自西班牙(集中于塞万提斯)和英国(集中于莎士比亚)的大众。

至于曾和夏蒂埃进行过若干次合作的克里斯蒂安·茹奥,他集中关注的是或可称之为文化政治史的课题,他涉及的课题包括反政府小册子和御用文人。在1985年出版的一部著作中,茹奥讨论了17世纪中叶所谓"投石党"叛乱时期的反政府舆论战争。他抛弃了处理这一课题的传统方法,亦即把5000本小册子诠释为大众舆论的"反映",他像夏蒂埃那样,抛弃了运用"系列史"方法进行分析的做法。他否认小册子内容的同质性,把每个文本当作自主性的行动和所谓"文字投石党"的一个组成部分来进行考察,认为它们带有自身的意图和效果。小册子写手的策略,是他们对事件和人物的表述,必须服务于某一宗旨——如将红衣主教马萨林妖魔化。像布罗对仪式的研究一样,茹奥强调流动性或调适性。①茹奥还写了一部著作讨论文学的力量,此书的章节围绕的是个悖论:17世纪法国作家对国家的依赖达到巅峰之际,就是他们日益被认定为一个独立群体之时。同样,他谈到文学策略,把

---

① Jouhaud, *Fronded des mots*.

文学当作一种行动方式,尽管他在此关注的是官方文字而非造反文字。①

另一位近代早期史学者塞尔日·格吕津斯基一开始研究的地区是墨西哥。他的《墨西哥的征服》(1988)将勒高夫和杜比风格的社会想象史和殖民化史结合起来。他的《混血儿的心智》(1999)——尽管使用了这个书名(*La pensée métisse*,典出列维-斯特劳斯的 *La pensée sauvage* [野蛮人的心智])——与其说是对心态的研究,不如说是对文化混合,特别是16世纪墨西哥西班牙文化和阿兹特克文化的混合的研究。②

社会文化史的另一个给人印象深刻的贡献,来自安托万·利尔蒂。他是丹尼尔·罗希的学生,现任《年鉴》编委会委员。他的《沙龙的世界》(2005)关注的是18世纪巴黎的社交。他吸收了布尔迪厄、欧文·戈夫曼和诺贝特·埃利亚斯等社会学家的看法,对通常由语言和文学专家而非社会史家或文化史家研究的制度提出了新诠释。③

在从事19世纪研究的史学家中,阿兰·科班继续对上一章论及的感知人类学进行探讨,并在发现新课题方面表现出一贯的别出心裁。他的《海的诱惑》(1988)考察了海滨的发现——18世纪前,海滨被视为不值一游的荒野。而他的《大

---

① Jouhaud, *Les pouvoirs de la littérature*.
② Gruzinski, *Conquest of Mexico*; ibid., *Mestizo Mind*.
③ Lilti, *Le monde des salons*.

地的钟声》(1994)重构了19世纪法国乡村所谓的"音响景观",包括为控制钟而产生的诸多冲突。

回归社会史 这个走向再次证明了上文谈到的"祖父法则"。在1996年英年早逝前,贝尔纳·勒帕蒂,一个对恩斯特·拉布鲁斯著作富于批评意识的仰慕者,是这一走向的核心人物。①勒帕蒂先后师从皮埃尔·古贝尔和让-克劳德·佩洛,从事1740年至1840年法国城市化过程的研究。跟研究卡昂的佩洛不同,勒帕蒂撰写的不是某一城镇的专著,他试图从交通网络着眼,重构整个城市体系。他批评费弗尔将研究焦点放在区域而非体系上,不过他承认受惠于拉布鲁斯和西米昂。在第一本书《陆路和水道》(1984)中,勒帕蒂关注的是字面上的网络,亦即视觉意义上的道路和运河。在第二部更雄心勃勃的著作中,他将法国城镇视为一个体系的组成部分,这个体系在1740年至1840年间发生了转型。②

勒帕蒂还尝试在一个全新的形态下复活社会史,这体现在他主编的一本论文集《经验的形态》(1995)中。③这一事业的另一位参与者是热拉尔·努瓦里耶。他从事移民史研究,并曾撰书讨论所谓的"社会历史学"(socio-histoire),这一方法

---

① Lepetit, *Carnet*, 第45—79页。
② Lepetit, *Chemins de terre*; ibid., *Urban System*.
③ Lepetit, *Les formes de l'expérience*.

比旧社会史更接近社会学。①弗朗索瓦-约瑟夫·吕朱也是如此。尽管他并非年鉴网络的一分子,但他和勒帕蒂一样,特别关注18世纪城镇史。他还是法国少有的英国史专家之一。像马克·布洛赫那样,吕朱出版了一部法英比较史著作,在这部关注18世纪个人和家庭的著作中,他将历史人口学传统和聚焦特定家庭的微观史分析结合起来。②

作为1986年至1992年《年鉴》杂志的秘书,勒帕蒂曾写过两篇引起热议的社论(署名"年鉴"),讨论了史学和社会科学的"关键转向"。他还将经济学家安德烈·奥尔良等社会科学家引入执行委员会,从而恢复了20世纪30年代的做法。1994年杂志改名为《历史与社会科学年鉴》,体现了与经济学、社会学和其他学科展开更密切合作的办刊方针。勒帕蒂对历史写作中的尺度问题,特别是微观史走向也颇感兴趣。

微观史 从今天回头看,勒华拉杜里的《蒙塔尤》(1975)已被认定为对20世纪80年代所谓"微观史"做出了早期贡献。时隔多年,才出现许多跟风的微观研究。阿兰·科班的《食人族村落》(1990)是另一本社区研究著作,作者从一个令人毛骨悚然的事件入手观察这个社区,村民共同谋杀了一个外人,一个表示支持新成立的共和国的贵族。同样,中世纪学

---

① Noiriel, *Creuset français*; ibid., *Socio-histoire*.
② Ruggiu, *L'individu et la famille*.

者居伊·布瓦通过探讨一个社区的历史——卢尔南村,考察了1000年前后封建制度的兴起,这个村庄位于40年前乔治·杜比研究过的马孔地区。①

另一些研究使用史学显微镜,对个人进行焦点分析。比如,丹尼尔·罗希在1982年发表并讨论了他发现的一本日志,日志记录者是18世纪的工匠,一位名叫让-路易·梅内特拉的釉工。尽管这种类型的工人阶级自传在19世纪越来越多,但在梅内特拉时代则甚为罕见。在一部充满想象力的重构杰作中,阿兰·科班致力于撰写"一个无名之辈的生平",此人是生活在19世纪的木屐制作匠弗朗索瓦·皮纳戈,他是通过随机抽样被选定的,本身没有留下任何记录。这个研究的出发点,正在于避免基于一些类似梅内特拉的非常态(并且异常能言善辩的)个人来撰写普通民众的历史。②

对微观史的兴趣,为历史传记在年鉴群体的复苏提供了基础,这是向费弗尔的路德传树立的典范的回归。比如,乔治·杜比出版了一本中世纪英国人威廉元帅的传记,而雅克·勒高夫撰写了法国国王圣路易的生平。埃马纽埃尔·勒华拉杜里讨论了圣西门公爵,视之为路易十四宫廷的人类学家。而马克·费罗撰写了贝当元帅和沙皇尼古拉二世的

---

① Corbin, *Village of Cannibals*; Bois, *Transformation of the Year One Thousand*.
② Roche, *Journal*; Corbin, *The Life of an Unknown*.

传记。①

在雅克·雷维尔主编的一部讨论历史写作尺度问题的论文集中,作者探讨了微观分析运动(可惜未译为英文),这是与布罗代尔考察地中海时使用的宏观史学背道而驰的一种走向。这部缘起于史学家与人类学家交锋的论文集,讨论了微观层面是否重要、是否应优先于宏观层面等问题。此书还考虑到尺度选择与不同类型解释的重要性之间的关系:个人能动性在微观层面更为显著,而在宏观层面,正如布罗代尔著作显示的,能动性让位于结构性解释。②这些集体反思为对历史解释的长期争论作出了重要贡献——堪称是近数十年来最为重要的贡献,尽管微观和宏观解释如何结合的问题仍悬而未决。

身体史 在年鉴学人的著作中,身体史是个相对新颖的主题,尽管让-皮埃尔·彼得和雅克·雷维尔早在20世纪70年代就已论及这个课题,而且千真万确的是,米歇尔·福柯在1984年问世的两部著作《快感的享用》和《自我的呵护》中,也探讨了这个课题。③这一领域的领军人物是一度担任过体育教师的乔治·维加埃罗。维加埃罗撰写过卫生史、强暴史、

---

① Duby, *William Marshal*; Le Goff, *St Louis*; ibid., "Whys and Ways"; Le Roy Ladurie, *Saint-Simon*; Ferro, *Pétain*; ibid., *Nicolas II*.

② Revel, *Jeux d'échelles*; 比较 Revel, "Microanalyis"。

③ Peter and Revel, "Le corps"; Foucault, *Usage des plaisirs*; *Souci de soi*.

体育史、美与肥胖史等方面的著作,他实际上是单枪匹马在法国开展身体史研究,尽管他也和阿兰·科班——由于感知史方面的兴趣,他成为这一任务显而易见的人选——及人类学家让-雅克·库尔第纳参与合作项目《身体史》(2005)一书的编写。在这部集体编纂著作的序言中,开篇就提到吕西安·费弗尔和马塞尔·莫斯(曾写过从社会学角度研究身体"技术"的著名论文),从而将这一新领域纳入年鉴传统之中。①但尽管马塞尔·莫斯很早就关注这个课题,对身体的人类学、社会学和史学研究却并非法国专利。从20世纪80年代起,德国、意大利、美国和英国学者,包括鲁道夫·贝尔(《神圣厌食症》,1985)、芭芭拉·杜登(《皮肤之下的女性》,1987)、裘利亚·西萨(《希腊的童贞》,1987)和彼得·布朗(《身体与社会》,1988)等人,都作出了重要贡献。

图像史 如果没有图像提供的证据,身体史就无从谈起,因此不少国家的史学家几乎在同时发现这两个课题,也就不足为奇了。处于年鉴边缘的菲利普·阿里埃斯在1960年出版的讨论家庭和儿童的名著中,就已使用了图像证据。在这个群体内部,20世纪70年代视觉转向的先行者是乔治·杜比和马克·费罗。杜比研究了艺术与社会的关系,而费罗在

---

① Vigarello, *Concepts of Cleanliness*; *History of Rape*; *Histoire de beauté*; *Passion sport*; *Metamorphoses of Fat*. Corbin, Courtin and Vigarello, *Histoire du corps*.

论著中讨论了电影对史学家的功用。①

到20世纪90年代,图像证据日益成为文献和统计证据的补充,图像证据本身作为物质文化的一个部分,也成了研究对象。比如,让-克劳德·施密特发表了一系列文章,对中世纪的视觉文化进行讨论,而阿兰·贝桑松撰写了一部思想史,讨论偶像破坏论,或更准确地说,讨论制作和破坏偶像、尊崇和逃避偶像实践背后的思想预设,这部史书从柏拉图一路谈到卡西米尔·马列维奇等非具象或反具象画家。②

莫里斯·阿居隆也参与了视觉转向,他发表了一篇论文,讨论19世纪所谓"塑像热",并对大革命到20世纪法兰西共和国的人格化象征"玛丽安"进行了研究,他侧重探讨了在民间文化及精英文化中,她的形象的内涵是如何变化的。③塞尔日·格吕津斯基出版了研著《交战中的图像》,此书再次聚焦墨西哥,侧重讨论了传教士对宗教想象的利用,不过在布罗代尔长时段的感召下,书中讲述的故事一直延续到20世纪末。④

记忆史 图像在集体记忆的保存和重构过程中都起了关键作用。对这一主题的兴趣,可一直回溯至年鉴传统早期。

---

① Duby, *Age of the Cathedrals*; Ferro, *Cinéma et histoire*.
② Schimitt, *Le corps des images*; Besançon, *Forbidden Image*.
③ Agulhon, "Statuomanie"; *Marianne au combat*; *Marianne au pouvoir*; *Métamorphoses de Marianne*.
④ Gruzinski, *Images at War*.

我们知道,20世纪20年代,莫里斯·哈布瓦赫和马克·布洛赫都谈过集体记忆。20世纪70年代,雅克·勒高夫和菲利普·茹塔尔重提这个论题。在第四代学人中,吕塞特·瓦朗西研究了对阿尔卡扎克比尔战役的记忆,1578年,葡萄牙国王塞巴斯蒂安在这场战役中丧生。更准确地说,她的主题与其说是对这一悲剧事件的记忆,不如说刚好相反,是否认发生了这一事件,其表现是,在根据古老传统等待塞巴斯蒂安回国之后,盼来的是一位自称国王的冒名顶替者。①

主导法国记忆史的是集体成果《记忆所系之处》。此书于1984年至1992年问世,主编是兼具出版家(任职于伽里玛)与史学家身份的皮埃尔·诺拉。②这部七卷本的研究法国文化的著作,集中讨论了过去在现在的复活和过去在现在的功用,这是20世纪末令人印象至深的史学事业之一。法文书名"记忆所系之处"具有双重内涵:其一,指的是古典记忆术(利用寺庙等想象场所来组织记忆素材);其二,指的是唤起造访者记忆的建筑场所(以及印象、音乐、书籍和其他对象)。诺拉在导论中表达了他的撰稿人不一定认同的思古之情,他认为今日记忆之所以成为热门话题,是因为真实的记忆已遗失,被历史所取代了。

为找到这部著作为数甚多的篇章的撰稿人,诺拉必须撒

---

① Valensi, *Fables de la mémoire*.
② Nora, *Realms of Memory*; ibid., *Rethinking France*. 比较 Dosse, *Pierre Nora*。

开大网。但年鉴群体在此得到了充分的代表：比如，阿居隆撰文讨论城墙，伏维尔讨论《马赛曲》，波米安讨论法国档案，勒高夫讨论了兰斯——这个城市是举行法国国王加冕礼的地方。诺拉自己虽然处于史学职业的边缘，但他和年鉴群体私交甚厚。他和维达尔-纳凯是中学同学，伏维尔是他的预科班同学，他和勒华拉杜里是好友。他是费雷的表兄弟，和勒高夫同为集体三部曲《史学的技艺》的合作者。他于1977年进入高师，《记忆所系之处》即渊源于他在高师的讨论课。继叙事问题之后，在集体记忆研究的激发下，保罗·利科恢复了与史学家的对话，他批评诺拉自己撰写的文章在使用"记忆"一词方面不够统一。

在这里讨论的新走向中，我们把第四代最为突出的特征放到最后进行讨论。简言之，它可被称为"反思性"。

三位理论家　年鉴史学家向来与社会科学保持密切关系。在第四代，这个杂志改名为《历史与社会科学年鉴》的时代，史学家与三位社会理论家的关系特别密切：米歇尔·福柯、米歇尔·德塞都和皮埃尔·布尔迪厄（有趣的是，他们三位接受的均为哲学训练）。当福柯在20世纪60年代开始出书时，这些著作得到罗伯特·芒德鲁和费尔南·布罗代尔的赞赏——这本身就有几分成就意味。20世纪七八十年代，福柯和年鉴群体的一些史学家，特别值得注意的是阿勒特·法杰进行合作，他们一起撰写了一部讨论旧制度时期家庭问题

115

的论著。[①]维加埃罗等人从事的身体史研究,也得益于福柯的著作,尤其是他的《规训与惩罚》。

至于德塞都,前面已谈到他对魔鬼附体的研究。像福柯那样,他与来自年鉴群体的史学家雅克·雷维尔和多米尼克·朱利亚一道,撰写了讨论语言政治学的先驱性论著,这一研究集中考察了法国大革命时期开展的对行话的调查。这个调查是尝试在生活于这个六边形国土的所有居民——不管他们讲什么母语——中间强制推行标准法语的第一阶段,体现了新政府的统一和集权化政策。[②]德塞都还组织了对当代法国日常生活的集体研究,驳斥了他视为被动消费者的神话,强调他所谓的"消费即是生产"的看法;换句话说,强调平民百姓在改造批量生产的产品(从家具到电视剧)以适应他们个人需求方面的创造性。[③]德塞都对文化实践,尤其是对文化器具的挪用和转换的兴趣,为罗杰·夏蒂埃提供了灵感来源。

三位理论家中第三位皮埃尔·布尔迪厄的著作,也为一些年鉴学人提供了灵感,特别是他对实践的关注——这和德塞都是共通的,他对消费在某社会群体区别于其他社会群体方面的功用的兴趣(丹尼尔·罗希就受到这个兴趣的影响),以及他的惯习观——这是身体的史学和人类学研究的

[①] Farge and Foucault, *Désordre des familles*. 比较 Burguière, *Annales School*, 第195—218页。

[②] Certeau, Revel and Julia, *Politique de la langue*.

[③] Certeau, *The Practice of Everyday Life*. 比较 Dosse, *Michel de Certeau*。

核心。①

反思转向　这三位理论家给年鉴学人的研究工作带来的影响,并不限于它们提供了探讨某一特定问题的方法。它有助于改变整个史学实践本身,使之更具反思性。在这方面,福柯对知识与权力之间关系的反思影响特别大。他对史学家的批评也是如此。他提到史学家"有关真实的贫乏观念",换言之,他们将真实化约到行动领域,置思想和想象于不顾。②

米歇尔·德塞都的《历史写作》(1975)是反思性的另一个刺激源。作者集中讨论了他称之为建构"他者"(比方说,巴西印第安人)的过程,在这一过程中,"他者"常是作者自身形象的反面。可以这么说,德塞都身处史学专业边缘的位置,提供了一个绝佳的观察角度,容许他运用人类学眼光,来观察史学家的实践。不管如何,他认为史学是一种制度化知识,它像其他制度一样,也可以进行社会学研究。他劝告史学家明确说明自身的立场,在他看来,这是他们研究的出发点。③

布尔迪厄也为认识论作出了重要贡献,这在他晚年的著作《科学的科学》(2001)中尤为明显。他在书中倡导反思分析,去考察人们"在社会空间中的位置,在场域中的位置和在学术宇宙中的位置"。在罗杰·夏蒂埃所做访谈中,他专门

---

① Bourdieu, *Outline*; Roche, *Everyday Things*. 比较 Revel, "Une histoire"。
② Foucault, *Power/Knowledge*.
③ Certeau, *Writing of History*.

表达了对史学的思考,这个访谈很早就做了录音,但和上书差不多同时出版。①

三位理论家都对这个看法或预设展开猛烈的抨击:社会科学的真实,包括历史知识,是客观的,这个看法常被斥为"实证主义"。他们三位都认为,我们视之为知识的东西,牵涉到认知者在空间、时间和社会中的位置。从某种意义上说,这一对史学家的挑战并非新生事物。千真万确,我们提到,年鉴创建人本身对实证主义就持批评态度,他们把它算到朗格诺瓦和瑟诺博司头上。但我们这三位理论家(且不论其他人)的相对主义要激进得多。它要求作出新的回应。

历史编纂学转向 对以上挑战的一个回应,是对史学思想史和历史写作史产生了与日俱增的兴趣,这或可称为历史编纂学转向。有论者认为,年鉴学人对史学史几乎没有撰述可言,尽管费弗尔对米什莱充满仰慕之情。到第四代,他们工作中的这个缺环开始被弥补。比如,布罗就写书讨论过德国中世纪学者恩斯特·坎托洛维茨。②

同样,1980 年,第四代另一位成员、古代史学者、维南的学生弗朗索瓦·阿尔托就出版了一部研究希罗多德的杰出论

---

① Bourdieu, *Science of Science*, 第 94 页; Bourdieu and Chartier, *Le sociologue et l'historien*. 原书的表述是,录音时间与上书同时,但后来才出版,查此书出版时间是 2001 年,而录音时间是 1990 年,故此订正。——译注

② Boureau, *Kantorowicz*.

著，他集中讨论了希罗多德对"他者"（埃及人、波斯人和塞西亚人）文化的表述，认为它们是倒转的希腊文化。①阿尔托还对法国史学家福斯特尔·德·古朗热进行过研究，但最为人所知的是他在一部雄心勃勃的论著中对所谓史学"体系"的研究。②在这部研著中，他区分了三种史学体系。第一种在1789年前占据支配地位，包括从荷马到夏多布里昂的史学家，这种史学可称为模范时代，换言之，这是个追随往日模范并透过过去的形象来观察未来的时代。第二种从1789年至1989年，延续了两个世纪，是个历史加速的时代，这带来了以未来为导向的史学——从对未来有否贡献来诠释过去（亦即英语国家的史学家常称为"历史的辉格派诠释"的史学）。第三种体系在1989年以后开始崭露头角，其特征是同时关注记忆和遗产。换言之，在高等研究院的核心地带，我们发现一位史学家声称，1989年不仅是年鉴群体实践甚或法国史学写作的重要转折点，也是普遍历史编撰学的重要转折点。

对历史的反思 马克·布洛赫的《历史学家的技艺》，像布罗代尔讨论长时段的论文一样提醒着我们，对历史写作的反思是年鉴传统的一个组成部分。尽管如此，1996年至1998年间由这个群体成员（加上前面讨论的探讨史学尺度的集体

---

① Hartog, *Mirror of Herodotus*.
② Hartog, *Régimes d'historicité*.

研究)出版的三部重要论著,确实显示了一种反思转向或——如上文暗示的——危机感。①的确,由热拉尔·努瓦里耶撰写的第一部著作,书名就是《史学"危机"》。它讨论了所谓"范式危机",这是伴随着美国和包括法国在内(如费雷对法国大革命的诠释一例)的其他地区的语言学转向出现的。努瓦里耶注意到,费弗尔和布罗代尔等年鉴学人曾抨击实证主义,但后来轮到他们被更激进的理论家斥为实证主义者。在讨论"社会历史学"的著作中,努瓦里耶告别了所谓"我学生年代对布罗代尔的痴迷",但同时向这位大师结合史学和社会学的做法致敬。

作为1998年至1999年不署名社论的作者,贝尔纳·勒帕蒂的一本论文集在其英年早逝后不久得以出版,其中阐发了他对历史知识的看法。这本论文集包括一篇讨论拉布鲁斯的文章,并反思了计量史和系列史、尺度问题、长时段和跨学科问题(认为对不同学科特殊性的尊重"过少")。换言之,勒帕蒂带着批判的眼光对年鉴传统进行了评论。②

第三本研著是罗杰·夏蒂埃出版的《在悬崖边缘》(米歇尔·德塞都曾用这个词描述米歇尔·福柯的位置)。它收入了讨论德塞都和福柯的论文,还对本书原题所称"确定和不安之间的史学"问题进行总体讨论。在这些论文中,最重要

---

① Noiriel, *Sur la crise de l'histoire*; Lepetit, *Carnet de Croquis*; Chartier, *On the Edge of the Cliff*; Revel, *Jeux d'échelles*.

② Lepetit, *Carnets*.

的一篇是原先在 1989 年发表于《年鉴》的文章,它讨论了作者所谓"从文化的社会史到社会的文化史"的转换。换言之,年鉴派传统内外的早期史学家通常假定为客观的结构,必须被视为文化"构筑"或是"建构"之物。从这个观点看,社会本身只不过是集体表象。

这篇著名的论文为一种方法作出了一般性的概述。在讨论近代早期法国的专题问题时,夏蒂埃已经运用了这个方法。① 比如,早期史学家对乡民或流浪汉进行研究,而夏蒂埃考察上层阶级对乡民或流浪汉的看法,这是对德塞都和阿尔托意义上的"他者"的看法。费雷与奥祖夫探讨了被圣马洛与日内瓦一线分开的法国东北部与西南部之间的客观差别,而夏蒂埃更倾向于讨论"两个法国"观的历史及这一刻板印象对当局政策的影响。

跟本章讨论的其他新走向一样,反思转向当然也不是年鉴史学家的专利。"建构主义"是个总体趋势,通过考察书名中"创造"一语日益频繁的出现,也许便足以勾勒出这一趋势。米歇尔·德塞都在出版讨论"日常的创造"的著作后,早在 1980 年就开启了这一走向。随后,在法国出现了研究创造雅典、证书、经济、神话学乃至创造法国本身的著作。这一走向实际上是个国际大势,这一大势的一个组成部分,常被称为"后现代",包括对流动性或最低限度是对社会政治结构的可

---

① Chartier, *Cultural History*.

塑性的强调。

至于其他新走向,它们本身也是国际性的。费雷对法国大革命的聚讼纷纭的讨论,就从普遍的"语言学转向"——在美国的影响特别大——找到了灵感。雷维尔及其同事对尺度的讨论,接续了意大利的微观史学争论。阿尔托对"史学体系"的反思,受惠于德国史学家莱因哈德·科塞勒克启发之处甚多。研究身体的历史学、社会学和人类学论著,同时在英国、美国和法国撰写。比如,倡导进行妇女史研究的运动起源于美国,而杜比和佩罗主编的妇女史,是应意大利出版商拉特扎之邀进行编撰的。夏蒂埃对阅读史的研究,不仅受惠于法国书籍史,而且受惠于意大利学者阿曼多·佩特鲁奇和新西兰学者唐·麦肯齐的研究。对"记忆所系之处"的兴趣,构成了国际性的"记忆热"的一个部分。

一个术语的变动,可让我们一窥法国自主性或曰绝缘性的衰微。从19世纪起,法国史学家,包括布罗代尔,讨论的是"文明"而非"文化"。但从20世纪80年代起,夏蒂埃等人开始使用 *histoire culturelle*(文化史)一语。这是法国文化美国化的例证吗?下一章的任务是从全球视角审视年鉴派。

第六章 全球视野下的年鉴派

该是考察年鉴运动在境外——不仅是法国的边境,而且包括历史学科的边境——的遭遇的时候了。这里要——以简短、印象主义方式——讲述的故事,并不是简单记录年鉴福音是如何播散海外的。实际上,若干地方对年鉴的态度相当冷淡,甚至心怀敌意。我的目的毋宁是描述对新史学的不同回应,不仅是褒贬,而且是试图使用年鉴工具,从事不同领域的工作,并在此过程中不时暴露原有概念的缺点。最后一节试图结清账目,对由年鉴主导的运动、群体或网络的集体成就进行评价。

一 接纳与抵制

年鉴派在海外 二战前,年鉴派在海外已有盟友与同情者,包括比利时的亨利·皮朗与英国的 R. H. 汤尼。埃里克·霍布斯鲍姆还记得在参加战前剑桥的一个讲座时,迈克·波斯坦在介绍中称布洛赫是健在的最伟大的中世纪学者。[①]尽

---

① Hobsbawm, "Comments", 第 158 页。

管如此,只是到了布罗代尔时代,杂志与运动才在欧洲和欧洲之外地区广为人知。在某些国家,特别是意大利、波兰和拉美部分地区,对运动的反应是热切的。而在相当长时间里,德国、英国等地对年鉴风格的历史是将信将疑。

《地中海》自然引起了地中海世界读者的兴趣。布罗代尔著作的意大利文译本(与西班牙文译本一样)出版于1953年。卢杰洛·洛马诺与阿尔伯托·特能提这两位意大利人,是布罗代尔最为亲密的合作者。20世纪50年代意大利若干一流史学家是吕西安·费弗尔的朋友,也是年鉴运动的同情者。他们包括了研究中世纪意大利商人的史学家阿曼多·萨波里,以及和费弗尔一样对16世纪异端感兴趣,并表示受惠于费弗尔的德里奥·康提莫里(相比之下,康提莫里奉劝出版商吉里奥·艾诺第不要翻译《地中海》,他斥该书不过是《飘》的史学版)。到了下一辈,卡洛·金兹堡证实说,他在学生时代就读过布洛赫的《国王的触摸》,并指出他成为史学家正是拜此书所赐。① 1972 年由艾诺第发起编撰的巨著《意大利史》集中讨论长时段的发展,第一卷的书名向布洛赫表示了敬意,并收入布罗代尔的一篇长文。②

---

① Cantimori, "Coeur religieux"; Miccoli, *Cantimori*, 第 207、257 页; Marino, "The Exile and his Kingdom"; Ginzburg, "Lectures", 第 1303 页。

② Braudel, *Out of Italy*. Romano 主编的《意大利史》第一卷书名是基本特征,这是向布洛赫的《法国农村史》致敬。(《法国农村史》法文书名为"法国农村史的基本特征"。——译注)比较 Aymard, "Impact of the Annales"; Gemelli, *Fernand Braudel*, 第 145—151 页。

在西班牙,豪梅·比森斯·比维斯及其追随者在 20 世纪 50 年代就支持年鉴的社会史和心态史方法,而经济史学家费利佩·鲁伊斯·马丁和巴伦廷·巴斯克斯在布罗代尔指导下在巴黎求学或工作。在葡萄牙,年鉴的主要支持者是维托里诺·马加良斯·戈迪尼奥,他在法国从事研究,受到拉布鲁斯的启发,成为布罗代尔的好友和合作者及葡萄牙帝国经济史的权威。①

在西属美洲部分地区和巴西,年鉴更是受到追捧。在巴西,人们一直记得布罗代尔 20 世纪 30 年代在圣保罗大学的讲座。②布罗代尔发现了史学家兼社会学家吉尔伯托·弗雷尔的著作并对之赞赏有加,而弗雷尔推崇布洛赫、费弗尔和布罗代尔作为回应。③要说明年鉴提供的灵感,只需举三个史学家作为例证:阿根廷的图略·阿尔佩林·唐伊、墨西哥的恩里克·弗洛雷斯卡诺和巴西的路易斯·菲利普·德·阿伦卡斯特罗。

阿尔佩林·唐伊曾在阿根廷期刊《民族》上发表《地中海》书评,他自称是拉美的布罗代尔(在唐伊求学巴黎期间,布罗代尔就了解到他的研究)。④他的拉美史引用了费弗尔和

---

① Cardoso, "Godinho".
② Aguirre Rojas, *Los Anales*; ibid., "La escuela"; Barros, "nouvelle histoire"; Devoto, *Itinerario*; Miceli, "Sobre História".
③ Braudel, "A travers un continent d'histoire". 比较 Burke, "Elective Affinities".
④ Halperín Donghi, *Son memorias*, 第 237 页以下、第 241 页以下。

布罗代尔的著作,强调交通和经济趋势,尽管书中也花了不少篇幅论述政治事件。弗洛雷斯卡诺曾在高等研究院攻读博士学位,像许许多多年鉴史学家一样,他也从地窖爬上顶楼,从墨西哥价格和农业问题史转向马克·布洛赫风格的长时段史。他对政治象征体系的研究,叫人联想起莫里斯·阿居隆的著作。① 至于目前在巴黎工作的阿伦卡斯特罗,他同时是杜比和莫罗的学生,而他在南大西洋的框架下研究巴黎奴隶贸易的做法,属于布罗代尔和肖努的套路。②

在波兰,尽管占支配地位的是马克思主义(或是说,恰恰因为这点),史学家对《年鉴》长期以来就表现了相当的热忱。战前波兰大学已有经济社会史研究的传统。波兹南大学经济史教授加姆·卢特考斯基在 20 世纪 30 年代曾给《年鉴》写稿,并自己创办了一份类似的刊物。战后,许多波兰史学家曾在巴黎求学——布朗尼斯洛·杰里梅克就是一个例子。他是以研究城市贫民蜚声学界的中世纪史专家,更广为人知的是他是列赫·瓦文萨的顾问。杰里梅克回忆说,他从 20 世纪 50 年代起,就开始认真阅读《年鉴》,他说自己"着了迷"。③ 雅克·勒高夫的夫人是个波兰人,他一直以来就和波兰史学家保持特别密切的联系。④

---

① Florescano, *Problemas agrarios*; ibid., *Bandera Mexicana*.
② Alencastro, *Trato dos viventes*.
③ Duby and Geremek, *Passions communes*, 第 23 页。
④ Pomian, "Impact"; Gemelli, *Fernand Braudel*, 第 142—145 页。

《地中海》被译为波兰文,并激发了波兰学者对波罗的海的一项研究,这一研著被列入《年鉴丛刊》,由史学研究中心出版。① 布罗代尔讨论"历史与社会科学"的著名论文,在波兰激发了更为广泛的兴趣。布罗代尔称经济学家只对短时段感兴趣,维托尔德·库拉对此作出回应,试图捍卫经济学家的著作,文章刊于《年鉴》。库拉是个史学家,布罗代尔在吕贝克战俘营结识了他,他曾褒奖库拉"才能远胜于我"。② 在布罗代尔的帮助下,库拉最重要的著作《封建制度的经济理论》(1962)被译为法文。在马克·布洛赫《历史学家的技艺》的激发下,库拉也写了一本书讨论史学方法。③

像波兰一样,俄国对匈牙利马克思主义的制度化,意味着对年鉴的追捧为抵制当局提供了间接手段。年鉴的热心支持者包括拉斯兹罗·马凯、西格蒙特·帕奇和下一辈的嘉伯·卡尼扎伊——他曾在巴黎跟随勒高夫学习。④ 在俄国,年鉴的顶尖支持者是亚伦·古列维奇,他是个当局不欢迎的人,这一半是因为他是个犹太人,另一半是由于他拒绝马克思主义,但如今他被视为重要史学家。古列维奇写过两篇有关费弗尔的文章,他称布洛赫是"我们这个世纪最伟大的史学家",甚至是"上帝派来的史学家"。他和雅克·勒高夫进行对话,并称

---

① Malowist, *Croissance et régression*.
② Kula, "Histoire et économie"; Braudel, "En guise de conclusion".
③ Duby and Geremek, *Passions communes*, 第 74 页.
④ Makkai, "Ars historica"; Klaniczay, "Le Goff".

勒高夫是"最有天分的当代法国史学家"。在年鉴史学家的研究中,古列维奇钟爱心态史、历史人类学和民间文化史。①

另一方面,一些国家很久以来就提供了布罗代尔称之为"拒绝借用"的例证。比如,政治史在20世纪50年代至60年代仍在德国占支配地位。假如考虑到第一章讨论的斯莫勒、韦伯与兰普里希特时代德国新方法在史学研究中的重要性,这种支配地位似乎令人奇怪——即使在利奥波德·冯·兰克的国人中间。但是,经过1914—1918年与1933—1945年的创伤岁月,政治或事件的重要性殊难否认,希特勒与德国在两次世界大战中的角色也的确成为重要的史学争论的中心。只是到战后出生的一代在20世纪70年代成长起来后,学界兴趣才转向"日常生活史"、民间文化史与心态史。②

在美国,故事并不那么简单。最初,一些经济史学者对杂志有点兴趣。③罗伯特·达恩顿、娜塔莉·戴维斯和琳恩·亨特(三人都曾担任美国历史协会主席)等法国史研究者有时和这个群体的成员进行合作。《法国史研究》等期刊曾称赞某些年鉴史学家的著作,而美国的大学出版社,尤其是哈佛和芝加哥,曾出版过这些著作的英译本。④ 1975年至1982年,约

---

① Gurevich, *Categories*; ibid., "Annales in Moscow"; Burke, "Aron Gurevich's Dialogue"。

② Iggers, *Historiography*, 第101—118页; Schöttler, "*Annales*-Rezeption in Deutschland"。

③ Harvey, "American *Annales*"。

④ Tackett, "Daniel Roche"。

翰·霍普金斯大学出版社出版了由罗伯特·福斯特和欧雷斯特·拉南主编的七卷本英译年鉴论文选，它们分别关注饮食史、家庭史、失范人群史、药物史、仪式史、乡村社会史以及生理学与史学的关系。

另一方面，我们已提到，青年伯纳德·贝林是布罗代尔《地中海》的最尖锐的批评者，而约翰·赫克斯特在评论布罗代尔的成就时，刻意保持一段距离。①至少直到最近，尽管法国模式的区域研究对美国深具重要性，年鉴学人的著作几乎没有吸引北美史学家的兴趣。②尽管布罗代尔的著作被视为和弗里德里克·杰克逊·特纳"在视野上出奇地相似"，我们仍在期待一位新的美国的布罗代尔。殖民时期史领域的人类学转向，是独立于法国模型形成的。只是到了20世纪90年代，在"新文化史"时代，年鉴群体的著作才开始被频频引述，最近还出现了长时段兴趣复苏的迹象。③

多年以来，除了少数例外，英国像德国一样，为拒绝借用提供了例证。④在费弗尔的第一批从事文艺复兴研究的学生中，有一位英国人，名叫威尔·摩尔，他写了一篇讨论法国接

---

① Bailyn, "Braudel's Geohistory"; Hexter, "Fernand Braudel".
② Andrews, "Implications of *Annales*".
③ Henretta, "Social History"; Hunt, "French History"; Armitage and Guldi, "Le retour de la longue durée".
④ Gil Pujol, *Recepción*; Burke, "Reflections", 本文原为在宾汉顿所作讲座，布罗代尔坐在听众席第一排。

受路德主张的论文(以法文写就,在斯特拉斯堡)。①后来,摩尔成为牛津圣约翰学院的法文教员,他后来出版的论著关注的是莫里哀的喜剧和其他文学课题。职业史学家对费弗尔猜忌良多,有段时间他在历史学界的名气远不如地理学界。至于马克·布洛赫,尽管 R. H. 汤尼和迈克·波斯坦等英国学者都熟知他的学问,但一直以来他就被视为一位卓越的中世纪经济史学家,而不是新型史学的代表。20 世纪 70 年代前,对年鉴史家著作的翻译极为罕见。马克·布洛赫是个例外。可以这么说,由于布洛赫对英国史的兴趣及其对克制性陈述的钟爱(与吕西安·费弗尔的风格如此截然不同),他多少被视为荣誉英国人。不过,从 1977 年开始,由于人文科学研究所和剑桥大学出版社签署了一项协议,从弗朗索瓦·费雷和雅克·奥祖夫的识字史研究开始,为数众多的译本才被出版。

浏览《泰晤士报文学评论副刊》与《英国历史评论》等英国期刊对学派重要论著的评论,可大体明白为何英国学者提不起翻译的兴趣。一个接一个评论者提到所谓的"矫揉造作、令人震怒的年鉴风格""吕西安·费弗尔传下的风格怪癖"或是"晦涩的行话,有时让人觉得第六部的作者们在写东西时,只不过是为了让自己人读懂"。像 conjoncture(局势)和 mentalités collectives(集体心态)这样的术语根本就无法翻译,也令英国史学家费解——更不用说接受了。比如,杰弗里·

---

① Moore, *La réforme allemande*.

埃尔顿称结构与局势这种组织模型的"死板和等级令人不安"。①英国人对这类概念的反应,或迷惑,或疑虑,或敌视,叫人想起他们的哲学家同事对萨特与梅洛-庞蒂著作的反应。英国人发现他们与法国毫无共同语言可谈,这不是头一次,也不会是最后一次。

英国的经验主义与方法论个人主义的传统,与法国的理论与整体主义之间的鸿沟,也阻碍了学术接触。从赫伯特·斯宾塞时代或更早开始,英国就普遍预设了这一观念:"社会"一类的集体实体是虚构的,真实存在的只是个人。正如撒切尔夫人那句名言所表述的,"压根儿就没有社会这玩意",她将自己的导师、经济学家弗里德里克·哈耶克的方法论个人主义改编为政治口号。涂尔干之所以要提出有关社会现实的著名论断,其目的便在于推翻斯宾塞及其学派的假设;而20世纪20年代剑桥心理学家弗里德里克·巴特列特对莫里斯·哈布瓦赫关于记忆之社会框架的著名研究提出批评,认为这一研究杜撰了一个虚假的"集体记忆"实体。

我们这些在20世纪60年代早期支持年鉴的铁杆粉丝,感觉就像是异端少数派的成员,其情形就好比是20世纪30年代布洛赫与费弗尔在法国的支持者。从最近披露的信件中,我们释然地发现,那时英国的一位顶尖史学家休·特雷弗-罗珀是《年鉴》的热心支持者,他称之为"这个世界上最棒

---

① Elton, "Historians".

的史学期刊",而年鉴学人是"伟大的史学流派"。①在这个方面——如果撇开其他方面,他是1952年创建《过去与现在》杂志的马克思主义群体的同路人;这个刊物的创刊号开篇就表彰了布洛赫和费弗尔(1983年,雅克·勒高夫将恭维如数奉还,他自称是《过去与现在》的"仰慕者",说这个期刊"几乎成为"他的"秘密爱人")。②

时至20世纪末的英国,从类似理由出发对心态史(为强调心态一词是外来的,这个词多半不予翻译)提出批评的史学家仍是时有其人。另一方面,一些英国史学家开始践行心态史方法,即使在法国学者已将之弃置不用。20世纪八九十年代,在英国和美国的共同推动下,越来越多年鉴群体的著作被译介,这有助于新史学的本土化。比如,20世纪90年代译为英文的著作包括:杜比的著作五部,勒华拉杜里四部,夏蒂埃和罗希各三部,布罗代尔和勒高夫各两部。

在新史学被接受过程中出现地区差异方面,我们还可举出很多例子。即便是年鉴派与马克思主义的关系,也是因地而别。在法国,马克思主义的同情者一般与年鉴派保持一定距离,尽管拉布鲁斯、维拉、阿居隆与伏维尔对两者都忠心耿耿。然而,英国马克思主义者——尤其是埃里克·霍布斯鲍姆与罗德尼·希尔顿——是第一批欢迎年鉴的人。这种欢

---

① Trevor-Roper, *Letters*, 第73、132页。比较 ibid., "Fernand Braudel"。
② Le Goff, "*Past and Present*", 第15页。比较 Hill, Hilton and Hobsbawm, "*Past and Present*"。

迎,可从学术策略的角度进行解释——在反抗传统政治史支配地位的斗争中,年鉴是一位盟友,在此基础上有望形成历史编纂学的"大众阵线"。因此,"我们这些英国马克思主义者比较容易和布罗代尔的人……和睦相处"。①另一种可能性是,马克思主义者对自身历史方法与法国新史学之间的类似之处印象颇深,两者不仅在对结构与长时段的强调方面是相似的,而且在对总体的关注上也颇为接近。在布罗代尔之前,马克思已提出"总体史"(*Gesamtgeschichte*)的看法。这种共鸣之处让他们更易于接受年鉴派传递的信息。

年鉴派与当代史学 我们知道,年鉴运动的主导者一直是近代早期欧洲的研究者(费弗尔、布罗代尔、勒华拉杜里、夏蒂埃),紧随其后的是中世纪史学家(布洛赫、杜比、勒高夫、施密特)。相比之下,除了科班和阿居隆等例外,讨论 19 世纪的年鉴著作要少得多,而科班还不算年鉴网络的一分子。在当代史研究领域,有论者言之凿凿地认为,年鉴派毫无影响。这点不足为怪:由于政治和事件在 20 世纪历史上颇为重要,年鉴范式无法原封不动地应用于这一时期。一位同情年鉴的荷兰观察者得出一个悖论性的结论:编撰我们自身所处的这一世纪的具有年鉴风格的历史,既必不可少,又毫无可能。"假如人们编撰了这种历史,它不会是年鉴风格的历史。

---

① Hobsbawm,"Comments",第 158 页。

但是,离开年鉴,当代史将无从写起。"①尽管如此,马克·费罗和皮埃尔·诺拉这两位自称是研究当下的史学家,还是和露西·瓦尔加一样,竭尽全力证明他是错误的。②

在年代系列的另一端,最近若干古代史研著与年鉴范式之间的共通之处是显而易见的。的确,某些古代史学者已被视为年鉴群体的一分子。在《年鉴》创办前,涂尔干主义传统已然进入古典研究。布洛赫的朋友、法国的葛兰言及英国剑桥的简·哈里森与 F. M. 康福德等一群古典学家都提供了这一传统的例证。哈里森和康福德都读过涂尔干与列维-布留尔的论著,他们在古希腊人中间寻找"原始心态"的迹象。③

正如我们看到的,在斯特拉斯堡时代,罗马史学家安德烈·皮加涅尔是年鉴群体的一分子,而杂志刊发的第一篇论文讨论的就是古希腊。后来,为诠释希腊与罗马的历史,包括让-皮埃尔·维南与保罗·韦纳在内的顶尖古代史学家,都吸收了心理学、社会学与人类学的成果,其方法与费弗尔和布洛赫有共通之处,假如对他们不是亦步亦趋的话。比方说,保罗·韦纳援引莫斯与波兰尼、凡勃伦与韦伯的理论,讨论了罗马的竞技,并从礼物、再分配、摆阔消费与政治腐败等角度,分析了竞技资金的筹措过程。④

---

① Wesseling, "*Annales* School". 比较 Raphael, "Contemporary World"。
② Nora, *Présent, nation, mémoire*.
③ Humphreys, "Louis Gernet".
④ Veyne, *Bread and Circuses*.

在欧洲以外的世界,马克·布洛赫的学友、汉学家葛兰言也热衷于涂尔干主义,他曾遵循涂尔干的路子,开展了一项对中国人世界观的重要研究,强调他(和列维-布留尔一样)所谓的"前逻辑思维"及将社会秩序投射于自然世界之上的观念。① 区域研究中心或文化区研究中心在高等研究院的创建,无疑取得了成效,谢和耐的中国研究、德尼·隆巴德的东南亚研究或塞尔日·格吕津斯基和内森·瓦奇特尔的拉美研究都是成功的案例。一直以来,这些史学家都没在史学研究中心做过研究,但不管在地理还是学术方面,他们离中心都不远。

离开高等研究院,情况就复杂多了。我们知道,杰弗里·布莱内深受布罗代尔的启发,从"距离的专横"的角度研究澳大利亚史。另一位澳洲史学家对东南亚的研究,试图对该区1450年至1680年的历史进行"总体史"分析,其模式便来自布罗代尔对物质文化与日常生活的研究。② 另一方面,尽管年鉴群体的四位成员曾应邀参加1988年新德里召开的"新史学"会议,但研究印度的印度史学家并未从年鉴借用多少东西。印度最具原创性的史学家群体,是打着"底层研究"旗号的史学家,他们对年鉴派传统了如指掌,却对开放的马克思主义情有独钟。年鉴和印度最为密切的纽带,当非桑杰伊·苏布拉马尼亚姆莫属。他曾在高等研究院任职多年,他对"关

---

① Granet, *Pensée chinoise*. 比较 Freedman, "Marcel Granet"。
② Blainey, *Tyranny of Distance*; Reid, *The Land Below the Winds*; 比较 Wong, "Braudelian Regions"。

联史"(connected history)的讨论,与法国的 *histoire croisée*(关联史)颇有暗合之处。

同样,尽管布洛赫对日本史颇有兴趣,而且总体说来日本颇为关注西方学术动态,但要找出一项具有年鉴传统风格的日本史研究并不容易。不少日本史学家曾在高等研究院留学,但他们全都研究欧洲史。

尽管布罗代尔一度称史学家兼政治家约瑟夫·奇-塞尔伯是"自家人",非洲史对年鉴方法并未表现出多少兴趣。亨利·布朗希维格曾是布洛赫的学生,后来成了殖民时代非洲史最顶尖的史学家之一,尽管如此,他对法国帝国主义的研究,似乎没有受到多少年鉴的影响,这无疑是因为他关注的是不远的过去与相对短暂的时段(1871—1914),这些因素似乎让年鉴模式无用武之地。①布朗希维格的学生卡特琳·科克里-维德洛维奇跟年鉴群体的关系相当密切,她从经济史转向社会史,包括妇女史,并在相当程度上利用了人类学家的著作。更为密切的是人类学家让·范西纳,他追随布罗代尔的做法,区分了长、中、短时段,把它们当作库巴史的研究框架。20世纪40年代,范西纳在鲁汶大学学习历史,他对布罗代尔的一场讲座记忆犹新,讲座的主题是长时段:"我们着了迷,而它又是如此有新意"。②受年鉴派启发的非洲史学家还有威

---

① Brunschwig, *French Imperialism*.
② Vansina, *Living with Africa*, 第7页。

廉·克拉伦斯-斯密斯和大卫·肖恩布伦,前者从事葡萄牙帝国的研究,而后者运用回溯法,并吸收比较语言学与民族志的成果,对大湖区进行研究。①

最后,在布罗代尔之前,海洋在历史上的地位就引起了学界的兴趣,但《地中海》肯定有助于刺激大西洋史和其他"海洋史"范例,包括对北海和印度洋的研究。②

年鉴派与其他学科　对年鉴派的接受从未局限于历史系。一个从"人的科学"吸收了如此之多养分的运动,自然会引起那些学科的兴趣。比如,约翰·梅纳德·凯恩斯是杂志的一位早期撰稿人。尽管要描绘像史学这种理论程度较低的学科,如何影响社会学等理论程度较高的学科,比进行反向比较要困难得多,但这一工作无疑还是值得开展的。

儿科专家讨论菲利普·阿里埃斯对儿童史的研究,斯堪的纳维亚民俗学专家与勒华拉杜里就民间故事展开争论,经济学家与考古学家阅读布罗代尔对"物质文化"和长时段的研究,这些要到20世纪70年代——假如不是更早的话——才出现(至于系列史,考古学家自19世纪后期就开始在"系

---

① Coquéry-Vidrovitch, *African Women*; Vansina, *Children of Woot*; ibid., "For Oral Tradition"; Clarence-Smith, "For Braudel"; Schoenbrun, *A Green Place*.

② Canny, "Atlantic History"; Chaudhuri, *Asia before Europe*; Roding and Voss, *The North Sea*; Miller, *The Sea*.

列化"的名义下践行这一方法了)。①

某些文学史学家,尤其来自美国的学者,在自己的著作中引述了年鉴史学家的论著。如霍华德·布洛赫把所谓"文学人类学"付诸实践,并在《年鉴》发表文章,而任教于斯坦福大学的意大利学者弗朗哥·莫雷蒂在《图像·地图·树木》(2005)中援引了布罗代尔的说法。②

在哲学方面,我们已不止一次提到保罗·利科,他曾就叙事和记忆分别与布罗代尔和诺拉展开对话,这意味着年鉴为他的思考提供了重要的刺激源。在米歇尔·福柯学术思想的发展过程中,法国"新史学"也扮演了富有意义的角色。在某些方面,福柯呼应了年鉴第三代的学术动向。像第三代一样,他关注的也是如何拓宽史学的研究对象。正如我们看到的,他给他们带来诸多教益,也从他们身上获益匪浅,这不限于曾与他合作过的阿勒特·法杰和让-皮埃尔·彼得,还包括整个群体。

福柯从年鉴获得的教益,可能远远不如尼采或乔治·康规勒姆(他向福柯介绍了学术断裂论)等科学史学家给予他的帮助,但仍比他承认的要多得多。福柯喜欢称之为"考古学"或"系谱学"的东西,与心态史至少在亲缘关系上具有类同性。这两种方法都对长时段的趋势表现出很大的关注,而

---

① 有关后来的进展,参阅 Barker, *Mediterranean Valley*; Bintliff, *Annales School*; Hodder, *Archaeology*; Knapp, *Archaeology*.

② Bloch, *Etymologies and Genealogies*.

对个体的思想家则关注不多。福柯认为年鉴的思想史方法过于强调连续性,这点他无法接受。①福柯与心态史学家最为不同的地方,恰恰在于福柯乐于大胆地抓住棘手的问题,并讨论世界观本身的改变(尽管他不怎么关注它们是如何改变的)。不管他拒绝为这些断裂提供解释让史学家有多生气,他们依然可以从他对认识论"断裂"的强调中学到某些重要的东西。

有这么三门学科,对年鉴方法表现出的兴趣特别大。这三门学科是地理学、社会学与人类学。在每一门学科中均可注意到,至少就英语世界而言,这一兴趣较晚才出现。

曾有那么一个时期,即便是在法国,地理学家都比大多数史学家更认真地对待年鉴运动。青年杜比发现这个运动,就是拜一位地理学家所赐。②上文已讨论了维达尔·德·拉布拉什及其追随者的历史地理学与布罗代尔的地理史之间的密切关系,这是显而易见的。年鉴学人受益于地理学家提供的典范,特别是撰写区域研究的理念。而某些地理学家也表达了对年鉴群体——特别是布罗代尔——著作的赞赏,并提出批评。③但是,布罗代尔帝国兴起的一个结果是,历史地理学作为一个学科在史学家的竞争之下萎缩了。④类似的观点也许同样适用于法国的历史社会学与历史人类学。

---

① Foucault,第 32 页。Chartier, *Cultural History*,第 57 页。
② Duby in Nora, *Egohistoires*,第 133 页。
③ Lacoste, "Braudel géographe"; Péguy, "Univers géographique".
④ Baker, "Reflections",第 2 页。

在其他国家,情况要复杂得多。尽管费弗尔的《历史的地理学导引》出版后不久就被译为英文,但由于支配英语世界的仍旧是传统风格的地理学,这个学科并未给来自法国的方法留下多少空间。这一共识直到最近才土崩瓦解,取而代之的是多元主义,或是说马克思主义地理学、计量地理学、现象学地理学和文化地理学的支持者与包括布罗代尔在内的其他方法的支持者之间的相互争论。1977 年至 1988 年,三卷本的布罗代尔风格的太平洋史问世,作者是世界主义者奥斯卡·斯贝特。① 地理系仍有布罗代尔的仰慕者。最近发表的一篇文章提醒读者说,"被遗忘的"布罗代尔意识到"历史和地理范畴的建构性"。②

在社会学方面,涂尔干对早期年鉴的启发,在法国至少从一开始就确保其受到热烈的接纳。在杂志创办之初,两位顶尖的法国社会学家莫里斯·哈布瓦赫与乔治·弗里德曼一度与杂志建立了正式关系(弗里德曼为杂志撰稿讨论管理和学徒制)。而第三位社会学家乔治·古维奇与布罗代尔在 20 世纪 50 年代曾有过不乏争辩却又堪称愉快的合作。古维奇应邀撰写了一篇文章,讨论史学与社会学的关系,尽管布罗代尔在文章的引言中表达了个人的不同意见。而古维奇也邀请布罗代尔为他主持的一本社会学集体论集撰稿。两人对时间问

---

① Spate, *Pacific since Magellan*.
② Mayhew, "Historical Geography".

题的看法相左:古维奇提出"社会时间"的多元性,而布罗代尔提出三种历史时间观。①最近,史学家显然受惠于皮埃尔·布尔迪厄,而要讨论布尔迪厄在多大程度上受惠于他们就很难说了。然而,尽管他也许对年鉴群体的著作持批评意见,但他晚年讨论福楼拜、爱杜尔·莫奈等19世纪法国作家和艺术家的著作,很可能多少受惠于他与夏蒂埃等史学家的接触。②

另一方面,在英语世界,只是到20世纪70年代,在一个"社会学危机"感到处蔓延的时代,这一学科的许多从业人员才重新发现了历史,并在此过程中发现了年鉴,尤其是布罗代尔。对研究社会变迁的理论家而言,布罗代尔关于时间的观点显然是重要的。跟英国史学家一样,诺曼·伯鲍姆与伊曼纽尔·沃勒斯坦(宾翰顿费尔南·布罗代尔中心主任)等马克思主义社会学家是最早一批注意年鉴派的社会学家。在英国,菲力普·亚伯拉斯称,布罗代尔的《地中海》为"一个富有成效的分析性历史社会学"指明了方向。③

20世纪70年代以来,社会学家对年鉴方法的兴趣越来越普遍。比如,在一项对非洲的著名研究"胃的政治"中,让-弗朗索瓦·巴亚尔在讨论资本主义和长时段时都引述了布罗

---

① Braudel, "Georges Gurvitch"; Harris, "Braudel"; Maillard, "Le temps de l'historien". 比较 Lefort, "Histoire et sociologie"。

② Bourdieu, "La sociologie et l'histoire"; ibid., *The Rules of Art*.

③ Birnbaum, "*Annales* School"; Wallerstein, *Modern World System*; Abrams, *Historical Sociology*, 第333页以下。

代尔的看法。①一部 2003 年出版的历史社会学手册的主编,安排撰写了一篇讨论布罗代尔和年鉴的文章。②然而,真正成果丰硕的交锋还需待以时日。作为布罗代尔的同龄人,诺贝特·埃利亚斯是个对长时段趋势颇有兴趣的社会历史学家,但他似乎既没听过布罗代尔本人的书,也不知晓年鉴群体其他成员的著作。

至于人类学,列维-斯特劳斯与伊文斯-普里查德分别在法国和英国很早就对年鉴表示兴趣。布罗代尔与列维-斯特劳斯是圣保罗大学的同事,他们之间的对话一直持续到后来。像古维奇一样,列维-斯特劳斯对历史的兴趣,比有些论者认为的多,他曾在《年鉴》发表文章。③伊文斯-普里查德在成为人类学家之前,受的是史学家的训练,他对吕西安·费弗尔与马克·布洛赫的研究了如指掌。我怀疑他的名著《巫技、占卜与巫术》(1937)至少在某种程度上得益于布洛赫《国王的触摸》的启发,而他对苏丹努尔人中间以任务为导向的时间感的研究,其结论类似于费弗尔(差不多在同一时期出版的)从研究拉伯雷时代的计时法中得出的结论。④同样,20 世纪 60 年代开始地中海人类学的兴起,在一定程度上受惠于布罗

---

① Bayart, *Politique du Ventre*, 第 54、58 页。
② Burke, "The Annales, Braudel and Historical Sociology".
③ Delille, "Lévi-Strauss"; Burke, "Gli usi di Lévi-Strauss".
④ Evans-Pritchard, "Anthropology and History"提到布洛赫和费弗尔。

代尔的典范,即便它的发展走向截然不同。①类似结论同样适用于地中海研究的总体状况。②

在大多数同事追随非历史的功能主义之时,伊文斯-普里查德倡导人类学与史学之间应建立密切联系。20世纪60年代晚期,在一些年鉴史学家发现象征人类学的同时,若干年轻人类学家也转向史学。两门学科似乎汇合了。但是,人类学转向史学是与转向叙事和事件相关的,而这恰恰属于年鉴群体嗤之以鼻的史学传统。这两门学科仍存在无法相会的危险,就好比两辆相对而行的列车在急速行驶中擦肩而过。

与一系列的名字相比,一个例证将更清楚地显示:历史学与人类学的相遇是在何种条件下发生的,人类学家想从史学特别是年鉴索取的是什么,最后,一个模型在运用过程中是如何被改变的。布罗代尔的著作,尤其是讨论长时段的论文,是马歇尔·萨林斯对夏威夷进行历史人类学研究的灵感来源之一。对于萨林斯对"长时段结构"的讨论,布罗代尔无疑会赞赏有加。当1779年库克船长访问夏威夷时,夏威夷人将他视为他们的神明罗诺的化身,根据萨林斯的解释,这证明了"事件的秩序是由文化赋予的"。但萨林斯并未就此打住。他接着讨论了"在此过程中,文化是如何被重新赋予秩序的"。在

---

① 如 Peristiany, *Honour and Shame*。比较 Alberra, Blok and Bromberger, *Anthropologie de la Méditerranée*, 第17页。

② Horden and Purcell, *Corrupting Sea*; Fusaro, "After Braudel"; Abulafia, *The Great Sea*.

挪用布罗代尔的观点后,他将之颠覆或至少是改头换面。他认为,一个事件——库克的造访,或更笼统地说,夏威夷人与欧洲人的相遇,导致包括禁忌体系的危机在内的夏威夷文化的结构转型,即便"结构在价值颠倒中被保存下来"。① 就对比如法国大革命的社会文化后果的讨论而言,这一改良模式的潜在重要性是难以否认的。现在球已回到史学家的场地。②

更一般性地说,至少就英语学术世界而言,自 2000 年以来,出现了对布罗代尔长时段的兴趣与日俱增的迹象。这个词常常不译为英文,不管其意图是为了表达对年鉴的敬意,还是因为作者有意借此与这个概念拉开一段距离(这种情况肯定也发生在心态[*mentalités*]一语上)。在标题中出现这个词语的文章,所涉主题包括性、精神性、冷战、移民、帝国、北海乃至阿拉伯之春。③

二 结清账目

该是总结并尝试评价年鉴四代史学家成就的时候了。在此将特别讨论三个问题:他们的新史学有多新?它还有多少价值可言?时至今日,这个运动是否还很重要?奇怪的是,自

---

① Sahlins, *Metaphors*, 第 8 页;ibid., *Islands of History*.
② Sewell, *Logics of History*, 第 197—270 页。
③ Armitage and Guldi, "Le retour de la longue durée", 注 69、70。比较 Wallerstein, *Modern World System* 和 Aymard, "Longue durée"。

20世纪70年代以来,这个群体本身似乎并未从这个角度观察自身的工作。①

正如我们看到的,对年鉴运动的反应,包括了从热心支持到拒之门外之间的种种表现。一方面,我们发现新史学对象和方法受到追捧。另一方面,年鉴贬低事件的做法、经济社会决定论和第二代对数字的信仰(常被局外人视为代表了整个运动的看法)备受诟病。②

如果要从长时段的视野同时考虑追捧和批评,我们必须提醒自己,费弗尔与布洛赫向政治事件史的支配地位发动的暴动,不过是一连串暴动中的一个。他们的主要宗旨——构建新式史学——长期以来也是许多学者的抱负。从米什莱到福斯特尔·德·古朗热再到《社会学年鉴》、维达尔·德·拉布拉什与亨利·贝尔的法国传统是大家耳熟能详的了。另一方面,其他传统的重要性被普遍低估了。假如算卦人在20世纪20年代预测新史学不久将在欧洲哪一个地区出现,显而易见的地点是德国而不是法国:弗里德里克·拉采尔、卡尔·兰普里希特与马克斯·韦伯的德国。

实际上,与费弗尔、布洛赫、布罗代尔和拉布鲁斯相关的所有创新,从回溯法与比较方法到对跨学科合作、计量方法及长时段变迁的关注,都有先例或同时代的例子。比方说,在

---

① Le Goff, *Nouvelle histoire*; Le Goff and Nora, *Faire de l'histoire*.
② Tendler, *Opponents*. 一个马克思主义者的批评,参阅 Fontana, "Ascenso y decadencia"。

20世纪30年代,恩斯特·拉布鲁斯与德国史学家瓦尔特·阿贝尔各自分头进行了农业周期、趋势与危机的计量史分析。①在20世纪50年代,在法国区域史复兴出现的同时,地方史也在英国复兴。主导这一复兴的是汤尼的门生W. G. 哈斯金斯建立的学派,哈斯金斯的论著包括对英国景观形成史的研究与对莱斯特郡威格斯顿·马格纳村庄长达近九百年经济社会史的研究。②法国史学家对计量方法的浓厚兴趣,及他们从这些方法转向微观史学与人类学的过程,与美国、意大利及其他地区的运动也是同步进行的。

要是说跟年鉴相关的单个创新都有先例或同时代的例子,那么,年鉴学人融汇这些创新的做法则是前无古人。同样正确的是,从德国的卡尔·兰普里希特到美国J. H. 鲁宾逊的"新史学",同时代改革与复兴史学的运动大体说来并不成功。在达成其共同目标上说,费弗尔、布洛赫、布罗代尔及其追随者的成就,远远超过其他任何学者或学术群体,他们领导的运动比对手传播速度更快,持续时间更久。未来的史学家也许会从结构与局势的角度,对这一成功作出解释。他们找出的例证可能包括:历届法国政府乐于资助史学研究,而二次世界大战中德国这一学术对手被连根拔起。③即便如此,费弗尔、布洛赫与布罗代尔个人的贡献还是难以被撇到一边。

---

① Abel, *Agrarkrisen*, 这是一部法国史学家在战后才发现的研著。
② Hoskins, *The Making of the English Landscape*; ibid., *The Midland Peasant*.
③ Couteau-Bégarie, *Le phénomène*; Wallerstein, "L'homme de la conjoncture".

必须补充的是，年鉴史学是时代的产儿，或更准确地说，是20世纪20年代以来法国和世界经历的一连串时代的产儿。随着当下的变迁，史学家的兴趣也发生转移，他们以新的方式看待过去。20世纪30年代，随着德国恶性通货膨胀的发生，价格史成为学界热点，这一兴趣体现在《年鉴》最早几期。到了20世纪五六十年代，在担忧人口爆炸的年代，历史人口学应运而生。

尽管本书讨论的是历史写作的若干新趋势，但要是假定创新就其本身而言必定令人称心如意，那也是不明智的。我十二分同意一个评论者提出的说法，"不一定因为新史学是新的，它便必定是值得仰慕的；不一定因为旧史学是旧的，它便必定是应遭到鄙弃的"。① 在结论部分，该是考察年鉴集体成就的价值、代价与意义的时候了。

要对这个命题进行测试，一种方法是从1930年、1970年和2010年之间，选取四十年为间隔，对《年鉴》和《历史评论》等更传统的其他对手期刊发表的文章进行对比。1930年，在《年鉴》占主导地位的是普通的经济史、特别是价格史。到了1970年，占据支配地位的是历史人口学，美国的"新经济史"也被论及。2010年，重要的论题包括：工作史，人类学与史学的关系，及中世纪知识或诸种知识(savoirs)的历史。

这一运动未必跟耶稣会士那样"言人人殊"，但对它的诠

---

① Himmelfarb, *The New History*.

释确实是五花八门。传统史学家倾向于将其宗旨诠释为：以一种史学完全取代另一种史学，将政治史尤其是政治事件史贬得一文不值。我完全不敢肯定，这就是费弗尔或布洛赫的本意。创新者的信念是，未曾尝试的事是值得去做的，他们通常并不想将一己之见强加于其他任何人。不管如何，在他们那一代，政治史还是有效捍卫了自身的重要性。此后，局势开始逆转。布罗代尔自称是个多元主义者，总爱说史学有"一百张面孔"，但正是在其当政期间，研究经费流入新史学，其代价是牺牲旧史学。这次轮到政治史学家被边缘化了。

然而，要是我们想从全球视野下考察年鉴，那么，更为恰当的是将之当作历史写作的一个范式（或者也许是一组范式），而不是当作唯一的范式来加以评价。应考察这一范式在史学不同领域的功用与局限，不管界定领域的标准是地理、年代还是专题。年鉴的贡献很可能是深远的，但它也极不平衡。

正如我们看到的，年鉴群体最为关注的是法国。在布罗代尔的影响下，大量研究触及地中海世界，尤其是西班牙与意大利——我们可以想到肖努，想到本纳萨，想起艾马德对西西里的研究，或是热拉尔·蒂利尔对那不勒斯的研究。另一方面，马克·布洛赫对英国史的兴趣，在他的传人当中便没有找到知音。

由于高等研究院对区域研究的挚爱，年鉴方法被运用于中国、东南亚、特别是拉美的历史。但尽管莫里斯·隆巴德进行了相关研究,伊斯兰世界几乎没有吸引多少兴趣——吕塞特·瓦伦西是个卓越的例外。①令人稍感意外的还有,布罗代尔的继承者们在全球史的兴起过程中并未扮演更重要的角色——这同样也有一个例外:塞尔日·格吕津斯基在一系列研究中致力于讨论近代早期的"全球化"(mondialisation)。②

年鉴史学家倾力探讨的只是法国,同样,他们集中关注的只是一个时段,即1500—1800年所谓的"近代早期",尤其是1600年前后至1789年间法国的"旧制度"时期。他们对中世纪研究的贡献也颇为突出。正如我们看到的,若干古代史学家可视为年鉴的同路人——假如不是这个群体本身的一分子的话。

另一方面,年鉴学人极少关注1789年以来的世界。查尔斯·拉莫泽、莫里斯·阿居隆与马克·费罗(加上阿兰·科班,他接近年鉴精神,但并非网络的一分子)致力于填补空白,但裂缝还是不小。这一群体显著的史学方法,尤其是不重视个人与事件,肯定与其研究集中于中世纪与近代早期密切相关。布罗代尔可以随随便便把菲利普二世撂到一边,但是拿破仑、俾斯麦或斯大林给他带来的便不只是挑战了。③

对于这么一个在"总体史"旗号下航行的群体,要考察他

---

① Valensi, *Tunisian Peasants*; ibid., *Ces étrangers familiers*. 比较 Bennassar, B. and L., *Chrétiens d'Allah*; Ferro, *Le choc d'Islam*。

② Gruzinski, *Les quatre parties du monde* 等。但比较 Raphael, "World Historiography"。

③ Wesseling, "Contemporary History"。

们对通常划分为经济、社会、政治与文化之历史的贡献,在某种程度上说是悖论性的。这一群体的一个贡献是颠覆传统范畴,提供新范畴:从20世纪30年代布洛赫的"乡村史"与20世纪60年代布罗代尔的"物质文明",到近年的社会文化史和米夏埃尔·维尔纳开启的"关联史"——布洛赫比较史的延伸。不管如何,拉布鲁斯及其追随者对经济史的重要贡献是无法否认的。同样难以争辩的是,至少在某一时期(20世纪五六十年代),这一群体的某些成员低估了政治的重要性。作为补偿,阿居隆在《村落之中的共和》中为自下而上的政治研究做出了重要贡献,而在对玛丽安的研究中,他为政治文化的研究也做出重要贡献。

最近,在环境史迅速崛起的过程中,尽管勒华拉杜里对气候进行了先驱性研究,但年鉴学人的参与程度低于预期。①同样,尽管夏蒂埃等人做出的贡献,但跟法国文化史兴起相关的不是年鉴,而是另一个不同的网络:由帕斯卡尔·奥里和让-弗朗索瓦·西里内利等史学家构成的网络。最近由克里斯蒂安·雅克布引领的法国知识史的兴起,跟年鉴群体也没有多少牵涉,尽管2010年杂志刊发了五篇相关论文。

另一个评价年鉴派的途径,是检视其主要观点。根据对这一群体的刻板看法,他们关注长时段的结构史,采用计量方法,宣称其科学性,否认人类的自由。即便用来描述的是布罗

---

① Le Roy Ladurie, *Times of Feast*.

代尔与拉布鲁斯的著作,这一观点也是太过简单了。要是用它来总结一个经历不同阶段、包括许多学术强人的运动,更为不足。更有裨益的是,去讨论这个运动内部的学术张力。这些张力很可能是创造性的。不管这个说法正确与否,问题仍有待解决。

自由论与决定论的冲突,或是社会结构与人类能动性的冲突,一直在分裂着年鉴史学家。布洛赫和费弗尔与他们那个时代的马克思主义的主要区别,正在于他们对社会经济史的挚爱,并没有与社会经济因素决定论纠缠在一起。费弗尔是个极端的唯意志论者,而布洛赫要温和一些。

另一方面,第二代出现向决定论的摆动,这包括布罗代尔的地理决定论和拉布鲁斯的经济决定论。有论者认为,两人都将人拒之于历史之外,只关注地理结构或经济趋势。到了第三代,在关注婚姻策略或阅读习惯等如此广泛课题的史学家当中,出现了摆回唯意志论的现象。心态史学家不再(像布罗代尔那样)假定个人是世界观的囚犯,而是关注对社会压力的"抵制"。①

涂尔干主义社会学与维达尔·德·拉布拉什的地理学之间的张力,可以追溯至如此之早,以致可视之为年鉴结构的一个部分。涂尔干主义的传统鼓励进行概括与比较,而维达尔的方法集中关注特定地区的独特之处。创建者试图结合两种

---

① Vovelle, *Ideologies*.

方法,但他们强调的东西并不相同。布洛赫更接近涂尔干,而费弗尔(尽管他关注问题导向的历史)更接近维达尔。在运动的中间阶段,占支配地位的是维达尔,20世纪60年代与70年代出版的区域研究专著证实了这点。布罗代尔并未忽视比较方法或是社会学,但他还是更接近维达尔而不是涂尔干。社会人类学对年鉴派第三代富有号召力的原因,可能就在于这一学科(它同时面向普通与特殊两个方向)有助于史学家找到平衡。

弗朗索瓦·费雷曾告诉他的同胞,法国大革命已经寿终正寝。这句话适用于法国"史学革命"吗?早在1974年,加泰罗尼亚马克思主义者约瑟夫·方塔纳已经谈到《年鉴》的"沉沦"。① 本书书前的年表显示,这个群体的成员在1970年至2000年间撰写的许许多多著作,为驳斥方塔纳的断言提供了强有力的证据。高等研究院仍然存在(暂时撤出拉斯派尔街54号),仍旧拥有一批认同于年鉴传统的富有天赋的史学家。

尽管如此,说这个运动——作为一个与众不同的运动——实际上已宣告终结并不为过。一方面,我们看到年鉴群体的成员重新发现了政治与事件。另一方面,我们看到如此之多的局外人受到了运动的启发——或是说,他们出于自身的理由与年鉴并肩而进,结果"学派"甚至"范式"都失去了

---

① Fontana, "Ascenso y decadencia";比较 Barros, "Nouvelle histoire"。

意义。运动实际上已经解体,其部分原因正出于它的成功本身。正如上一章试图证明的,这个群体的成员已经走向新方向,但与年鉴学人同时甚至更早,其他国家的史学家也已走向这些方向。

　　从20世纪30年代至60年代,巴黎曾是历史写作的创新中心。从那以后,全球不同地区几乎同时发生了创新。比如,上文提到,身体史并非年鉴的专利,而是几乎同时在几个不同国家兴起。要是说法国是这个领域的灵感来源,这个来源并非专业史学家,而是福柯。更普遍地说,今日的创新中心不止一个——或者说,压根就没有中心。法国霸权的衰微,还另有原因。某次布罗代尔说道,跟维托尔德·库拉相比,他的优势是他的想法是通过"法国喇叭"广播的,而库拉是通过波兰喇叭广播的。① 从那时起,随着法语知识的重要性在法语世界以外的地区日益下降,法国喇叭的重要性也逐渐下降。跟法国文化的其他群体一样,年鉴群体面临的挑战是,如何与英语口语世界和英语阅读世界进行竞争。

　　就年鉴第一代而言,值得记起布罗代尔的评价。"作为个人,不管布洛赫还是费弗尔,都算不上那个时代最伟大的法国史学家,但是加在一起,他们两人都是。"② 至于第二代,20世纪中叶找不出第二个布罗代尔。

---

① Braudel, "Conclusion".
② Braudel, "Marc Bloch", 第93页。

假使在长达一个世纪的时间里(请记住1929年前费弗尔和布洛赫的著作),将运动当作一个整体来看待,人们看到一整个书架的出色著作,它们的名著地位是难以否认的:《国王的触摸》《封建社会》《不信教问题》《地中海》《朗格多克的农民》《三个等级》《文明与资本主义》等。它们是伟大的个人成就,从它们彼此联系并脱胎于群体内部切磋的意义上说,它们也是集体的成就。

还值得记起的是那些研究团队——尤其是在第二代,它们开展的事业需要投入如此之多的时间,以致对于任何个人而言,要成功地完成其中任何一项研究都是匪夷所思的。这一运动漫长的一生,让史学家相互依赖彼此的研究(及反对其中某些研究)。只需列举年鉴史上最为重要的学术进展,就足以拿出一份令人印象深刻的清单:问题导向的历史、比较史、历史心理学、地理史、长时段史、系列史和历史人类学。

从我个人的观点看,年鉴群体全部四代学人最突出的成就,在于开拓了广袤的史学领域。这一群体已将史学家的领域,拓展至出人意表的人类活动领域及传统史学家忽视的社会群体。与这一史学领域拓展密切联系的,是对新史料的挖掘及开发新方法以求运用这些史料。与之密切相关的还有与研究人类的其他学科——从地理学到语言学,从经济学到心理学——的合作。在高等研究院的支持下,这一跨学科合作持续了八十多年,这一现象在社会科学史上是绝无仅有的。

正是基于这一理由,本书使用了"法国史学革命"这一书名,而导论是以这句话开始的:"20世纪最富创见、最难以忘怀、最有意义的历史论著中,有相当数量是在法国完成的。"归功于这个群体、家庭或网络的工作,历史学这门学科从此脱胎换骨。

术语表：年鉴派的语言

这份简短的术语表的基本目的,是给不熟悉年鉴史学家语言的读者提供一个指南。①

文明(civilization):年鉴三位一体的"经济—社会—文明"中最难界定的一个术语。在1946年出现于杂志标题之前,布洛赫在《法国农村史》中已使用了这个术语。它也是人类学家马塞尔·莫斯及其追随者布罗代尔钟爱的术语。在所有这些场合,它的最佳译法是人类学广义的"文化"(culture)一词。因此,布罗代尔的 *civilisation matérielle* 可译为"物质文化"。

局势(conjoncture):在法国经济学家的语言中,这是表达"趋势"的标准术语。此前德国学者已使用了这个术语,如经济学家恩斯特·瓦格曼1928年出版的《市场经济论》和史学家威勒姆·阿贝尔1935年出版的对农业市场的研究。布罗代尔在1950年讨论16世纪总体局势的就职演讲中,将这个

---

① 对概念翻译问题的讨论,参见 Wallerstein, "Longue duée"。

术语引入史学界。此时这个词的涵义（正如人们根据其词源 coniungere——使结合——推想到的）是同时发生的多种现象之间的关系。

不过，这个术语被年鉴史学家普遍接受后，它常常作为与结构相辅相成的对立面来使用，亦即被用以指涉短、中时段而不是长时段，因而不再包含横向联系的内涵。

经济世界（Économie monde）：这也是布罗代尔从魏格曼那里借用的一个词，魏格曼用过世界经济（Weltwirtschaft）一词。它在《地中海》出现，但在《文明与资本主义》中扮演了更重要的角色。该词的通常译法是"世界经济"，但这一译法给人误导性的印象，以为它涉及全球的经济。这个经常以复数形式出现的术语，可译为"经济世界"。

历史人类学（ethnohistoire）：令人误解的搭配。英语世界所称的"人类学"在法语中常被称为 ethnologie（民族学）。因此，ethnohistoire 的意思是"历史人类学"（更为准确的称呼应该是"人类学化的历史学"），而不是美国意义上的"民族史"（ethno-history）——这是对无文字民族的历史研究。

事件史（histoire événementielle）：对事件史的鄙视性称呼，由布罗代尔在其《地中海》中正式启用，但 1915 年已由保罗·拉孔布使用（而这一观念还可远溯至西米昂、涂尔干乃至 18 世纪）。

整体史（histoire globale）：另一个引发误解的搭配，不应译为"全球史"。布罗代尔指出："整体性并不是要写出完整的世界史［*histoire totale du monde*］……而只是当人们面对一个问题时，一种有系统地超越局限的愿望。"因此，布罗代尔本身是在"大地中海"——从撒哈拉到大西洋——的脉络中进行地中海研究的。"整体的"一词似乎是从社会学家乔治·古维奇那里借用来的。比较总体史（*histoire totale*）。

静止不动的历史（histoire immobile）：有时翻译为"不动的历史"（motionless history）或是"静止的历史"（history that stands still），勒华拉杜里在1973年一个有关法国近代早期生态系统的演讲中曾使用这个词，这个说法受到了攻击，论者指责作者似乎在历史中否认了变迁的存在。布罗代尔在《地中海》序言中已提到几乎静止不动的历史。

问题史（histoire-problème）："问题导向的历史"，吕西安·费弗尔的一个口号，他认为所有历史都应采用这一形式。

计量史（histoire quantitative）：又一个引发误解的搭配，因为这个词在法国常常指的并不是一般的计量史，而是宏观经济史，过去的国民生产总值的历史。在法国，系列史是计量史的一种类型。

系列史(histoire sérielle):肖努在 1960 年使用的一个词,很快被布罗代尔等人采纳,指的是通过研究一系列相对同质的资料(小麦价格、酒类收成的日期、年均出生率、复活节领受圣餐的人数等)中的连续性与非连续性,分析长时段的趋势。

总体史(histoire totale):费弗尔喜欢说 histoire tout court,将之与经济史、社会史或是政治史对举。1932 年,R. H. 汤尼可能在法国模型的影响下使用了 histoire intégrale 一词。但人类学家马塞尔·莫斯却喜欢用 totale 这个形容词来概括他的学科方法,而布洛赫在赞扬皮朗 1932 年出版的著作时使用了 histoire totale 一词,因为它揭示了不同活动领域之间的关联。布罗代尔在《地中海》第二版结论与其他地方使用了这个词,这个词从此出了名。请参阅整体史(histoire global)。

社会想象(imaginaire social):杜比、勒高夫和科班等人在 20 世纪 70 年代使用了这个词,其用意大体是要取代心态(mentalités)和集体表像(représentations collectives)。后一词与涂尔干有关,而"想象"跟新马克思主义有关。它似乎来自 C. 卡斯托里亚蒂斯的《社会想象制度》(L'institution imaginaire de la société, 1975),而这一研著又得益于阿尔杜塞对意识形态的出色界定,即意识形态乃是"对真实存在状态的想象性关系"。

长时段(longue durée):布罗代尔在 1958 年发表的一篇著名的文章中使用之后,这个词变成一个术语。类似的概念为《地中海》提供了基础,但在该书中他使用的是 *une histoire quasi immobile*(非常长的时期)与 *une histoire lentement rythmée*(长达一两个世纪的变迁)。

心态(mentalité):尽管涂尔干与莫斯偶尔使用了这个词,但在法国正式启用这个词的是列维-布留尔的《原始思维》(1922)。不管如何,尽管马克·布洛赫对列维-布留尔的著作颇感兴趣,但他更愿意将今天被视为心态史先驱之作的《国王的触摸》,当作是一种集体表象(涂尔干钟爱的词语)史、心态表象(*représentations mentales*)史甚或是集体幻觉(*illusions collectives*)史。在 20 世纪 30 年代,费弗尔引入"心态装备"一词,但并不成功。实际上是乔治·勒费弗尔——一个在年鉴群体处于边缘位置的史学家——正式启用了集体心态史一词。

新史学(nouvelle histoire):雅克·勒高夫等人主编的《新史学》(*La nouvelle histoire*)一书推广的一个词,但之前已使用这个词称呼年鉴。的确,亨利·贝尔早在 1919 年,亦即杂志创办十年之前,就已使用了新史学一词。布罗代尔在法兰西学院就职演讲(1950)中提到新式史学(une histoire nouvelle)。费弗尔在描述年鉴群体的工作时,使用了"另一种类型的历史学"(une autre histoire)之类的说法。

心态装备(outillage mental):参见心态(mentalité)。

历史心理学(psychologie historique):亨利·贝尔在1900年阐明他新近创办的《历史综合评论》的宗旨时使用了这个术语。布洛赫将他的《国王的触摸》视为对宗教心理学的一种贡献,而后来若干讨论对技术变迁的反应的论文,被他视为对集体心理学的一种贡献。费弗尔在1938年发表于《法兰西百科全书》中的一篇文章中呼吁历史心理学,他用同一个词描述他对拉伯雷的研究。罗伯特·芒德鲁以费弗尔留下的笔记为基础写成、在贝尔创立的一个丛书中出版的《法国近代史导论》,其副标题是"一篇心理史论文"。在先后与"心态"和"社会想象"的竞争过程中,这个词都成为输家。

网络(réseau):网络。莫里斯和德尼·隆巴德父子在经济脉络中使用了这个术语,而贝尔纳·勒帕蒂在城市史研究中使用了这个术语。

结构(structure):费弗尔偶尔使用过这个术语,但他对之有点怀疑。布罗代尔在《地中海》中几乎没有使用过这个词,在我们称之为结构的部分,他称之为"环境的部分"或是"集体的命运"。似乎正式启用这个词的是肖努,他将之定义为"某一社会或经济中持续了足够长的时间,以致其运动不为普通观察者所察觉的每一种现象"。

译名对照表

Abel, Walter 瓦尔特·阿贝尔
Abrams, Philip 菲力普·亚伯拉斯
Abulafia, David 大卫·阿布拉菲亚
Aftalion, Albert 阿尔伯特·阿夫塔连
Agulhon, Maurice 莫里斯·阿居隆
Aix 艾克斯
Alberti, Leon Battista 里昂纳·巴蒂斯塔·阿尔贝蒂
Alcazarkebir 阿尔卡扎克比尔
Alencastro, Luiz Felipe de 路易斯·菲利普·德·阿伦卡斯特罗
Althusser, Louis 路易斯·阿尔杜塞
Amiens 亚眠
Anjou 昂儒
Ariège 阿列日
Ariès, Philippe 菲利普·阿里埃斯
Auneuil 奥纽尔
Aurell, Jaume 若姆·奥雷尔
Ave Maria 玛丽亚大道
Avignon 阿维尼翁

Aymard, André 安德烈·艾马德
Aymard, Maurice 莫里斯·艾马德
Azande 阿赞德人

Baehrel, René 勒内·巴勒尔
Bailyn, Bernard 伯纳德·贝林
Baker, Alan 亚伦·贝克
Balliol 巴里欧
Barber, Bernard 伯纳德·巴柏尔
Barcelonette 巴塞罗纳特
Barnes, Harry Elmer 哈里·埃尔玛·巴恩斯
Bartlett, Frederick Charles 弗里德里克·查尔斯·巴特列特
Bataillon, Marcel 马塞尔·巴塔永
Baulig, Henri 亨利·博利格
Bayart, Jean-François 让-弗朗索瓦·巴亚尔
Beard, Charles 查尔斯·比尔德
Béatrice des Planissoles 普兰尼索尔的比特莉丝
Bell, Rudolf 鲁道夫·贝尔
Benda, Julien 朱连·本达
Bennassar, Bartolomé 巴尔托洛美·本纳萨
Benthencourt, Francisco 弗朗西斯科·本辛卡特
Bergier, Jean-François 让-弗朗索瓦·贝尔吉耶
Bergson, Henri 亨利·伯格森

Berr, Henri 亨利·贝尔

Besançon, Alain 阿兰·贝桑松

Binghamton 宾翰顿

Birnbaum, Norman 诺曼·伯鲍姆

Balazs, Étienne 白乐日

Blainey, Geoffrey 杰弗里·布莱内

Bloch, Gustave 古斯塔夫·布洛赫

Bloch, Howard 霍华德·布洛赫

Bloch, Marc 马克·布洛赫

Blondel, Charles 夏尔·布隆代尔

Bois, Guy 居伊·布瓦

Bordeaux 波尔多

Bossy, John 约翰·波西

Bourdieu, Pierre 皮埃尔·布尔迪厄

Boureau, Alain 阿兰·布罗

Bouvines 布汶

Braudel, Fernand 费尔南·布罗代尔

Bremond, Henri 亨利·布列蒙

Breteuil 布勒图尔

Brittany 布里坦尼

Brunschwig, Henri 亨利·布朗希维格

Burckhardt, Jacob 雅各布·布克哈特

Burguière, André 安德烈·比埃尔吉尔

Burgundy 勃艮第

Caen 卡昂
Camisard 卡米萨德人
Campo, Medina del 麦地那·德尔·康波
Canguilhem, Georges 乔治·康规勒姆
Cantimori, Delio 德里奥·康提莫里
Cardinal Richelieu 黎塞留
Castille 卡斯蒂利亚
Castoriadis, C. C. 卡斯托里亚蒂斯
Castro, Américo 阿美里科·卡斯特罗
Catalonia 加泰罗尼亚
Cavalier 卡瓦里埃
Caxton 卡克斯顿
Chartier, Roger 罗杰·夏蒂埃
Chateaubriand 夏多布里昂
Chaunu, Pierre 皮埃尔·肖努
Chauser 乔叟
Chesneaux, Jean 让·谢诺
Christaller, Walter 瓦尔特·克里斯塔勒
Clarence-Smith, William 威廉·克拉伦斯-斯密斯
Clark, Stuart 斯图亚特·克拉克
Clergue, Pierre 皮埃尔·克拉格

Colin, Armand 阿曼德·柯林

Comte, Auguste 奥古斯特·孔德

Copts 科普特人

Coquéry-Vidrovitch, Cathérine 卡特琳·科克里-维德洛维奇

Corbin, Alain 阿兰·科班

Cornford, Francis M. 弗朗西斯·M·康福德

Coulanges, Fustel de 福斯特尔·德·古朗热

Courajod, Louis 路易斯·库拉约德

Courtine, Jean-Jacques 让-雅克·库尔第纳

Cressy 克雷西

Croix 克鲁瓦

Cunningham, William 威廉·卡宁翰

Curtius, Ernst Robert 恩斯特·罗伯特·库尔提乌斯

Darnton, Robert 罗伯特·丹顿

Daumard, Adeline 阿德林·道马德

Davies, Clifford 克利福德·戴维斯

Davis, Natalie 娜塔莉·戴维斯

De Certeau, Michel 米歇尔·德塞都

Delille, Gérard 热拉尔·德利尔

Delumeau, Jean 让·德吕莫

Demangeon, Albert 阿尔伯特·德芒戎

Demiéville, H. 戴密微

Détienne, Marcel 马塞尔·德蒂安
de Toledo, Don García 唐·加西亚·德托勒多
Deyon, Pierre 皮埃尔·德戎
Don John of Austria 奥地利的唐·约翰
Dreyfus 德雷福斯
Dubrovnik 杜布罗夫尼克
Duby, Georges 乔治·杜比
Duden, Barbara 芭芭拉·杜登
Duke of Alba 阿尔巴公爵
Dumézel, Georges 乔治·杜梅泽尔
Dupâquiet, Jacques 雅克·迪帕基耶
Dupront, Alphonse 阿尔方斯·迪普隆
Durkheim, Émile 埃米尔·涂尔干

Einaudi, Giulio 吉里奥·艾诺第
Elias, Norbert 诺贝特·埃利亚斯
Elliott, John 约翰·艾略特
Elton, Geoffrey 杰弗里·埃尔顿
Emmanuel College 伊曼纽尔学院
Erasmian 伊拉斯莫的
Erikson, Erik Homburger 艾里克·洪堡格·艾里克森
Evans-Pritchard, Edward 爱德华·伊文斯-普里查德

Farge, Arlette 阿勒特·法杰

Father Joseph 约瑟夫教父

Febvre, Lucien 吕西安·费弗尔

Ferro, Marc 马克·费罗

Flandrin, Jean-Louis 让-路易斯·弗兰德林

Flaubert, Gustave 古斯塔夫·福楼拜

Florescano, Enrique 恩里克·弗洛雷斯卡诺

Fontana, Josep 约瑟夫·方塔纳

Forster, Robert 罗伯特·福斯特

Foucault, Michel 米歇尔·福柯

Fournier, Jacques 雅克·富尼埃

Franche-Comté 弗朗什-孔泰

Frank, André Gunder 安德烈·冈德尔·弗兰克

Frazer, James 詹姆斯·弗雷泽

Freud, Sigmund 西格蒙特·弗洛伊德

Friedman, Georges 乔治·弗里德曼

Freyre, Gilberto 吉尔贝托·弗雷尔

Friedmann, Georges 乔治·弗里德曼

Fromm, Erik 艾里克·弗罗姆

Furet, François 弗朗索瓦·费雷

Fustel de Coulanges, Denis Numa 丹尼斯·努玛·福斯特尔·德·古朗热

Gallimard 伽里玛

Gascon, Richard 里夏尔·加斯孔

Gautier, Émile-Félix 埃米尔-费利克斯·戈蒂埃

Gentil da Silva, José 若泽·让蒂·达·席尔瓦

Georgelin 若热兰

Geremek, Bronislaw 布朗尼斯洛·杰里梅克

Gernet, Jacques 雅克·热耐特(谢和耐)

Gernet, Louis 路易斯·热耐特

Gibbon, Edward 爱德华·吉本

Ginzburg, Carlo 卡罗·金兹堡

Goffman, Erving 欧文·戈夫曼

Goitein, Shelomo 舍罗莫·戈伊坦

Goubert, Jean-Pierre 让-皮埃尔·古贝尔

Goubert, Pierre 皮埃尔·古贝尔

Granada 格拉纳达

Granet, Marcel 马塞尔·格兰奈特(葛兰言)

Green, John Richard 约翰·理查德·格林

Gruzinski, Serge 塞尔日·格吕津斯基

Guha, Ranajit 拉纳吉特·古哈

Gurevich, Aron 亚伦·古列维奇

Gurvitch, Georges 乔治·古维奇

Hachette 哈齐特

Halbwachs, Maurice 莫里斯·哈布瓦赫

Halperín Donghi, Tulio 图略·阿尔佩林·唐伊

Hamilton, Earl J. 伊尔·J. 哈密尔顿

Harrison, Jane 简·哈里森

Hartog, François 弗朗索瓦·阿尔托

Hauser, Henri 亨利·豪塞

Hayek, Fredrich 弗里德里克·哈耶克

Heckscher, Eli 艾里·黑克舍

Heller, Clemens 克莱门斯·赫勒

Henry, Louis 路易斯·亨利

Herlihy 埃里伊

Hexter, Jack 杰克·赫克斯特

Hilton, Rodney 罗德尼·希尔顿

Hitchin 西钦

Hobsbawm, Eric 埃里克·霍布斯鲍姆

Hoskins, W. G. W. G. 哈斯金斯

Hotel Bellevue 景观大饭店

Howell, Philip 菲利普·豪厄尔

Huguette 胡格特

Hunt, Lynn 琳恩·亨特

Ile-de-France 法兰西岛

Ithaca 伊萨卡

Ivan the Terrible 恐怖伊凡

Jacob, Christian 克里斯蒂安·雅克布
Jacob, Ernest 恩斯特·雅克布
Jaurès, Jean 让·饶勒斯
Jouhaud, Christian 克里斯蒂安·茹奥
Joutard, Philippe 菲利普·茹塔尔
Jowett, Benjamin 本雅明·乔威特
Juan, Don 唐·璜
Juglar, Clément 克里蒙特·加格拉
Julia, Dominique 多米尼克·朱利亚

Kaniczay, Gábor 嘉伯·卡尼扎伊
Kantorowicz, Ernst 恩斯特·坎托洛维茨
Kern, Fritz 弗里茨·科恩
Keynes, John Maynard 约翰·梅纳德·凯恩斯
Ki-Zerbo, Joseph 约瑟夫·奇-塞尔伯
Klaniczay, Gábor 加伯·克拉尼扎伊
Klapisch, Christiane 克里斯蒂安·卡拉皮斯
Kondratieff, Nikolai 尼古莱·康德拉季耶夫
Koselleck, Reinhard 莱因哈德·科塞勒克
Kuba 库巴
Kula, Witold 维托尔德·库拉

Kuznets, Simon 西蒙·库茨涅

Labrousse, Ernst 恩斯特·拉布鲁斯
Lacan, Jacques 雅克·拉康
Lacombe, Paul 保罗·拉孔布
Lamprecht, Karl 卡尔·兰普里希特
Lancastrian 红蔷薇党人
Languedoc 朗格多克
Langlois, Charles-Victor 查尔斯-维克多·朗格诺瓦
Lapeyre 拉皮尔
La Rochelle 拉罗切尔
Laterza 拉特扎
Lavisse, Ernest 恩斯特·拉维斯
Lebon, Gustave 古斯塔夫·拉朋
Le Bras, Gabriel 加伯里尔·拉·布拉斯
Le Bras, Hervé 埃尔韦·拉·布拉斯
Lefebvre, Georges 乔治·勒费弗尔
Lefranc, Abel 阿贝尔·勒弗兰克
Leghorn 勒格霍恩
Le Goff, Jacques 雅克·勒高夫
Leicestershire 莱斯特郡
Lemonnier, Henri 亨利·拉蒙涅
Lepanto 勒班陀

Lepetit, Bernard 贝尔纳·勒帕蒂

Le Roy Ladurie, Emmanuel 埃马纽埃尔·勒华拉杜里

Leuilliot, Paul 保罗·勒利奥

Lévi-Strauss, Claude 克劳德·列维-斯特劳斯

Lévy-Bruhl, Lucien 吕西安·列维-布留尔

Lilti, Antoine 安托万·利尔蒂

Limoges 利摩日

Limousin 里莫辛

List, Charles 查尔斯·李斯特

Livorno 利佛尔诺

Lombard, Denys 德尼·隆巴德

Lombard, Maurice 莫里斯·隆巴德

Lono 罗诺

Loudun 卢敦

Lourdes 卢尔德

Lournand 卢尔南

Lübeck 吕贝克

Lúcia, Maria 玛丽亚·卢西亚

McLuhan, Marshall 马歇尔·麦克卢汉

MacKenzie, Don 唐·麦肯齐

Macon 马孔

Madison 麦迪逊

Magalhães Godinho, Vitorino 维托里诺·马加良斯·戈迪尼奥
Magna, Wigston 威格斯顿·马格纳
Magyar 马札尔人
Maiguashca, Juan 璜·玛瓜希卡
Maitland, Frederick William 弗里德里克·威廉·梅特兰
Maintz 美因茨
Makkai, Laszlo 拉斯兹罗·马凯
Mâle, Emile 埃米尔·梅尔
Malevich, Kazimir 卡西米尔·马列维奇
Malinowski, Bronislaw 布朗尼斯洛·马凌诺夫斯基
Malthus, Thomas 托马斯·马尔萨斯
Mandrou, Robert 罗伯特·芒德鲁
Mantoux, Paul 保罗·芒图
Marguerite de Navarre 纳瓦的玛格利特
Martin, Henri-Jean 亨利-让·马丁
Mastrogregori, Massimo 马西莫·马斯特罗格里高利
Mauro, Frédéric 弗雷德里克·莫罗
Maury, Pierre 皮埃尔·莫利
Mauss, Marcel 马塞尔·莫斯
Maxwell, David 大卫·马克斯韦尔
Mazarin 马扎林
Mazel 马泽尔
McLuhan, Marshall 马歇尔·麦克卢汉

Meillet, Antoine 安托万·梅列特

Melanchthon, Philipp 菲利普·梅兰奇霍恩

Mélusine 梅露西娜

Ménétra, Jean-Louis 让-路易斯·梅内特拉

Merleau-Ponty 梅洛-庞蒂

Meuvret, Jean 让·莫瑞特

Meyerson 梅耶森

Michelet, Jules 儒勒斯·米什莱

Millar, John 约翰·米勒

Monod, Gabriel 加伯利尔·莫那

Montaigne, Aubier 奥贝尔·蒙田

Montaillou 蒙塔尤

Moore, Will 威尔·摩尔

Morazé, Charles 查尔斯·莫拉泽

Moretti, Franco 弗朗哥·莫雷蒂

Mousnier, Roland 罗兰·莫斯涅

Muchembled, Robert 罗伯特·米舍姆布莱

Nicolas, J. J. 尼古拉斯

Noiriel, Gérard 热拉尔·努瓦里耶

Nora, Pierre 皮埃尔·诺拉

Nuer 努尔人

Orléan, André 安德烈·奥尔良
Ory, Pascal 帕斯卡尔·奥里
Oswald Spengler 奥斯瓦尔德·斯宾格勒
Ozouf, Jacques 雅克·奥祖夫
Ozouf, Mona 莫娜·奥祖夫

Pach, Zsigmond 西格蒙特·帕奇
Pagès, Georges 乔治·帕热斯
Parker, Geoffrey 杰佛里·帕克
Parsons, Talcott 塔尔克特·帕森斯
Perrin, Charles 查尔斯·培林
Perrot, Jean-Claude 让-克劳德·佩洛
Perrot, Michèlle 米歇尔·佩洛
Peter, Jean-Pierre 让-皮埃尔·彼得
Peter the Great 彼得大帝
Petrucci, Armando 阿曼多·佩特鲁奇
Pfister, Christian 克里斯蒂安·普菲斯特
Philippson, Alfred 艾尔弗雷德·菲利普森
Picardy 毕加地
Piganiol, André 安德烈·皮加涅尔
Pinagot, François 弗朗索瓦·皮纳戈
Pirenne, Henri 亨利·皮朗
Plon 普隆

Polanyi, Karl 卡尔·波兰尼
Pomian, Krzysztof 克兹斯托夫·波米安
Pontchartrain 庞恰特雷恩
Popper, Karl 卡尔·波普尔
Porshnev, Boris Fedorovich 波利斯·费多洛维奇·普什涅夫
Postan, Michael 迈克·波斯坦
Poznan 波兹南
Prins, Gwyn 圭因·普林斯
Provence 普罗旺斯
Pujol, Javier Gil 加维尔·吉尔·普约尔

Quilici, Folco 福尔柯·奎里奇

Rabelais, François 弗朗索瓦·拉伯雷
Ranke, Leopold von 利奥波德·凡·兰克
Ranum, Orest 欧雷斯特·拉南
Raspail 拉斯派尔街
Ratzel, Frederich 弗里德里希·拉采尔
Rauff, Ulrich 乌尔里希·劳夫
Reich, Wilhelm 威廉·利希
Rennes 雷恩
Revel, Jacques 雅克·雷维尔
Rheims 兰斯

Richet, Denis 德尼·里歇

Ricoeur, Paul 保罗·利科

Rist, Charles 查尔斯·李斯特

Robinson, James 詹姆斯·鲁宾逊

Rocamadour 洛卡莫多

Roche, Daniel 丹尼尔·罗希

Roeck, Bernd 伯恩德·罗埃克

Rogers, J. E. Thorold J. E. 索拉德·罗杰斯

Romano, Ruggiero 卢杰洛·洛马诺

Romans 罗芒

Rouen 鲁昂

Ruggiu, François-Joseph 弗朗索瓦-约瑟夫·吕朱

Ruiz Martín, Felipe 费利佩·鲁伊斯·马丁

Rutkowski, Jan 加姆·卢特考斯基

Sahlins, Marshall 马歇尔·萨林斯

San Diego 圣地亚哥

Subrahmanyam, Sanjay 桑杰伊·苏布拉马尼亚姆

Sapori, Armando 阿曼多·萨波里

Savoy 萨瓦

Schmitt, Jean-Claude 让-克劳德·施密特

Schmitt, Pauline 波利娜·施密特

Schmoller, Gustav 格斯塔夫·斯莫勒

Schoenbrun, David 大卫·肖恩布伦

Schöffer, Ivo 伊沃·萧佛

Schöttler, Peter 彼得·萧特勒

Sec, Joseph 约瑟夫·塞克

Sée, Henri 亨利·塞伊

Seebohm, Frederick 弗里德里克·西伯恩

Seignobos, Charles 夏尔·瑟诺博司

Seuil 瑟伊

Shaw, Carlos Martínez 卡罗斯·马提涅兹·萧

Siegfried, André 安德烈·西格弗莱德

Simancas 西曼卡斯

Simiand, François 弗朗索瓦·西米昂

Sion, Jules 朱尔·西翁

Sirinelli, Jean-François 让-弗朗索瓦·西里内利

Sissa, Giulia 裘利亚·西萨

Sombart, Werner 维尔纳·桑巴特

Sorre, Maximilien 马克西米连·索尔

Spate, Oskar 奥斯卡尔·斯贝特

Spenser, Herbert 赫伯特·斯宾塞

Spengler, Oswald 奥斯瓦尔德·斯宾格勒

St Louis 圣路易

St Malo 圣马洛

Stendhal 司汤达尔

Stern, Rosa 罗莎·斯特恩

Stone, Lawrence 劳伦斯·斯通

Strasbourg/Strassburg 斯特拉斯堡

Subrahmanyam, Sanjay 桑杰伊·苏布拉马尼亚姆

Sussex 苏塞克斯

Taj Mahal 塔吉·马哈陵

Tawney, Richard Henry 理查德·亨利·汤尼

Tenenti, Alberto 阿尔伯托·特能提

Thompson, Edward 爱德华·汤普森

Thompson, John 约翰·汤普森

Toulon 土伦

Toulouse 图卢兹

Trevor-Ropper, Hugh 休·特雷弗-罗珀

Troels-Lund, Troels Frederik 特洛斯·弗里德里克·特洛斯-伦德

Troyes 特鲁瓦

Tucci, Ugo 尤戈·图奇

Turner, Frederick Jackson 弗里德里克·杰克逊·特纳

Turner, Victor 维克多·特纳

Tuscany 托斯卡纳

Valensi, Lucette 吕塞特·瓦朗西

Valladolid 巴利亚多利德

Vansina, Jan 让·范西纳

Var 瓦尔

Varga, Lucie 露西·瓦尔加

Vázquez de Prada, Valentin 巴伦廷·巴斯克斯·德普拉达

Veblen, Thorstein 索斯泰恩·凡勃伦

Veneto 威尼托

Vernant, Jean-Pierre 让-皮埃尔·维南

Veyne, Paul 保罗·韦纳

Vicens Vives, Jaume 豪梅·比森斯·比维斯

Vidal de la Blache, Paul 保罗·维达尔·德·拉布拉什

Vidal-Naquet, Pierre 皮埃尔·维达尔-纳凯

Vigarello, Georges 乔治·维加埃罗

Viking 维京人

Vilar, Pierre 皮埃尔·维拉

Vidauban 维多班

Vivarais 维瓦拉斯

Voltaire, François Marie Arouet 弗朗索瓦·马里·阿洛特·伏尔泰

Vovelle, Michel 米歇尔·伏维尔

Wachtel, Nathan 内森·瓦奇特尔

Wagemann, Ernst 恩斯特·瓦格曼

Walesa, Lech 列赫·瓦文萨

Wallerstein, Immanuel 伊曼纽尔·沃勒斯坦

Wallon 瓦隆

Warburg, Aby 阿比·瓦堡

Weber, Max 马克斯·韦伯

Werner, Michael 米夏埃尔·维尔纳

William the Marshal 威廉元帅

Wesseling, Henk 亨克·维斯林

Wessex 威塞克斯

Young Pretender 小僭王

Yorkist 白蔷薇党人

Zeller, Gaston 加斯顿·泽勒

参考书目

除非特别注明,出版地为法国巴黎或英国伦敦

Unless otherwise specified, the place of publication of books in French is Paris and of books in English, London.

Abel, W. (1935) *Agrarkrisen und Agrarkonjonktur* (2nd edn, Hamburg and Berlin 1966).

Abrams, P. (1982) *Historical Sociology*, Newton Abbot, England.

Abulafia, D. (2011) *The Great Sea: A Human History of the Mediterranean.*

Aguirre Rojas, C. (1993) *Los Anales y la historiografía latinoameri-cana*, Mexico.

——(2004) *La escuela de los Annales. Ayer, hoy, mañana.*

Agulhon, M. (1968) *Pénitents et francs-maçons de l'ancienne Provence.*

——(1970) La *République au village* (English trans. *The Republic in the Village*, Cambridge 1982).

——(1976) *Le cercle dans la France bourgeoise, 1810-1848.*

——(1979) *Marianne au combat* (English trans. *Marianne into Battle*, Cambridge 1981).

——(1981) 'La "statuomanie" au 19e siècle', rpr. his *Histoire vagabonde*, 1988, vol. 1, 137-185.

——(1987) 'Vu des coulisses', in Nora, 9-59.

——(1989) *Marianne au pouvoir.*

——(2001) *Métamorphoses de Marianne.*

Alberra, D., A. Blok and C. Cromberger (eds. 2001) *L'anthropologie de la Méditerranée*, Aix-en-Provence.

Alencastro, L. E de (2000) *O trato dos viventes: formação do Brasil no Atlântico Sul*, São Paulo.

Allegra, L. and A. Torre (1977) *La nascita della storia sociale in Francia dalla Commune alle Annates*, Turin.

Althusser, L. (1970) 'Idéologic et appareils idéologiques d'état' (English trans. 'Ideology and ideological state apparatuses', in his *Lenin and Philosophy*, 1971).

Anderson, P. (1991) 'Braudel and National Identity', rpr. in his *A Zone of Engagement*, 1992, 251-278.

Andrews, R. M. (1978) 'Implications of Annates for U. S. History', *Review* 1, 165-180.

Ariès, P. (1960) *L'enfance et la vie familiale sous l'ancien régime* (English trans. *Centuries of Childhood*, New York 1965).

Armitage, D., and J. Guldi (forthcoming) 'Le retour de la longue durée: une perspective anglo-saxonne', *AHSS*.

Appadurai, A. (ed., 1986) *The Social Life of Things*, Cambridge.

Ariès, P. (1977) *L'homme devant la mort* (English trans. *The Hour of Our Death*, 1981).

Arriaza, A. (1980) 'Mousnier, Barber and the "Society of Orders"', *P&P* 89, 39-57.

Atsma, H., and A. Burguière (eds. 1990) *Marc Bloch aujourd' hui*.

Aymard, M. (1978) 'The Impact of the Annates School in Mediterranean Countries', *Review* 1, 53-64.

——(1988) 'Une certaine passion de la France', in Aymard, *Lire Braudel*, 58-73.

——(2003) 'In Memoriam: Clemens Heller', *Social Science Information* 42, 284-287.

——(2009) 'La longue durée aujourd'hui. Bilan d'un demi-siècle', in D. Ramada Curto et al. , *From Florence to the Mediterranean*, 2 vols. , Florence, vol. 2, 559-560.

Aymard, M. et al. (eds. 1988) *Lire Braudel*.

Baehrel, R. (1961) *Une croissance, la basse-Provence rurale*.

Bailyn, B. (1951) 'Braudel's Geohistory: A Reconsideration' , *Jowmal of Economic History* 11, 277-282.

Baker, A. R. H. (1984) 'Reflections on the Relations of Historical Geography and the *Annales* School of History' , *Explorations in Historical Geography*, ed. A. R. H. Baker and D. Gregory, Cambridge, 1-27.

Barker, G. W. (1995) *A Mediterranean Valley: Landscape Archaeology and Annales History in the Biferno Valley*, Leicester.

Barros, C. (1991) ' La "nouvelle histoire" y sus críticos' , *Manuscrits* 9, 83-111

Bartlett, F. C. (1932) *Remembering: A Study in Experimental and Social Psychology*, Cambridge.

Baulig, H. (1945) ' Marc Bloch géographe' , *AESC* 8, 5-12.

——(1957-1958) ' Lucien Febvre à Strasbourg' , *Bulletin du Faculté des Lettres Strasbourg* 36, 185-188.

Bayart, J. -F. (1989) *L'état en Afrique: la politique du ventre* (English trans. *The State in Africa: The Politics of the Belly*, Cambridge 2009).

Bennassar, B. (1967) *Valladolid au siecle d'or*. The Hague.

Bennassar, B. and L. Bennassar (1989) *Les chrétiens d'Allah: l'histoire extraordinaire des renégats, XVle et XVIIe siècles*.

Bercé, Y. -M. (1967) ' Les paysans de Languedoc' , *Bibliothèque de l'École de Chartes* 125, 244-250.

——(1974) *Histoire des Croquants*, Geneva (abbreviated English trans. *The History of Peasant Revolts*, Cambridge 1990).

Berr, H. (1900) ' Sur notre programme' , *RSH* 1, 1-8.

Besançon, A. (1967) *Le tsarévitch immolé*.

——(1968) 'Psychoanalysis, Auxiliary Science or Historical Method?' *Journal of Contemporary History* 3, 149-162.

——(1971) *Histoire et expérience du moi*.

——(1994) *L'image interdite* (English trans. *Forbidden Image: An Intellectual History of Iconoclasm*, Chicago 2000).

Biard, A., D. Bourel and E. Brian (eds. 1997) *Henri Berr et la culture du 20e siècle*.

Bintliff, J. (ed., 1991) *The Annales School and Archaeology*, Leicester.

Birnbaum, N. (1978) 'The *Annales* School and Social Theory', *Review* 1, 225-235.

Bisson, T. '*La terre et les hommes*: a programme fulfilled?' *French History* 14 (2000), 322-345.

Blainey, G. (1968) *The Tyranny of Distance: How Distance Shaped Australia's history*, Melbourne.

Bloch, M. (1913) *L'Isle de France* (English trans. *The Isle de France*, 1971).

——(1921) 'Réflections d'un historien sur les fausses nouvelles de la guerre', *RSH* 33, 13-35.

——(1924) *Les rois thaumaturges* (new edn, Paris 1983; English trans. *The Royal Touch*, 1973).

——(1925) 'Mémoire collective', *RSH* 40, 73-83.

——(1928) 'A Contribution towards a Comparative History of European Societies', in Bloch (1967), 44-76.

——(1931) *Les caractères originaux de l'histoire rurale française* (English trans. *French Rural History*, 1966).

——(1939-1940) *La société féodale* (English trans. *Feudal Society*, 1961).

——(1946) *L'étrange défaite* (English trans. *Strange Defeat*, 1949).

——(1948) 'Technical Change as a Problem of Collective Psychology', rpr. in

Bloch (1967), 124-135.

——(1949) *Apologie pour l'histoire* (English trans. *The Historian's Craft*, Manchester 1954).

——(1967) *Land and Work in Medieval Europe.*

Bloch, R. H. (1983) *Etymologies and Genealogies: A Literary Anthropology of the French Middle Ages*, Chicago.

Blok, A. (1981) 'Rams and Billy-Goats: A Key to the Mediterranean Code of Honour', *Man* 16, 427-440.

Boer, P. den (1987) *Geschiedenis als Beroep* (EngHsh trans. *History as a Profession*, Princeton 1998).

Bois, G. (1989) *La mutation de l'an mil* (English trans. *Transformation of the Year One Thousand*, Manchester 1992).

Bois, R (1960) *Pay sans de l'Ouest.*

Bollême, G. (1971) *La Bibliothèque bleue.*

Bollême, G. et al. (1965-1970) *Livre et société dans la France du 18e siècle*, 2 vols., The Hague.

Borghetti, M. N. (2005) *L'oeuvre d'Ernest Labrousse. Genèse d'un modèle d'histoire économique.*

Bourdieu, P. (1972) *Esquisse d'une thorie de la pratique* (English trans. *Outline of a Theory of Practice*, Cambridge 1977).

——(1992) *Les règies de l'art* (English trans. *The Rules of Art*, Cambridge 1996).

——(1995) 'Sur les rapports entre la sociologie et l'histoire', *ARSS* 106-107, 108-122.

——(2001) *Science de la science* (English trans. *Science of Science and Reflexivity*, Cambridge 2004).

Bourdieu, P. and R. Chartier (2010) *Le sociologue et l'historien.*

Bourdieu, P. and J. C. Passeron (1970) *La réproduction sociale* (English trans. Reproduction in Education, Society and Culture, Beverly Hills 1977).

Boureau, A. (1984) *Légende dorée: le système narrative de Jacques de Voragine*.

———(1988) *La papesse Jeanne* (English trans. *The Myth of Pope Joan*, Chicago 2001).

———(1990) *Histoires d'un historien: Kantorowicz* (English trans. *Kantorowicz*, Baltimore 2001).

———(1991) 'Les cérémonies royales françaises entre performance juridique et competence liturgique', *AESC* 46, 1253-1262.

———(1995) *Le droit de cuissage: la fabrication d'un mythe* (English trans. *The Lord's First Night*, Chicago 1998).

Bowman, J. A. (2010) 'Emmanuel Le Roy Ladurie', in Daileader and Whalen, 394-416.

Boyle, L. (1981) 'Montaillou Revisited', in *Pathways to Medieval Peasants*, ed. J. A. Raftis, Toronto, 119-140.

Braudel, F. (1928) 'Les Espagnols et l'Afrique du Nord', rpr. Braudel (1997), 31-90.

———(1943) 'A travers un continent d'histoire: le Brésil et l'oeuvre de Gilberto Freyre', *Mélanges d'histoire sociale* 4, 3-20.

———(1949) *La Méditerranée et le monde méditerranéen à l'époque de Philippe II* (2nd edn, enlarged, 2 vols., 1966; English trans. *The Mediterranean*, 2 vols., 1972-1973).

———(1953) 'Georges Gurvitch et la discontinuité du social', *AESC* 12, 347-361.

———(1958) 'Histoire et sciences sociales: la longue durée', *AESC* 17, 725-753 (English trans. 'History and the Social Sciences', in Braudel, 1980, 25-54).

———(1963) *Le monde actuel, histoire et civilisations* (English trans. *A History* of Civilizations, 1994).

——(1967) *Civilisation matérielle et capitalisme* (2nd edn, revised, *Les structures du quotidien*, 1979; English trans. *The Structures of Everyday Life*, 1981).

——(1968a) 'Marc Bloch', *International Encyclopaedia of the Social Sciences*, New York, vol. 2, 92-95.

——(1968b) 'Lucien Febvre', *International Encyclopaedia of the Social Sciences*, New York, vol. 5, 348-350.

——(1972) 'Personal Testimony', *Journal of Modern History* 44, 448-467.

——(1973) 'Présence de Lucien Febvre', in *Hommage à Lucien Febvre*, 1-16. [no editor for this collective vol.]

——(1977) *Afterthoughts on Material Civilisation*, Baltimore.

'Braudel and the Primary Vision', A Conversation between Fernand Braudel, Peter Burke and Helmut Koenigsberger, broadcast on BBC Radio 3, 13 November 1977.

Braudel, F. (1978) 'En guise de conclusion'. *Review* 1, 243-254.

——(1979a) *Les jeux de l'échange* (English trans. *The Wheels of Commerce*, 1982).

——(1979b) *Le temps du monde* (English trans. *The Perspective of the World*, 1983).

——(1980) *On History*, Chicago.

——(1981) 'The Rejection of the Reformation in France', in *History and Imagination*, ed. H. Lloyd-Jones, 72-80.

——(1986) *L'identité de la France*, 3 vols. (English trans. *The Identity of France*, 1 vols., 1988-1990).

——(1989) *Le modèle italien* (English trans. *Out of Italy*, Paris 1991).

——(1996) *Autour de la Méditerranée*.

——(1997) *Les ambitions de l'histoire*.

Braudel, P. (1992) 'Origines intellectuelles de Fernand Braudel', *AESC* 47, 237-244.

——(2001) 'La génèse de la *Méditerranée* de Fernand Braudel', in Péter Sahlin-Tóth (ed.) *Recontres intellectuelles franco-hongroises*, Budapest 2001, 15-26.

Brenner, R. (1976) 'Agrarian Class Structure and Economic Development in Pre-Industrial Europe', *P&P* 70, 30-74. 169

Brunschwig, H. (1960) *Mythes et réaltiés de l'impérialisme coloniale française* (English trans. *French Imperialism*, 1966).

Burguière, A. (2006) *L'École des Annales, une histoire intellectuelle* (English trans. *The* Annales *School*, Ithaca, NY, 2009).

Burke, P. (1973) 'The Development of Lucien Febvre', in Febvre(1973), v-xii.

——(1978) 'Reflections on the Historical Revolution in France', *Review* 1, 147-156.

——(1981) 'Material Civilisation in the Work of Fernand Braudel', *Itinerario* 5, 37-43.

——(1988) 'Ranke the Reactionary', *Syracuse Scholar* 9, 25-30.

——(1998) 'Elective Affinities: Gilberto Freyre and the *nouvelle histoire*', *The European Legacy* 3, no. 4, 1-10.

——(2003) 'The *Annales*, Braudel and Historical Sociology', in *Handbook of Historical Sociology*, ed. G. Delanty and E. F. Isin, 58-64.

——(2008) 'Paradigms Lost: From Göttingen to Berlin', *Common Knowledge* 14 (2008), 244-257.

——(2010) 'Aron Gurevich's Dialogue with the *Annales*', in Y. Mazour-Matusevich and A. S. Korros (eds.) *Saluting Aron Gurevich: essays in history, literature and other related subjects*, Leiden, 69-80.

——(2011a) 'Gli usi di Lévi-Strauss', *Contemporanea* 14, 345-350.

——(2011b) *A Social History of Knowledge*, vol. 2: *From the Encyclopédie to Wikipedia*, Cambridge.

Burrows, T. (1981-1982) 'Their Patron Saint and Eponymous Hero: Jules Michelet and the *Annales* School', *Clio* 12, 67-81.

Buttimer, A. (1971) *Society and Milieu in the French Geographic Tradition*, Chicago.

Callahan, K. J. (2010) 'Marc Ferro', in Daileader and Whalen, 239-251.

Candar, G. and J. Pluet-Despatin (1997) 'Une amitié au service de l'histoire', introduction to *De la Revue de Synthese aux Annales: lettres à Henri Berr*, i-xxxiv.

Canny, N. (2001) 'Atlantic History: What and Why?' *European Review* 9, 399-411.

Cantimori, D. (1960) 'Au coeur religieux du 16e siècle', *AESC* 15, 556-568.

Carbonell, C. O. and G. Livet (eds.) (1983) *Au berceau des Annales*, Toulouse.

Cardoso, J. L. (2011) 'Vitorino Magalhães Godinho and the *Annates* School', *e-JPH* 9 (2), 105-114, http://www.ics.ul.pt/rdonweb-docs/ICS_JLCardoso_Vitorino_ARI.

Carrard, P. (1992) *Poetics of the New History*, Baltimore.

Castro, A. (1948) *España en su historia*. Buenos Aires (English trans. *The Structure of Spanish History*, Princeton NJ: Princeton University Press, 1954).

Certeau, M. de (1969) 'Une mutation cultureile et religieuse', *Revue d'histoire de l'Église de France* 4, 306-319.

——(1970) *La possession de Loudun* (English trans. *The Possession at Loudun*, Chicago 2000).

——(1975) *L'écriture de l'histoire* (English trans. *The Writing of History*, New

York 1989).

——(1980) *L'invention du quotidien* (English trans. *The Practice of Everyday Life*, Berkeley 1984).

Certeau, M. de et al. (1975) *Une politique de la langue*.

Charle, C. (1980) 'Entretien avec E. Labrousse', *ARSS* 32-33, 111-127.

——(1994) *La république des universitaires, 1870-1940*.

Charle, C. and C. Delangle (eds.) (1987) 'La campagne électorale de Lucien Febvre au Collège de France', *Histoire & Education* 34, 49-70.

Chartier, R. (1986) 'L'amitié de l'histoire', preface to 2nd edn of P. Ariès, *Le temps de l'histoire*, 9-31.

——(1987) *Lectures et lecteurs dans l'ancien regime* (English trans. *The Cultural Uses of Print in Early Modern France*, Princeton 1988).

——(1988) *Cultural History*, Cambridge.

——(1990) *Les origines culturelles de la Révolution française* (English trans. *The Cultural Origins of the French Revolution*, Durham NC, 1991).

——(1992) *L'ordre des livres* (English trans. *The Order of Books: Readers, Authors, and Libraries in Europe Between the Fourteenth and Eighteenth Centuries*, Cambridge 1994).

——(1995) *Forms and Meanings*, Philadelphia.

——(1998) *Au bord de la falaise* (English trans. *On the Edge of the Cliff*, Baltimore 1997).

——(2005) *Inscrire et effacer* (English trans. *Inscription and Erasure: Literature and Written Culture from the Eleventh to the Eighteenth Century*, Philadelphia 2007).

——(2014) 'History and Social Science: A Return to Braudel', in *The Author's Hand and the Printer's Mind*, Cambridge, 2014, 44-55.

Chartier, R., D. Julia and M. Compère (1976) *L'éducation en France du 16e au 18e siècle*.

171 Chaudhuri, K. N. (1990) *Asia before Europe: Economy and Civilisation of the Indian Ocean from the Rise of Islam to 1750*, Cambridge.

Chaunu, P. (1955-1959) *Seville et l'Atlantique*, 8 vols.

——(1960-1966) *Les Philippines et le Pacifique des Ibériques*.

——(1964) *L'Amérique et les Amériques*.

——(1970) 'L'histoire sérielle', rpr. Chaunu (1978a), 1-7.

——(1973) 'Un nouveau champ pour l'histoire sérielle: le quantitatif au 3e niveau', rpr. Chaunu (1978a), 216-230.

——(1978a) *Histoire quantitative, histoire sérielle*.

Chaunu, P. et al. (1978b) *La mort à Paris*.

Chaunu, P. (1987) 'Le fils de la morte', in Nora, *Egohistoires*, 61-107.

Chickering, R. (1993) *Karl Lamprecht: A German Academic Life*, New Jersey.

Chiffoleau, J. (1980) *La comptabilité de l'au-delà: les hommes, la mort et la religion dans la region d'Avignon à la fin du Moyen Age*, Rome.

Chisick, H. (2010) 'Mona Ozouf', in Daileader and Whalen, 461-474.

——(2010) 'Daniel Roche', in Daileader and Whalen, 513-526.

Christian, D. (2004) *Maps of Time: An Introduction to Big History*, Berkeley.

Clarence-Smith, W. G. (1977) 'For Braudel', *History of Africa* 4, 275-282.

Clark, S. (1983) 'French Historians and Early Modern Popular Culture', *P&P* 100, 62-99.

——(1985) 'The *Annales* Historians', in *The Return of Grand Theory*, ed. Q. Skinner, Cambridge, 177-198.

——(ed., 1999) *The* Annales *School: Critical Assessments*, 4 vols.

Cobb, R. (1966) 'Nous des *Annales*', rpr. in his *A Second Identity*, 1969, 76-83.

Coleman, D. C. (1987) *History and the Economic Past*, Oxford.

Collins, J. B. (2010) 'Pierre Goubert', in Daileader and Whalen, 317-327.

Comte, A. (1864) *Cours de philosophie positive*, vol. 5.

Coquéry-Vidrovitch, C. (1987) *L'histoire des femmes en Afrique* (English trans. *African Women,* Boulder CO, 1997).

Corbin, A. (1975) *Archaisme et modernité en Limousin au 19 siècle.*

——(1982) *Le miasma et la jonquille* (English trans. *The Foul and the Fragrant,* Leamington Spa 1986).

——(1988) *Le territoire du vide* (English trans. *The Lure of the Sea: The Discovery of the Seaside in the Western World, 1750-1840,* Cambridge).

——(1990) *Le village des cannibales* (English trans. *Village of Cannibals,* Cambridge 1992).

——(1991) *Le temps, le désir et l'horreur* (English trans. *Time, Desire and Horror,* 1995).

——(1994) *Les cloches de la terre* (English trans. *Village Bells,* New York 1998).

——(1998) *Le monde retrouvé de François Pinagot* (English trans. *The Life of an Unknown,* New York 2001).

——(2000) *Historien du sensible: entretiens avec G. Hemé.*

Corbin, A., J.-J. Courtine and G. Vigarello (eds. 2005) *Histoire du corps,* 3 vols.

Corvisier, A. (1964) *L'armée française de la fin du 17e siècle au ministère de Choiseul,* 2 vols.

Cottret, M. (1998) 'Bilan historiographique', in R. Mandrou, *Introduction à la France Moderne,* new edn, 507-532.

Coutau-Bégarie, H. (1983) *Le phénomène nouvelle histoire.*

Couturier, M. (1969) *Recherches sur les structures sociales de Chateaudun 1525-1789.*

Cox, M. R. (2010) 'François Furet', in Daileader and Whalen, 271-284.

Croix, A. (1983) *La Bretagne aux 16e et 17e siècles.*

CuUen, L. (2005) 'Labrousse, the *Annales* School, and *Histoire sans*

Frontières', *Journal of European Economic History* 34, 309-350.

Curtius E. R. (1948) *Europäische Literatur und Lateinische Mittelalter* (English trans. *European Literature and the Latin Middle Ages*, New York 1954).

Daileader, P. and P. Whalen (eds. 2010) *French Historians 1900-2000*, Chichester.

Daix, R (1995) *Braudel*.

Davis, N. Z. (1979) 'Les conteurs de Montaillou', *AESC* 34, 61-73.

——(1991) 'Censorship, Silence and Resistance: The *Annales* During the German Occupation of France', *Litteraria Pragensia* 1, 13-23.

——(1992) 'Women and the World of the *Annales*', *History Workshop Journal* 33, 121-137.

Delille, G. (2011) 'Lévi-Strauss, il tempo e la storia', *Contemporanea* 14, 334-344.

Delumeau, J. (1957-1959) *Vie économique et sociale de Rome dans la seconde moitié du 16e siècle*, 2 vols.

——(1971) *Le Catholicisme entre Luther et Voltaire* (English trans. *Catholicism from Luther to Voltaire*, 1977).

——(1978) *La peur en Occident*.

——(1983) *Le péché et la peur* (English trans. *Sin and Fear*, New York 1990).

Detienne, M. and J.-P. Vernant (1983) *Les ruses de l'intelligence* (English trans. *Cunning Intelligence in Greek Culture and Society*, Chicago, 1991).

Devote, F. (1995) 'Itinerario de un problema: "Annales" y la historiografía argentina (1929-1965)', *Anuario IEHS* 10, 155-175.

Devulder, C. (1985) 'Karl Lamprecht, *Kulturgeschichte* et histoire totale', *Revue d'Allemagne* 17, 1-16.

Dewald, J. (2006) 'Lucien Febvre and the Alien Past', in *Lost Worlds: the Emergence of French Social History, 1815-1970*, University Park PA, 97-122.

Deyon, P. (1967) *Amiens, capital provinciale.*

Dosse, F. (1987) *L'histoire en miettes* (English trans. *New History in France: the triumph of the Annales,* Urbana IL, 1994).

——(2002) *Michel de Certeau, le marcheur blessé.*

——(2011) *Pierre Nora, homo historicus.*

Duby, G. (1953) *La société aux XIe et XIIe siècles dans la région mâconnaise.*

——(1973a) *Guerriers et paysans* (English trans. *Early Growth of the European Economy,* 1974).

——(1973b) *La dimanche de Bouvines* (English trans. *The Legend of Bouvines,* Cambridge 1990).

——(1976) *Le temps des cathédrales* (English trans. *Age of the Cathedrals: Art and Society, 980-1420,* 1981).

——(1978) *Les trois ordres* (English trans. *The Three Orders,* Chicago 1980).

——(1981) *Le chevalier, la femme et le prêtre* (English trans. *The Knight, the Lady and the Priest: The Making of Modern Marriage in Medieval France,* 1984).

——(1984) *Guillaume le Maréchal* (English trans. *William Marshal,* 1986).

——(1987) 'Le plaisir de l'historien', in Nora (1987), 109-138.

——(1991) *L'histoire continue.*

Duby, G. and B. Geremek (1992) *Passions communes: entretiens avec Philippe Sainteny.*

Duby, G. and G. Lardreau (1980) *Dialogues.*

Duby, G. and R. Mandrou (1958) *Histoire du civilisation française* (English trans. *A History of French Civilization,* 1964).

Duby, G. and M. Parrot (eds. 1991-1992) *Histoire des femmes en Occident* (English trans. *A History of Women in the West,* 5 vols., Cambridge MA, 1992-1993).

Duhamel, C. (ed.) (1995) *Georges Duby.*

Dumoulin, O. (2000) *Marc Bloch*.

Dumoulin, R. (1983) 'Henri Pirenne et la naissance des *Annales*', in Carbonell and Livet (1983), 271-277.

Dupront, A. (1961) 'Problèmes et méthodes d'une histoire de psychologic collective', *AESC* 16, 3-11.

Dupront, A. (1965) 'De l'acculturation', 12th International Congress of Historical Sciences, *Rapports* 1, 7-36.

——(1987) *Du sacré*.

——(1997) *Le mythe du croisade*.

Durkheim, E. (1896) 'Préface' to *Année Sociologique*, 1.

Elliott, J. H. (1973) 'Mediterranean Mysteries', *New York Review of Books*, 3 May.

Elton, G. R. (1983) 'Historians against History', rpr. *Studies in Tudor and Stuart Politics and Government*, vol. 4, Cambridge 1992, 286-292.

Erikson, E. (1954) *Young Man Luther*, New York.

Evans-Pritchard, E. E. (1937) *Witchcraft, Oracles and Magic among the Azande*, Oxford.

——(1961) 'Anthropology and History', rpr. in his *Essays in Social Anthropology*, Oxford 1962, 46-65.

Farge, A., and M. Foucault (1982) *Le désordre de familles*.

Farge A. (1986) *La vie fragile* (English trans. *Fragile Lives: violence, power and solidarity in eighteenth-century Paris*, Cambridge 1993).

Farge, A. and J. Revel (1988) *Logiques de la foule* (English trans. *The Rules of Rebellion: child abductions in Paris in 1750*, Cambridge 1990).

Febvre, L. (1911) *Philippe II et la Franche-Comté*, Paris.

——(1922) *La terre et l'évolution humaine* (English trans. *A Geographical Introduction to History*, 1925).

——(1928) *Un destin, Martin Luther* (English trans. *Martin Luther*, 1930).

——(1929) 'Une question mal posée', *Revue Historique* 30 (English trans. 'A question badly put', in Febvre [1973], 44-107).

——(1942) *Le problème de l'incroyance au 16e siècle: la religion de Rabelais* (English trans. *The Problem* of *Unbelief in the Sixteenth Century*, Cambridge MA, 1983).

——(1945) 'Souvenirs d'une grande histoire: Marc Bloch et Strasbourg', rpr. in Febvre (1953), 391-407.

——, ed. (1946) *Michelet*, Geneva.

——(1953) *Combats pour l'histoire*.

——(1957) *Au coeur religieux du XVIe siècle*.

——(1962) *Pour une histoire à part entière*.

——(1973) *A New Kind of History*, ed. P. Burke.

Febvre, L. and H.-J. Martin (1958) *L'apparition du livre* (English trans. *The Coming of the Book*, 1976).

Fenlon, D. (1974) 'Encore une question: Lucien Febvre, the Reformation and the School of *Annales*', *Historical Studies* 9, 65-81.

Ferguson, P. P. (1988) 'Braudel's Empire in Paris', rpr. Clark, vol. 1, 86-95.

Ferro, M. (1967) *La révolution russe* (English trans. *October 1917*, 1980).

——(1969) *La grandeguerre* (English trans. *The Great War*, 1973).

——(1976) 'La naissance du systeme bureaucratique au URSS', *AESC* 31, 243-267.

——(1977) *Cinéma et histoire*.

——(1987) *Pétain*.

——(1991) *Nicolas II* (English trans. *Nicholas II: the last of the tsars*, 1991).

——(2002) *Le choc de l'Islam*.

——(2011) *Autobiographie intellectuelle*.

Fink, C. (1989) *Marc Bloch: a life in history*, Cambridge.

Flandrin, J. -L. (1976) *Families* (English trans. *Families in Former Times*, Cambridge 1979).

——(1983) *Un temps pour embrasser* (English trans. *Sex in the Western World*, Readmg 1991).

——(2002) *L'ordre des mets*.

Fleury, M. and P. Valmary (1957) ' Les progrès de l'instruction élémentaire de Louis XIV à Napoléon III' , *Population* 12, 71-92.

Florescano, E. (1976) *Origen y desarrollo de los problemas agrarios de México, 1500-1821*, Mexico City.

——(1999) *Bandera Mexicana*, Mexico City.

Fontana, J. (1974) ' Ascenso y decadencia de la Escuela de los *Annales*', rpr. in his *Hacia una nueva historia*, Madrid 1976, 109-127.

Foucault, M. (1969) *L'archéologie du savoir* (English trans. *The Archaeology of Knowledge*, 1972).

——(1975) *Surveiller et punir: naissance de la prison* (English trans. *Discipline and Punish*, 1977).

——(1980) *Power/Knowledge*, Brighton.

——(1984) *L'usage des plaisirs* (English trans. *The Use of Pleasure*, Harmondsworth 1985).

——(1984) *Le souci du soi* (English trans. *The Care of the Self*, 1988).

Frappier, J. (1969) ' Sur Lucien Febvre et son interprétation psychologique du 16e siècle'. *Mélanges Lebègue*, 19-31.

Frèche, G. (1974) *Toulouse et sa région*.

Freedman, M. (1975) ' Marcel Granet', in *The Religion of the Chinese People*, ed. M. Granet, Oxford, 1-29.

Friedländer, W. (1957) *Mannerism and anti-mannerism in Italian painting*. New York.

Friedman, S. W. (1996) *Marc Bloch, Sociology and Geography*, Cambridge.

Froeschlé-Chopard, M. -H. (1994) *Espace et sacré en Provence*.

Furet, F. (1971) 'L'histoire quantitative' (English trans. 'Quantitative History', in Revel and Hunt, 333-348).

——(1978) *Penser la Révolution française* (English trans. *Interpreting the French Revolution*, Cambridge 1981).

——(1983) 'En marge des *Annales*', *he débat* 17, 112-126.

Furet, F. and R. Halévi (1989) 'L'année 1789', *AESC* 44, 3-24.

Furet, F. and J. Ozouf (1977) *Lire et écrire*, 2 vols. (English trans. of vol. 1, *Reading and Writing*, Cambridge 1981).

Fusaro, M. (2010) 'After Braudel', in Fusaro, C. Heywood and M. -S. Omri (eds.) *Trade and Cultural Exchange in the Early Modern Mediterranean*, 1-22.

Fustel de Coulanges, D. N. (1864) *La cité ancienne* (English trans. *The Ancient City*, 1873).

Garden, M. (1970) *Lyon et les Lyonnais an 18e siècle*.

Garrett, C. (1985) 'Spirit Possession, Oral Tradition, and the Camisard Revolt', in *Popular Traditions and Learned Culture in France*, ed. M. Bertrand, Saratoga, 43-61.

Gascon, R. (1971) *Grand commerce et vie urbaine an 16e siècle*.

Gemelli, G. (1987) 'Henri Berr et la fondation du Centre International de Synthèse', *RS* 108, 225-259.

——(1990) *Fernand Braudel e l'Europa Universale*, Venice.

Gernet, J. (1956) *Les aspects économiques du bouddhisme dans la société chinoise du Ve au Xe siècle*, Saigon.

Gernet, J. (1982) *Chine et christianisme* (English trans. *China and the Christian Impact*, Cambridge 1985).

Giddens, A. (1977) 'Durkheim's Political Sociology', rpr. in his *Studies in Social and Political Theory*, 234-272.

Gilbert, F. (1965) 'Three 20th-Century Historians', in *History*, ed. J. Higham, Englewood Cliffs NJ, 315-387.

Gil Pujol, J. (1983) *Recepción de la Escuela des Annales en la historia social anglosajona*, Madrid.

Ginzburg, C. (1965) 'Marc Bloch', *Studi medievali* 10, 335-353.

——(2010) 'Lectures de Mauss', *AHSS* 65, 1303-1320.

Godfrey, S. (2002) 'Alain Corbin', *French Historical Studies* 25, 381-398.

Goffman, E. (1959) *The Presentation of Self in Everyday Life*, New York.

Goubert, P. (1959) *Families marchandes de l'ancien régime*.

——(1960) *Beauvais et le Beauvaisis*.

——(1966) *Louis XIV et vingt millions de français* (English trans. *Louis XIV and Twenty Million Frenchmen*, 1970).

——(1969-1973) *L'ancien régime*, 2 vols. (English trans, of vol. 1, *The Ancien Régime*, 1973).

——(1982) *La vie quotidienne des paysans français au XVIIe siècle* (English trans. *The French Peasantry in the Seventeenth Century*, Cambridge 1986).

——(1989) 'Préface' to Robert Mandrou, *Introduction à la France Moderne*, rpr. in 3rd edn, 1998, vii-xvi.

——(1995) *Un parcours d'historien: souvenirs, 1915-1995*.

Granet, M. (1934) *La pensée chinoise*.

Grantham, J. (1989) 'Jean Meuvret and the Subsistence Problem in Early Modern France', *Journal of Economic History* 49, 184-200.

Grenier, J. Y. and B. Lepetit (1989) 'Labrousse', *AESC* 44, 1337-1360.

Gros, G. (2006) 'Philippe Ariès, entre traditionalisme et mentalités', *Vingtième Siècle* 90, 121-140.

Gruzinski, S. (1988) *La colonisation de l'imaginaire* (English trans. *The Conquest of Mexico*, Cambridge 1990).

——(1990) *Guerre des images* (English trans. *Images at War*, Durham, NC,

2001).

——(1999) *La pensée métisse* (English trans. *The Mestizo Mind*, 2002).

——(2004) *Les quatre parties du monde*.

Guilmartin, J. F. Jr (1974) *Gunpowder and Galleys*, Cambridge.

Gunder Frank, A. (1969) *Capitalism and Underdevelopment in Latin America*, Harmondsworth (2nd edn 1971).

Gurevich, A. Y. (1972) *Kategorii srednovekovoj kultury* (English trans. *Categories of Medieval Culture*, 1985).

——(1997) '*Annales* in Moscow', in Rubin (1997), 239-250.

Halbwachs, M. (1925) *Les cadres sociaux de la mémoire* (English trans. *On Collective Memory*, Chicago 1992).

Halperm Donghi, T. (2008) *Son memorias*, Buenos Aires.

Harding, R. (1983) 'P. Goubert's Beauvaisis', *History and Theory* 22, 178-198.

Harris, O. (2004) 'Braudel, Historical Time and the Horror of Discontinuity', *History Workshop Journal* 57, 161-174.

Hartog, F. (1980) *Le miroir d'Hérodote* (English trans. *Mirror of Herodotus: The Representation of the Other in the Writing of History*, Berkeley 1988).

——(2003) *Régimes d'historicité*.

Harvey, J. L. (2004) 'An American *Annales?* The AHA and the *Revue international d'histoire économique* of Lucien Febvre and Marc Bloch', *Journal of Modern History* 76, 578-621.

Hasluck, F. W. (1929) *Christianity and Islam under the Sultans*, 2 vols., Oxford.

Hendricks, L. V. (1946) *J. H. Robinson*, New York.

Henretta, J. A. (1979) 'Social History as Lived and Written', *American Historical Review* 84, 1293-1322.

Henry, L. (1956) *Anciennes familles genevoises*.

Henry, L. and E. Gautier (1958) *La population de Crulai.*

Herlihy, D. (1978) 'Medieval Children', in *Essays on Medieval Civilization*, ed. B. K. Lackner and K. R. Philp, Austin, TX, 109-131.

Herlihy, D. and C. Klapisch-Zuber (1978) *Les Toscans et leurs families* (English trans. *Tuscans and their Families*, New Haven 1985).

Hess, A. C. (1972) 'The Battle of Lepanto and its Place in European History', *P&P* 57, 53-73.

Heure, G. (2000) *Alain Corbin, historien du sensible.*

Hexter, J. (1972) 'Fernand Braudel and the *Monde Braudelien*'; rpr. in his *On Historians*, Cambridge MA 1979, 61-145.

Hill, C, R. Hilton and E. J. Hobsbawm (1983) '*Past and Present:* origins and early years', *P&P* 100, 3-14.

Himmelfarb, G. (1987) *The New History and the Old*, Cambridge MA.

Hobsbawm, E. (1978) 'Comments', *Review* 1, 157-162.

Hodder, I. (ed., 1987) *Archaeology as Long-Term History*, Cambridge.

Horden, P. and N. Purcell (2000) *The Corrupting Sea: A Study of Mediterranean History*, Oxford.

Hoskins, W. G. (1955) *The Making of the English Landscape.*

——(1957) *The Midland Peasant.*

Hughes, H. S. (1969) *The Obstructed Path*, New York.

Humphreys, S. C. (1971) 'The Work of Louis Gernet', *History and Theory* 10, 172-196.

Hunt, D. (1970) *Parents and Children in History*, New York.

Hunt, L. (1986) 'French History in the Last Twenty Years: The Rise and Fall of the Annales Paradigm', *Journal of Contemporary History* 21, 209-224.

Huppert, G. (1978) 'The *Annales* School before the *Annales*', *Review* 1, 215-219.

Hutton, P. H. (2004) *Philippe Ariès and the Politics of French Cultural Histo-*

ry, Amherst and Boston, MA.

Iggers, G. (1997) *Historiography in the Twentieth Century*. Revised edn, Middletown CN, 2005.

Jacob, M. (1996) 'Actornetwork. De nieuwe *Annales* en het werk van Boltanski en Thévenot', *Tijdschrift voor sociale geschiedenis* 11, 260-289.

Jaurès, J. (1901) *Histoire socialiste de la Révolution française*, 1 (new edn, 1968).

Jouhaud, C. (1985) *Mazarinades: le fronde des mots*.

——(2000) *Les pouvoirs de la littérature*.

Joutard, P. (1977) *La légende des Camisards*.

——(1998) '*L' Introduction à la France Moderne* et l'histoire des mentalités', in R. Mandrou, *Introduction à la France Moderne*, 2nd edn, 469-506.

Joutard, P. (1999) 'Préface', to R. Mandrou, *Culture Populaire*, 2nd edn.

Joutard, P. and J. Lecuir (1985) 'Robert Mandrou', in *Histoire sociale, sensibilités collectives et mentalités*, 9-20.

Julliard, J. (1974) 'La politique', in Le Goff and Nora (1974), vol. 2, 229-250.

Kaplan, S. (1991) 'Long-Revolution Lamentations: Braudel on France', *Journal of Modern History* 63, 341-353.

Keylor, W. (1975) *Academy and Community*, Cambridge MA.

——(2011) 'Lucien Febvre', in Daileader and Whalen, 218-238.

Klaniczay, G. (1997) 'Le Goff, the *Annales* and Medieval Studies in Hungary', in Rubin (1997), 223-238.

Klapisch, C. (1985) *Women, Family and Ritual in Renaissance Italy*, Chicago.

Knapp, A. B. (ed., 1992) *Archaeology, Annales and Ethnohistory*, Cambridge.

Kula, W. (1960) 'Histoire et économic: la longue durée', *AESC* 15,

294-313.

Labrousse, E. (1933) *Esquisse du mouvement des prix et revenus*.

——(1944) *La crise de l'économie française*.

——(ed.) (1973) *Ordres et classes*.

——(1980) 'Entretien' [with C. Charle], *ARSS* 32-33, 111-122.

Lacoste, Y. (1988) 'Braudel géographe', in Aymard, *Lire Braudel*, 171-218.

Lai, C. -C. (1998) 'Braudel's *Grammar of Civilizations*', *European Legacy* 3, 80-88.

Lamprecht, K. (1894) *Deutsche Geschichte*, Leipzig.

——(1904) *Moderne Geschichtwissenschaft*, Leipzig.

Landes, D. (1950) 'The Statistical Study of French Crises', *Journal of Economic History* 10, 195-211.

Lapeyre, H. (1955) *Une famille de marchands: les Ruiz*.

Lavisse, E., ed. (1900-1911) *Histoire de France*, 9 vols.

Le Bras, G. (1931) 'Statistique et histoire religieuse', rpr. in his *Études de sociologie religieuse* (2 vols., 1955-1956).

Lebrun, F. (1971) *Les hommes et la mort en Anjou*.

Lecuir, J. (1998) 'Robert Mandrou: genèse de l'*Introduction à la France Moderne*', in R. Mandrou, *Introduction à la France Moderne*, 2nd edn, 421-468.

Lefebvre, G. (1932) *La grande peur de 1789*, English trans. *The Great Fear of 1789*, 1973.

——(1934) 'Foules révolutionnaires', rpr. in his *Études sur la Révolution Française*, 1954, 371-392.

Lefort, C. (1952) 'Histoire et sociologie dans l'oeuvre de Fernand Braudel', *Cahiers internationaux de sociologie* 13, 122-131.

Le Goff, J. (1971) 'Mélusine au Moyen Age', *AESC* 26, 587-603.

——(1972) 'Is Politics still the Backbone of History?', in *Historical Studies*

Today, ed. F. Gilbert and S. Graubard, New York, 1-19.

——(1974) 'Les mentalités', in Le Goff and Nora (1974) (English trans, pp. 166-180).

——(1977) *Pour un autre Moyen Age* (English trans. *Time, Work and Culture in the Middle Ages*, Chicago 1980).

——(1981) *La naissance du purgatoire* (English trans. *The Birth* of *Purgatory*, 1984).

——(1983) 'Préface' to Bloch, *Les rois thaumaturges*, 2nd edn, 1983, i-xxxviii.

——(1983) '*Past and Present:* later history', *P&P* 100, 14-28.

——(1987) 'L'appétit de l'histoire', in Nora (1987), 173-239.

——(1989) 'Comment écrire une biographie historique aujourd'hui?' *Le débat* 54, 48-53 (English trans. 'The Whys and Ways of Writing Biography', *Exemplaria* 1 (1989) 207-225).

——(1995) *Une vie pour l'histoire.*

——(1996) *St Louis* (English trans. *St Louis*, Notre Dame, 2009).

Le Goff, J. et al. (eds. 1978) *La nouvelle histoire.*

Le Goff, J. and P. Nora (eds. 1974) *Faire de l'histoire*, 3 vols. (English trans. 10 essays only: *Constructing the Past*, Cambridge 1985).

Le Goff, J. and J.-C. Schmitt (eds. 1981) *Le charivari.*

Le Goff, J. and P. Vidal-Naquet (1974) 'Lévi-Strauss en Broceliande' (English trans. 'Lévi-Strauss in Broceliande', in Revel and Hunt, 255-286.

Lepetit, B. (1984) *Chemins de terre et voies d'eau. Réseaux de transport et organisation de l'espace en France, 1740-1840.*

——(1985) *Les villes dans la France moderne, 1740-1840* (English trans. *The Preindustrial Urban System*, Cambridge 1994).

——(ed., 1995) *Les formes de l'expérience. Une autre histoire sociale.*

——(1996) 'Les *Annales*. Portrait de groupe avec revue', in Revel and Wachtel, 31-48.

181 ——(1999) *Carnet de croquis: sur la connaissance historique*.

Le Roy Ladurie, E. (1966) *Les paysans de Languedoc* (abbrev. English trans. *The Peasants of Languedoc*, Urbana 1974).

——(1967) *Histoire du climat depuis l'an mil* (English trans. *Times of Feast Times of Famine*, New York 1971).

——(1971) 'Mélusine ruralisée', *AESC* 26, 604-616.

——(1973) *Le territoire de l'historien* (English trans. *The Territory of the Historian*, Hassocks 1979).

——(1975) *Montaillou village occitan* (English trans. *Montaillou*, 1978).

——(1978a) *Le territoire de l'historien*, vol. 2 (English trans. *The Mind and Method of the Historian*, Brighton 1981).

——(1978b) 'A Reply', *P&P* 79, 55-59.

——(1979) *Le carnaval de Romans* (English trans. *Carnival*, 1980).

——(1982) *Paris-Montpellier: PC-PSU 1945-1963*.

——(1987) *L'Etat Royal 1460-1610* (English trans. *The Royal French State*, Oxford 1994).

——(1997) *Saint-Simon ou le système de la Cour*.

Leuillot, R (1973) 'Aux origines des *Annales*', *Mélanges Braudel*, 2, Toulouse, 317-324.

Lévi-Strauss, C. (1971) 'Le temps du mythe', *AESC* 26, 533-540.

——(1983) 'Histoire et ethnologie', *AESC* 38, 1217-1231.

Lilti, A. (2005) *Le monde des salons*.

Lombard, D. (1990) *Le carrefour javanais*.

——(1996) 'De la vertu des «aires culturelles»', in Revel and Wachtel, 115-125.

Lombard, M. (1971) *L'Islam dans sa première grandeur: VIIIe-XIe siècle*.

——(1972) *Espaces et réseaux du Haut Moyen Âge*.

Long, P. O. (2005) 'The *Annales* and the History of Technology', *Technology and Culture* 46, 177-186.

Lukes, S. (1973) *Émile Durkheim* (2nd edn, Harmondsworth 1975).

Lyon, B. (1974) *Henri Pirenne*, Ghent.

——(1985) 'Marc Bloch: Did he Repudiate *Annales* History?' *Journal of Medieval History* 11, 181-191.

Lyon, B. and M. (eds. 1991) *The Birth of Annales History: The Letters of Lucien Febvre and Marc Bloch to Henri Pirenne*, Brussels.

McManners, J. (1981) 'Death and the French Historians', in J. Whaley (ed.) *Mirrors of Mortality*, 106-130.

McNeill, W. H. (2001) 'Fernand Braudel, Historian', *Journal of Modern History* 73, 133-136.

McPhee, P. (2010) 'Michel Vovelle', in Daileader and Whalen, 599-609.

——(2010) 'Maurice Agulhon', in Daileader and Whalen, 1-10.

Maillard, A. (2005) 'Le temps de l'historien et du sociologue', *Cahiers Internationaux de Sociologie* 119, 197-222.

Makkai, L. (1983) 'Ars historica: On Braudel', *Review* 6, 435-453.

Malowist, M. (1972) *Croissance et régression en Europe.*

Mandrou, R. (1961) *Introduction à la France moderne* (English trans. *Introduction to Modern France,* 1975).

——(1962) 'Mathématiques et histoire', *Critica storica* 1, 39-48.

——(1964) *De la culture populaire aux 17e et 18e siècles.*

——(1965) *Classes et luttes de classes en France au début du 17e siècle,* Messina and Florence.

——(1968) *Magistrats et sorciers en France au 17e siècle.*

——(1972) 'Histoire sociale et histoire des mentalités', *La Nouvelle Critique,* 41-44.

——(1977) 'Lucien Febvre et la réforme', in *Historiographie de la réforme,* ed. P. Joutard, 339-351.

Marcilhacy, C. (1964) *Le diocèse d'Orléans au milieu du XIXe siècle.*

Marino, J. A. (ed., 2002) *Early Modern History and the Social Sciences. Testing the Limits of Braudel's Mediterranean,* Kirksville, MO.

——(2004) 'The Exile and his Kingdom: The Reception of Braudel's Mediterranean', *Journal of Modern History* 76, 622-652.

Martin, H.-J. (1969) *Livre, pouvoirs et société* (English trans. *The French Book,* Baltimore 1986).

——(1988) *L'histoire et pouvoirs de l'écrit* (English trans. *The History and Power of Writing,* Chicago 1994).

——(2004) *Les métamorphoses du livre.*

Martin, H.-J. and R. Chartier (eds. 1983-1986) *Histoire de l'édition française,* 4 vols.

Mason, L. (2010) 'Roger Chartier', in Daileader and Whalen, 93-104.

Mastrogregori, M. (1989) 'Le manuscrit interrompu: *Métier d'historien* de Marc Bioch', *AESC* 44, 147-159.

——(2001) *Marc Bloch,* Rome-Bari.

Mauro, F. (1960) *Portugal et l'Atlantique au 17e siècle.*

Mauss, M. (1930) 'Les civilisations' (rpr. in his *Essais de sociologie,* 1971).

Mayhew, R. J. (2011) 'Historical Geography, 2009-2010: Geohistoriography, the Forgotten Braudel and the Place of Nominalism', *Progress in Human Geography* 35, 409-421.

Mazon. B. (1988) *Aux origines de l'EHESS. Le role du mécenat américain (1920-1960).*

Meuvret, J. (1946) 'Les crises de subsistance et la démographic de la France d'ancien régime' (rpr. in his *Études d'histoire économique,* 1971, 271-278).

——(1977) *Le problème des subsistances à l'époque de Louis XIV,* 2 vols., The Hague.

Miccoli, G. (1970) *Delia Cantimori*. Turin.

Miceli, P. (1998) 'Sobre História, Braudel e os Vaga-lumes. A Escola dos Annates e o Brasil', in *Historiografia brasileira in perspectiva*, ed. Marcos Cezar de Freitas, São Paulo, 259-270.

Miller, P. (2013) 'Two Men in a Boat: The Braudel-Goitein Correspondence and the Beginning of Thalassography', in Miller (ed.) *The Sea: Thalassography and Historiography*, Ann Arbor, 27-59.

Moore, W. G. (1930) *La réfornte allemande et la littérature française*, Strasbourg.

Morazé, C. (1957c) *Les bourgeois conquérants* (English trans. *The Triumph of the Bourgeoisie*, 1966).

——(2007) *Un historien engagé*.

Mousnier, R. (1964) 'Problèmes de méthode dans l'étude des structures sociales' (rpr. in Mousnier, *La plume, la faucille et le marteau*, 1970, 12-26).

——(1968a) *Fureurs paysannes* (English trans. *Peasant Uprisings*, 1971).

——(ed., 1968b) *Problèmes de stratification sociale*.

Mousnier, R., and E. Labrousse (1953) *Le 18e siècle*.

Mucchielli, L. (1998) *La découverte du social: naissance de la sociologie en France* (1870-1914).

——(1995) 'Aux origines de la Nouvelle Histoire', *Revue de Synthèse*, 55-98.

Muchembled, R. (1978) *Culture populaire et culture des élites dans la France moderne* (English trans. *Popular Culture and Elite Culture in France, 1400-1750*, Baton Rouge LA, 1985).

Müller, B. D. (1990-1991) 'Lucien Febvre et l'histoire régionale', *Annales Fribourgeoises*, 89-103.

——(ed., 1994-2003) *Marc Bloch-Lucien Febvre: Correspondance*, 3 vols.

——(2003) *Lucien Febvre, lecteur et critique*.

Nicolas, J. (1978) *La Savoie au 18e siècle: noblesse et bourgeoisie.*

Noiriel, G. (1988) *Le creuset français* (English trans. *The French Melting Pot: Immigration, Citizenship and National Identity,* Minneapolis 1996).

——(1996) *Sur la 'crise' de l'histoire.*

——(2003) *Penser avec, penser contre: itinéraire d'un historien.*

——(2006) *Introduction à la socio-histoire.*

Nora, P. (1962) 'Ernest Lavisse: son rôle dans la formation du sentiment national', *Revue historique* 463, 73-106.

——(1974) 'Le retour de l'événement', in Le Goff and Nora (1974) vol. 1, 210-228.

——(ed., 1984-1992) *Les lieux de mémoire* (English trans. *Realms of Memory,* New York, 1996-1998 and *Rethinking France,* Chicago, 1999-2010).

——(ed., 1987) *Essais d'egohistoire.*

——(2011) *Présent, nation, mémoire.*

North, D. (1978) 'Comment', *Journal of Economic History* 38, 77-80.

Odalia, N. (1994) *Duby,* São Paulo.

Oexle, O. G. (1981) 'Das sozialgeschichtliche Oeuvre von G. Duby', *Historische Zeitschrift* 232, 61-91.

Ozouf, M. (1976) *La fête révolutionnaire* (English trans. *Festivals and the French Revolution,* Cambridge, Mass. 1988).

Pallares-Burke, M. L. (2002) 'Daniel Roche', in *The New History; Confessions and Conversations,* Cambridge, 106-128.

Paris, E. (1999) *La genèse intellectuelle de l'oeuvre de Fernand Braudel,* Athens.

Péguy, C.-P. (1986) 'L'univers géographique de Fernand Braudel', *Espace-Temps,* 34-35, 77-82.

Peristiany, J. G. (ed., 1965) *Honour and Shame: The Values of Mediterranean Society.*

Pérouas, L. (1964) *Le diocèse de La Rochelle de 1648 à 1714.*

Perrot, J.-C. (1975) *Genèse d'une ville modern. Caen au 18e siècle.*

Perrot, M. (1974) *Les ouvriers en grève* (English trans. *Workers on Strike*, Leamington Spa 1987).

Peter, J.-P. and J. Revel (1974) 'Le corps: L'homme malade et son histoire', in Jacques Le Goff and Pierre Nora (eds.) *Faire de l'histoire*, vol. 3, 227-247.

Peyrefitte, A. (ed.) (1946) *Rue d'Ulm* (new edn, Paris 1963).

Piganiol, A. (1923) *Recherches sur les jeux romains*, Strasbourg.

Pillorget, R. (1975) *Les mouvements insurrectionnels en Provence.*

Pirenne, H. (1937) *Mahomet et Charlemagne* (English trans. *Mohammed and Charlemagne*, 1939).

Piterberg, G, T. Ruiz and G. Symcox (eds. 2010) *Braudel Revisited*, Toronto.

Planhol, X. de (1972) 'Historical Geography in France', in *Progress in Historical Geography*, ed. A. R. H. Baker, Newton Abbot, 29-44.

Pluet, J. and G. Candar (eds. 1997) *Lucien Febvre: Lettres à Henri Berr.*

Pluet-Despatin, J. (ed., 1992) *Écrire 'La Société Féodale': lettres à Henri Berr, 1924-1943.*

Pollock, L. (1983) *Forgotten Children: Parent-Child Relations from 1500 to 1900*, Cambridge.

Pomian, K. (1978) 'Impact of the *Annales* School in Eastern Europe', *Review* 1, 101-118.

——(1986) 'L'heure des *Annales*', in Nora, *Lieux de Mémoire* vol. 1, 377-429.

——(1987) *Collectioneurs, amateurs et curieux* (English trans. *Collectors and Curiosities*, Cambridge 1990).

Popper, K. (1935) *Logik der Forschung*, Vienna (English trans. *The Logic of*

Scientific Discovery, 1959).

Porchnev, B. (1948) *Narodne vosstanya* (French trans. *Les soulèvements populaires en France avant la Fronde*, 1963).

Potter, M. (2010) 'Ernest Labrousse', in Daileader and Whalen, 360-370.

Prochasson, C. (2012) 'François Furet, the Revolution and the Past Future of the French Left', *French History* 26, 96-117.

——(2013) *François Furet. Les chemins de la mélancolie*.

Prost, A. (1994) 'Charles Seignobos revisité', *Revue d'Histoire* 43, 100-118.

Raphael, L. (1992) 'The Contemporary World in the *Annales*', *Storia della Storiografia* 21, 25-44.

——(1993) 'Le Centre de recherches historiques de 1949 à 1975', *Cahiers du CRH* 10, http://ccrh.revues.org/index2783.html

——(1994) *Die Erben von Bloch und Febvre: Annales-Historiographie und nouvelle histoire in Frankreich, 1945-1980*, Stuttgart.

——(2003) 'The Idea and Practice of World Historiography in France: The *Annales* Legacy', in B. Stuchtey and E. Fuchs, eds. *Writing World History*, 155-171.

——(2006) 'Die "Nouvelle Histoire" und der Buchmarkt in Frankreich', *Historische Zeitschrift*, Supplement 42, 123-137.

Ratzel, F. (1897) *Politische Geographie*, Leipzig.

Raulff, U. (1988) 'Der Streitbare Prelät. Lucien Febvre', in L. Febvre, *Das Gewissen des Historikers*, Berlin, 235-251.

——(1995) *Ein Historiker im 20. Jht: Marc Bloch*, Frankfurt.

Reid, A. (1988) *The Land below the Winds*, New Haven.

Revel, J. (1995) 'Introduction', to J. Revel and L. Hunt (eds.) *Histories, French Constructions of the Past*, New York, 1-63.

——(1995) 'Microanalysis and the Construction of the Social', ibid., 492-502.

——(ed. , 1996) *Jeux d'échelles: La micro-analyse à l'expérience*.

——(2003) 'Une histoire qui n'existe pas?', *Travailler avec Bourdieu*, ed. P. Encrevé and R. -M. Lagrave, 101-110.

Revel, J. and J. -C. Schmitt (eds. 1998) *L'ogre historian: autour de Jacques Le Gaff*.

Revel, J. and N. Wachtel (eds. 1996) *Une école pour les sciences sociales*.

Rhodes, R. C. (1978) 'Émile Durkheim and the Historical Thought of Marc Bloch', *Theory and Society* 5, 45-73.

Ricoeur, R. (1985) *Temps et récit*, 3 vols. (English trans. *Time and Narrative*, New York, 1984-1988) .

——(2000) *Mémoire, histoire, l'oubli* (English trans. *Memory, History, Forgetting*, Chicago, 2004) .

Robinson, J. H. (1912) *The New History*, New York.

Roche, D. (1978) *Le siècle des lumières en province: académies et académiciens provinciaux*, 2 vols.

Roche, D. (1981) *Le peuple de Paris* (English trans. *The People of Paris*, Leamington Spa, 1987) .

——(ed. , 1982) *Journal de ma vie: Jacques-Louis Ménétra* (English trans. *Journal of My Life*, New York 1986) .

——(1989) *La culture des apparences: une histoire du vêtement, XVIIe-XVIIIe siècle* (English trans. *The Culture of Clothing*, Cambridge 1994) .

——(1997) *Histoire des choses banales* (English trans. *A History of Everyday Things*, Cambridge 2000) .

Roche, D. and R. Chartier (1974) 'L'histoire du livre' (English trans. 'The History of the Book', in Le Goff and Nora [1985] , 198-214) .

Roding, J. and L. H. van Voss (eds. 1996) *The North Sea and Culture, 1550-1800*, Hilversum.

Rollo-Koster, J. (2010) 'Jacques Le Goff', in Daileader and Whalen,

371-393.

Rosaldo, R. (1986) 'From the Door of his Tent: The Fieldworker and the Inquisitor', in J. Clifford and G. Marcus (eds.) *Writing Culture: The Poetics And Politics of Ethnography*, Berkeley, 77-97.

Rubin, M. (ed., 1997) *The Work of Jacques Le Goff and the Challenges of Medieval History*, Woodbridge.

Rucquoi, A. (1997) 'Spanish Medieval History and the *Annales:* between Franco and Marx', in Rubin, 123-141.

Ruggiu, F. -J. (2007) 'L'individu et la famille dans les societies anglaise et française, 1720-1780', ch. 4 n. 61, 106-128.

Sahlins, M. (1981) *Historical Metaphors and Mythical Realities*, Ann Arbor.

——(1985) *Islands of History*, Chicago.

Saint-Jacob, P. de (1960) *Les paysans de la Bourgogne*, Toulouse.

Schmitt, J. -C. (1979) *Le saint lévrier* (English trans. *The Holy Greyhound*, Cambridge, 1982).

——(1990) *La raison des gestes dans l'Occident meédiéval*.

——(1994) *Les revenants* (English trans. *Ghosts in the Middle Ages*, Chicago 1998).

——(2002) *Le corps des images. Essais sur la culture visuelle ai Moyen Âge*.

Schoenbrun, D. L. (1998) *A Green Place, a Good Place*, Oxford.

Schöffler, H. (1936) *Die Reformation*, Bochum.

Schöttler, P. (1991) *Lucie Yarga: une historienne autrichienne aux 'Annales' dans les années Trente*.

Schöttler, P. (1992a) 'Lucie Varga', *History Workshop Journal* 33 (1992), 100-120.

——(1992b) 'Die frühen *Annales* ais interdisziphnäre Projekt', in *Frankreich und Deutschland im Vergleich*, ed. M. Middell, Leipzig, 112-186.

——(1993) 'Althusser and *Annales* Historiography', *The Althusserian Legacy*, ed. E. A. Kaplan and M. Sprinker, 81-98.

——(1994) 'Zur Geschichte der *Annales-Rezeption* in Deutschland (West)', in *Alles Gewordene hat Geschichte*, ed. M. Middell and 5. Sammler, Leipzig, 41-48.

——(1995a) 'Marc Bloch et le XlVe congrès international de sociologie', *Genèses* 20, 143-154.

——(1995b) 'Marc Bloch et Lucien Febvre face à l'Allemagne Nazie', *Genèses* 21, 75-95.

——(1995c) 'Lucien Febvre, Luther et les Allemands', *Bulletin de la Société de l'Histoire du Protestantisme Français* 147 (2001), 9-66.

——(ed., 1999) *Marc Bloch*, Frankfurt.

Sewell, W. (2005) *Logics of History: Social Theory and Social Transformation*, Chicago.

Shopkow, L. (2010) 'Georges Duby', in Daileader and Whalen, 180-201.

Simiand, F. (1903) 'Méthode historique et sciences sociales', *RSH* 6, 1-22 (English trans, in *Review* 9, 1985, 163-213).

——(1932) *Recherches anciennes et nouvelles sur le mouvement général des prix*.

Spate, O. (1979-1988) *The Pacific since Magellan*, 3 vols., Canberra.

Spencer, H. (1891) *Essays*, 3 vols.

Stewart, P. (2010) 'Pierre Chaunu', in Daileader and Whalen, 105-111.

Stone, L. (1965) *The Crisis of the English Aristocracy, 1558-1641*, Oxford.

——(1979) 'The Revival of Narrative', *P&P* 85, 3-24.

Stuard, S. M. (1981) 'The *Annales* School and Feminist History', *Signs* 7, 135-143.

Symcox, G. (2010) 'Braudel and the Mediterranean City', in *Braudel Revisited*, ed. G. Piterberg, T. Ruiz and G. Symcox, Toronto, 35-52.

Tackett, T. (ed., 2004) 'The Work of Daniel Roche', *French Historical Stud-*

ies 27, 723-763.

188 Tendler, J. (2013) *Opponents of the* Annates *School*, Basingstoke.

Thompson, E. P. (1963) *The Making of the English Working Class.*

Trevor-Roper, H. R. (1972) 'Fernand Braudel, the *Annates,* and the Mediterranean', *Journal of Modern History* 44, 46-79.

Trevor-Roper, H. R. (2006) *Letters from Oxford.*

Troels-Lund, T. F. (1879-1901) *Dagligt Liv i Norden,* 14 vols., Copenhagen and Christiania.

Valensi, L. (1977) *Fellahs tunisiens* (English trans. *Tunisian peasants in the eighteenth and nineteenth centuries,* Cambridge 1985).

——(1992) *Fables de la mémoire. La glorieuse bataille des trois Rois.*

——(2010) 'The Problem of Unbelief in Braudel's Mediterranean', in *Braudel Revisited,* ed. G. Piterberg, T. Ruiz and G. Symcox, Toronto, 17-34.

——(2012) *Ces étrangers familiers. Musulmans en Europe (XVIe-XVIIIe siècles).*

Valensi, L. and N. Wachtel (1996) 'L'anthropologie historique', in Revel and Wachtel, 251-274.

Vansina, J. (1978a) 'For Oral Tradition (but not against Braudel)', *History in Africa,* 5, 351-356.

——(1978b) *The Children of Woot,* Madison.

——(1994) *Living with Africa,* Madison.

Varga, L. (1936) 'Dans une vallée du Vorarlberg', *Annales d'histoire économique et sociale* 8, 1-20.

——(1937) 'La genèse du national-socialisme', *Annales d'histoire économique et sociale* 9, 529-546.

Venturi, F. (1966) 'Jaurès historien', rpr. in his *Historiens du XXe siècle,* Geneva.

Verdès-Leroux, J. (1983) *Au service du parti: le parti communiste, les intellec-*

tuels et la culture, 1944-1956.

Vernant, J. -P. (1966) *Mythe et pensée chez les Grecs* (English trans. *Myth and Thought in Ancient Greece,* Brighton 1979).

Vernant, J. -P. and P. Vidal-Naquet (1990-1992) *La Grèce ancienne,* 3 vols.

Veyne, P. (1976) *Le pain et le cirque* (abridged English trans. *Bread and Circuses,* 1991).

Vidal-Naquet, P. (1968) ' Le Chasseur noir et l'origine de léphébie athénienne', *AESC* 23, 947-964.

Vigarello, G. (1985) *Le propre et le sale* (English trans. *Concepts of Cleanliness: Changing Attitudes in France since the Middle Ages,* Cambridge 1988).

——(1998) *L'histoire du viol* (English trans. *History of Rape: Sexual Violence in France from the Sixteenth to the Twentieth Century,* Cambridge 2001).

——(1999) *Histoire des pratiques de santé.*

——(2000) *Passion sport: histoire d'une culture.*

——(2004) *Histoire de la beauté.*

——(2010) *Métamorphoses du gras* (English trans. *Metamorphoses of Fat: A History of Obesity,* New York 2013).

Vilar, P. (1962) *La Catalogue en l'Espagne moderne,* 3 vols.

Vovelle, M. (1973) *Piété baroque et déchristianisation.*

——(1976) *Métamorphoses de la fête en Provence de 1750 à 1820.*

——(1980) *De la cave au grenier: de l'histoire sociale à l'histoire des mentalités,* Quebec.

——(1982) *Idéologies et mentalités* (English trans. *Ideologies and Mentalities,* Cambridge 1990).

——(1983) *La mort et l'occident du 1300 à nos jours.*

Wachtel, N. (1971) *La vision des vaincus* (English trans. *The Vision of the Vanquished,* Hassocks 1977).

——(1990) *Le retour des ancêtres: les Indiens Urus de Bolivie, XXe-XVIe siècle: essai d'histoire régressive.*

Wallerstein, I. (1974-1989) *The Modern World-System*, 3 vols., New York.

——(1988) 'Fernand Braudel historian, "l'homme de la conjoncture"', rpr. Clark, vol. 1, 96-109.

——(ed., 2005) *The Modern World System in the Longue Durée*, Boulder CO.

——(2009) 'Braudel on the *Longue Durée*', *Review* 32, 155-170.

Weintraub, K. J. (1966) *Visions of Culture*, Chicago.

Wesseling, H. (1978) 'The *Annales* School and the Writing of Contemporary History', *Review* 1, 185-194.

Wesseling, H. and Oosterhoff, J. L. (1986) 'De *Annales*, geschiedenis en inhoudsanalyse', *Tijdschrift voor Geschiedenis* 99, 547-568.

Whalen, P. (2010) 'François Simiand', in Daileader and Whalen, 573-588.

Wiebe, G. (1895) *Zur Geschichte der Preisrevolution des xvi und xvii Jahrbunderts*, Leipzig.

Wong, R. B. (2003) 'Between Nation and World: Braudelian Regions in Asia', *Review* 26, 1-45.

Wootton, D. (1988) 'Lucien Febvre and the Problem of Unbelief in the Early Modern Period', *Journal of Modern History* 60, 695-730.

Wrzosek, W. (1995) 'Pourquoi les *Annalistes* n'aiment pas la révolution?', *Historia a Debate*, ed. C. Barros, Santiago de Compostela, vol. 1, 343-353.

【以下书目已有中译】

Anderson, P. (1991) 'Braudel and National Identity', rpr. in his *A Zone of Engagement*, 1992, 251-278. 佩里·安德森:《费尔南·布罗代尔和民族身份》,收入佩里·安德森:《交锋地带》,郭英剑、郝素玲等译,北京:中国社会科学出版社,2008 年。

Ariès, P. (1960) *L'enfance et la vie familiale sous l'ancien régime* (English trans. *Centuries of Childhood*, New York, 1965). 菲力浦·阿利埃斯:《儿童的世纪》,沈坚、朱晓罕译,北京:北京大学出版社,2013 年。

Bartlett, F. C. (1991) *Remembering*: *A Study in Experimental and Social Psychology*, Cambridge. 弗雷德里克·C. 巴特莱特:《记忆》,黎炜译,杭州:浙江教育出版社,1998 年;台北:额尔古纳,2007 年。

Bloch, M. (1931) *Les caractères originaux de l'histoire rurale française* (English trans. *French Rural History*, 1966). 马克·布洛赫:《法国农村史》,余中先、张朋浩、车耳译,北京:商务印书馆,1991 年。

—— (1939-1940) *La société féodale* (English trans. *Feudal Society*, 1961). 布洛克:《封建社会》,谈谷铮译,台北:桂冠图书公司,1995 年。布洛赫:《封建社会》,两卷本,张绪山、李增洪等译,北京:商务印书馆,2004 年。

—— (1946) *L'étrange défaite* (English trans. *Strange Defeat*, 1949). 马克·布洛克:《奇怪的战败》,汪少卿译,北京:中国人民大学出版社,2014 年。

—— (1949) *Apologie pour l'histoire* (English trans. *The Historian's Craft*, Manchester 1954). 布洛赫:《历史学家的技艺》,张和声、程郁译,上海:上海社会科学院出版社,1992 年;马克·布洛克:《历史学家的技艺》,黄艳红译,北京:中国人民大学出版社,2011 年。

Bourdieu, P. (1972) *Esquisse d'une thorie de la pratique* (English trans. *Outline of a Theory of Practice*, Cambridge 1977). 皮耶·布赫迪厄:《实作理论纲要》,宋伟航译,台北:麦田文化,2009 年。

—— (1992) *Les règles de l'art* (English trans. *The Rules of Art*, Cambridge, 1996). 皮埃尔·布尔迪厄:《艺术的法则》,刘晖译,北京:中央编译出版社,2011 年。

Bourdieu, P. and R. Chartier (2010) *Le sociologue et l'historien*. 皮埃尔·布尔迪厄、罗杰·夏蒂埃:《社会学家与历史学家》,马胜利译,北京:北京大学出版社,2012 年。

Braudel, F. (1949) *La Méditerranée et le monde méditerranéen à l'époque de Philippe II* (2nd edn., enlarged, 2 vols., 1966; English trans. The Mediterranean, 2 vols., 1972-1973). 费尔南·布罗代尔:《菲利普二世时代的地中海和地中海世界》,两卷本,唐家龙、吴模信等译,北京:商务印书馆,1996年;费尔南·布劳岱尔:《地中海史》,曾培耿、唐家龙译,台北:台湾商务印书馆,2002年。

—— (1967) *Civilisation matérielle et capitalisme* (2nd edn, revised, *Les structures du quotidien*, 1979; English trans. *The Structures of Everyday Life*, 1981). 布罗代尔:《15至18世纪的物质文明、经济和资本主义》(第一卷),《日常生活的结构:可能和不可能》,顾良,施康强译,北京:三联书店,1992年,2002年;台北:猫头鹰出版社,1999年;台北县:左岸文化,2007年;台北:广场文化,2012年。

—— (1977) *Afterthoughts on Material Civilisation*, Baltimore. 费尔南·布罗代尔:《资本主义的动力》,杨起译,北京:三联书店,1997年。

Braudel, F. (1979a) *Les jeux de l'échange* (English trans. *The Wheels of Commerce*, 1982) 布罗代尔:《15至18世纪的物质文明、经济和资本主义》(第二卷),《形形色色的交换》,顾良译,北京:三联书店,1993年,2002年;台北:猫头鹰出版社,1999年;台北县:左岸文化,2007年。

—— (1979b) Le temps du monde (English trans. The Perspective of the World, 1983). 布罗代尔:《15至18世纪的物质文明、经济和资本主义》(第三卷),《世界的时间》,施康强、顾良译,北京:三联书店,1996年,2002年;台北:猫头鹰出版社,1999年;台北县:左岸文化,2007年。

—— (1980) *On History*, Chicago. 费尔南·布罗代尔:《论历史》,刘北成译,台北:五南图书出版公司,1988年;刘北成,周立红译,北京:北京大学出版社,2008年。

—— (1986) *L'identité de la France*, 3 vols. (English trans. *The identity of France*, 2 vols., 1988-1990). 费尔南·布罗代尔:《法兰西的特性》,(三卷本),顾良,张泽乾译,北京:商务印书馆,1994-1997年。

Certeau, M. de (1975) *L'écriture de l'histoire* (English trans. *The Writing of History*, New York 1989). 米歇尔·德·塞尔托:《历史书写》,倪复生译,

北京:中国人民大学出版社,2012 年。

—— (1980) *L'invention du quotidien* (English trans. *The Practice of Everyday Life*, Berkeley 1984). 米歇尔·德·塞托:《日常生活实践》,卷 1,方琳琳、黄春柳译,南京:南京大学出版社,2009 年;卷 2,冷碧莹译,南京:南京大学出版社,2014 年。

Chartier, R. (1992) *L'ordre des livres* (English trans. *The Order of Books: Readers, Authors, and Libraries in Europe Between the Fourteenth and Eighteenth Centuries*, Cambridge 1994). 侯瑞·夏提叶:《书籍的秩序》,谢柏晖译,台北:联经出版事业股份有限公司,2012 年;罗杰·夏蒂埃:《书籍的秩序》,吴泓缈、张璐译,北京:商务印书馆,2013 年。

Christian, D. (2004) *Maps of Time: An Introduction to Big History*, Berkeley. 大卫·克里斯蒂安:《时间地图》,晏可佳等译,上海:上海社会科学院出版社,2007 年。

Corbin, A. (1994) *Les cloches de la terre* (English trans. *Village Bells*, New York 1998). 阿兰·科尔班:《大地的钟声》,王斌译,桂林:广西师范大学出版社,2003 年。

Corbin, A., J.-J. Courtine and G. Vigarello (eds. 2005) *Histoire du corps*, 3 vols. 阿兰·科尔班,让-雅克·库尔第纳,乔治·维加埃罗总主编:《身体的历史》(三卷本),张竝、赵济鸿、杨剑、孙圣英、吴娟译,上海:华东师范大学出版社,2013 年。

Duby G. (1981) *Le chevalier, la femme et le prêtre* (English trans. *The Knight, the Lady and the Priest: The Making of Modern Marriage in Medieval France*, 1984). 乔治·杜比:《骑士、妇女与教士》,周嫄译,上海:上海人民出版社,2008 年。

Erikson, E. (1954) *Young Man Luther*, New York. 爱力克森:《青年路德》,康绿岛译,台北:远流出版事业公司,1990 年。

Evans-Pritchard, E. E. (1937) *Witchcraft, Oracles and Magic among the Azande*, Oxford. E. E. 埃文思-普里查德:《阿赞德人的巫术、神谕和魔

法》,覃俐俐译,北京:商务印书馆,2006 年,2010 年。

—— (1961) 'Anthropology and History', rpr. in his *Essays in Social Anthropology*, Oxford 1962, 46-65. 爱德华·埃文思-普里查德:《人类学与历史》,收入爱德华·埃文思-普里查德:《论社会人类学》,冷凤彩译,北京:世界图书出版社公司,2009 年。

Febvre, L. (1922) *La terre et l'évolution humaine* (English trans. *A Geographical Introduction to History*, 1925) 吕西安·费弗尔:《大地与人类演进》,高福进、任玉雪、侯洪颖译,上海:上海三联书店,2012 年。

—— (1942) *Le problème de l'incroyance au 16e siècle: la religion de Rabelais* (English trans. *The Problem of Unbelief in the Sixteenth Century*, Cambridge MA, 1983). 吕西安·费弗尔:《十六世纪的无信仰问题》,闫素伟译,北京:商务印书馆,2011 年;吕西安·费弗尔:《16 世纪的不信教问题》,赖国栋译,上海:上海三联书店,2011 年。

Febvre, L. and H.-J. Martin (1958) *L'apparition du livre* (English trans. *The Coming of the Book*, 1976) 费夫贺、马尔坦:《印刷书的诞生》,李鸿志译,桂林:广西师范大学出版社,2006 年。

Ferro, M. (1977) *Cinéma et histoire*. 马克·费侯:《电影和历史》,张淑娃译,台北:麦田出版公司,1998 年;马克·费罗:《电影和历史》,彭姝祎译,北京:北京大学出版社,2008 年。

Foucault, M. (1969) *L'archéologie du savoir* (English trans. *The Archaeology of Knowledge*, 1972). 米歇尔·福柯:《知识考古学》,谢强、马月译,北京:三联书店,2003 年。

—— (1975) *Surveiller et punir: naissance de la prison* (English trans. *Discipline and Punish*, 1977) 米歇尔·福柯:《规训与惩罚》,刘北成、杨远婴译,北京:生活·读书·新知三联书店,1999 年,2012 年。

Furet, F. (1978) *Penser la Révolution française* (English trans. *Interpreting the French Revolution*, Cambridge 1981). 弗朗索瓦·傅勒:《思考法国大革命》,孟明译,北京:三联书店,2005 年。

Fustel de Coulanges, D. N. (1864) *La cité ancienne* (English trans. *The Ancient City*, 1873). 菲斯泰尔·德·古朗士:《古代城市》,吴晓群译,上海:上海人民出版社,2006 年;库朗热:《古代城邦》,谭立铸等译,上海:华东师范大学出版社,2006 年。

Gernet, J. (1956) Les aspects économiques du bouddhisme dans la société chinoise du Ve au Xe siècle, Saigon. 谢和耐:《中国五—十世纪的寺院经济》,耿昇译,兰州:甘肃人民出版社,1987 年;上海:上海古籍出版社,2004 年。

Gernet, J. (1982) *Chine et christianisme* (English trans. *China and the christian Impact*, Cambridge 1985) 谢和耐:《中国与基督教》,耿昇译,上海:上海古籍出版社,1991 年,2003 年。

Goffman, E. (1959) *The Presentation of Self in Everyday Life*, New York. 高夫曼:《日常生活中的自我表演》,徐江敏、李姚军译,台北:桂冠图书公司,1992 年;欧文·戈夫曼:《日常生活中的自我呈现》,冯钢译,北京:北京大学出版社,2008 年。

Gurevich, A. Y. (1972) *Kategorii srednovekovoj kultury* (English trans. *Categories of Medieval Culture*, 1985)) 古列维奇:《中世纪文化范畴》,庞玉洁、李学智译,杭州:浙江人民出版社,1992 年。

Halbwachs, M. (1925) *Les cadres sociaux de la mémoire* (English trans. *On Collective Memory*, Chicago 1992). 莫里斯·哈布瓦赫:《论集体记忆》,毕然、郭金华译,上海:上海人民出版社,2002 年。

Himmelfarb, G. (1987) *The New History and the Old*, Cambridge MA. 格特鲁德·希梅尔法布:《新旧历史学》,余伟译,北京:新星出版社,2007 年。

Iggers, G. (1997) *Historiography in the Twentieth Century*. Revised edn. Middletown CN, 2005. 伊格尔斯:《二十世纪的历史学》,何兆武译,沈阳:辽宁教育出版社,2003 年。

Le Goff, J. (1972) 'Is Politics still the Backbone of History?', in *Historical Studies Today*, ed. F. Gilbert and S. Graubard, New York, 1-19. 吉伯特、

克劳巴德编:《当代史学研究》,李丰斌译,台北:明文书局,1982年。

——(1977) *Pour un autre Moyen Age* (English trans. *Time, Work and Culture in the Middle Ages*, Chicago 1980). 雅克·勒高夫:《试谈另一个中世纪——西方的时间、劳动和文化》,周莽译,北京:商务印书馆,2014年。

——(1996) *St Louis* (English trans. *St Louis*, Notre Dame, 2009)雅克·勒高夫:《圣路易》,许明龙译,北京:商务印书馆,2002年。

Le Goff, J. et al. (eds. 1978) *La nouvelle histoire*. 雅克·勒高夫等主编:《新史学》,姚蒙译,上海:上海译文出版社,1989年。

Le Goff, J. and P. Nora (eds. 1974) *Faire de l'histoire*, 3 vols. (English trans. 10 essays only: *Constructing the Past*, Cambridge 1985)雅克·勒高夫、皮埃尔·诺拉:《史学研究的新问题、新方法、新对象——法国新史学发展趋势》,郝名玮译,北京:社会科学文献出版社,1988年。

Le Roy Ladurie, E. (1975) *Montaillou village occitan* (English trans. *Montaillou*, 1978)埃马纽埃尔·勒华拉杜里:《蒙塔尤:1294—1324年奥克西坦尼的一个山村》,许明龙、马胜利译,北京:商务印书馆,1997年,2007年;埃曼纽·勒华拉杜里:《蒙大犹》,两卷,许明龙译,台北:麦田出版公司,2001年。

——(1978a) *Le territoire de l'historien*, vol. 2 (English trans. *The Mind and Method of the Historian*, Brighton 1981). 伊曼纽埃尔·勒鲁瓦·拉迪里:《历史学家的思想和方法》,杨豫等译,上海:上海人民出版社,2002年。

——(1979) Le *carnaval de Romans* (English trans. *Carnival*, 1980)埃马纽埃尔·勒华拉杜里:《罗芒狂欢节:从圣烛节到圣灰星期三,1579—1580》,许明龙译,北京:商务印书馆,2013年。

Levi-Strauss, C. (1983) 'Histoire et ethnologie', *AESC* 38, 1217-1231. 克劳德·列维-斯特劳斯:"历史学与民族学",收入克劳德·列维-斯特劳斯:《结构人类学》,第一册,张祖建译,北京:中国人民大学出版社,2006年。

Nora, P. (ed., 1984-1992) *Les lieux de mémoire* (English trans. *Realms of*

Memory, New York, 1996-1998 and *Rethinking France*, Chicago, 1999-2010)皮耶·诺哈编:《记忆所系之处》(三卷本),戴丽娟译,台北:行人文化实验室,2012年。

Ozouf, M. (1976) *La fete révolutionnaire* (English trans. *Festivals and the French Revolution*, Cambridge, Mass. 1988)莫娜·奥祖夫:《革命节日》,刘北成译,北京:商务印书馆,2012年。

Pallares-Burke, M. L. (2002) 'Daniel Roche', in *The New History*; *Confessions and Conversations*, Cambridge, 106-128. 玛丽亚·露西娅·帕拉蕾丝-伯克:《丹尼尔·罗什》,收入《新史学:自白与对话》,彭刚译,北京:北京大学出版社,2012年,第125—154页。

Pirenne, H. (1937) *Mahomet et Charlemagne* (English trans. *Mohammed and Charlemagne*, 1939)亨利·皮朗:《穆罕默德和查理曼》,王晋新译,上海:上海三联书店,2011年。

Popper, K. (1935) *Logik der Forschung*, Vienna (English trans. *The Logic of Scientific Discovery*, 1959)波珀:《科学发现的逻辑》,查汝强、邱仁宗译,北京:科学出版社,1986年;卡尔·波普尔:《科学发现的逻辑》,查汝强、邱仁宗、万木春译,杭州:中国美术学院出版社,2008年。

Ricoeur, P. (1985) *Temps et récit*, 3 vols. (English trans. *Time and Narrative*, New York, 1984-1988)保尔·利科:《虚构叙事中时间的塑形:时间与叙事卷二》,王文融译,北京:三联书店,2003年。

Robinson, J. H. (1912) *The New History*, New York. 詹姆斯·哈威·鲁滨孙:《新史学》,齐思和译,北京:商务印书馆,1964年;鲁滨孙:《新史学》,何炳松译,广西师范大学出版社,2005年;北京:中国人民大学出版社,2011年;上海古籍出版社,2012年。

Roche, D. (1997) *Histoire des choses banales* (English trans. *A History of Everyday Things*, Cambridge 2000)达尼埃尔·罗什:《平常事情的历史》,吴鼐译,天津:百花文艺出版社,2005年。

Rosaldo, R. (1986) 'From the Door of his Tent: The Fieldworker and the Inquisitor', in J. Clifford and G. Marcus (eds.) *Writing Culture*: *The Poetics And Politics of Ethnography*, Berkeley, 77-97. 雷纳托·罗萨尔多:《从他的帐篷的门口:田野工作者与审讯者》;詹姆斯·克利福德、乔治·E. 马库斯编:《写文化——民族志的诗学与政治学》,高丙中、吴晓黎、李霞等译,北京:商务印书馆,2006年,第110—135页。

Sahlins, M. (1981) *Historical Metaphors and Mythical Realities*, Ann Arbor.

——(1985) *Islands of History*, Chicago. 马歇尔·萨林斯:《历史的隐喻与神话的现实》,刘永华译,收入马歇尔·萨林斯:《历史之岛》,蓝达居、张宏明、黄向春、刘永华译,上海:上海人民出版社,2003年,第229—359页。马歇尔·萨林斯:《历史之岛》,蓝达居、张宏明、黄向春、刘永华译,上海:上海人民出版社,2003年。

Stone, L. (1965) The Crisis of the English Aristocracy, 1558-1641, Oxford. 劳伦斯·斯通:《贵族的危机》,于民、王俊芳译,上海:上海人民出版社,2011年。

Sewell, W. (2005) *Logics of History*: *Social Theory and Social Transformation*, Chicago. 小威廉·H. 休厄尔:《历史的逻辑》,朱联璧、费滢译,上海:上海人民出版社,2012年。

Thompson, E. P. (1963) *The Making of the English Working Class*. E. P. 汤普森:《英国工人阶级的形成》,二册,钱乘旦等译,南京:译林出版社,2001年,2013年。

Vernant, J.-P. (1966) *Mythe et pensée chez les Grecs* (English trans. *Myth and Thought in Ancient Greece*, Brighton 1979) 让-皮埃尔·维尔南:《希腊人的神话和思想》,黄艳红译,北京:中国人民大学出版社,2007年。

Vigarello, G. (1985) *Le propre et le sale* (English trans. *Concepts of Cleanliness*: *Changing Attitudes in France since the Middle Ages*, Cambridge 1988) 乔治·维伽雷罗:《洗浴的历史》,许宁舒译,桂林:广西师范大学出版社,2005年。

——(1998) *L'histoire du viol* (English trans. *History of Rape*: *Sexual Violence in France from the Sixteenth to the Twentieth Century*, Cambridge 2001）乔治·维加莱洛：《性侵犯的历史》，张森宽译，长沙：湖南文艺出版社，2000 年。

—— （2004）Histoire de la beauté. 乔治·维加莱洛：《人体美丽史》，关虹译，长沙：湖南文艺出版社，2007 年。

Wallerstein, I. (1974-1989) *The Modern World-System*, 3 vols., New York. 伊曼纽尔·沃勒斯坦：《现代世界体系》，三卷本，庞卓恒、罗荣渠译，高等教育出版社，1998 年；《现代世界体系》，四卷本，郭方等译，北京：社会科学文献出版社，2013 年。

索 引

除非特别注明,清单中的人物都是法国史学家

此处页码为原书页码、本书边码

190 阿贝尔,威勒姆 Abel, Wilhelm(1904—1985)德国经济史学家,135,143

阿布拉菲亚,大卫 Abulafia, David(1949—),45

阿尔杜塞,路易斯 Althusser, Louis(1918—1990)法国哲学家,85,145

阿尔佩林·唐伊,图略 Halperín Donghi, Tulio(1926—)阿根廷史学家,122

阿尔托,弗朗索瓦 Hartog, François(1946—),117,119

阿夫塔连,阿尔伯特 Aftalion, Albert(1874—1956)法国经济学家,62

阿居隆,莫里斯 Agulhon, Maurice(1926—),2,29,74,99-100,103,113-114

阿里埃斯,菲利普 Ariès, Philippe(1914—1982),2,74,76-78,103,113

阿伦卡斯特罗,路易斯·菲利普·德 Alencastro, Luiz Felipe de (1946—),122

埃尔顿,杰弗里 Elton, Geoffrey R.(1921—1994)德裔英籍史学家,125

埃利亚斯,诺贝特 Elias, Norbert(1897—1990)德裔英籍社会学家,133

艾略特,约翰 Elliott, John(1930—)英国史学家,45

艾马德,莫里斯 Aymard, Maurice(1936—),73,137

奥祖夫,莫娜 Ozouf, Mona(1931—),73-75,93,98,103

巴柏尔,伯纳德 Barber, Bernard(1918—2006)美国社会学家,68

巴恩斯,哈里·埃尔玛 Barnes, Harry E.(1889—1968)美国史学家,10

巴勒尔,勒内 Baehrel, René,66

巴斯克斯·德普拉达,巴伦廷 Vázquez de Prada, Valentin（1925—）,121

巴塔永,马塞尔 Bataillon, Marcel（1895—1977）法国西班牙学家,48

巴亚尔,让-弗朗索瓦 Bayart, Jean-François（1950—）法国社会学家,133

柏格森,亨利 Bergson, Henri（1859—1941）法国哲学家,14

贝尔,亨利 Berr, Henri（1863—1954）法国博学家,12, 14-15, 26, 52, 146

贝尔吉耶,让-弗朗索瓦 Bergier, Jean-François（1931—2009）,瑞士史学家,49

贝林,伯纳德 Bailyn, Bernard（1922—）美国史学家,43-44, 124

贝桑松,阿兰 Besançon, Alain（1932—）74, 76, 82-83, 113

本纳萨,巴尔托洛美 Bennassar, Bartolomé（1929—）, 137

比尔德,查尔斯 Beard, Charles（1874—1948）美国史学家,10

比较史 comparative history, 21, 28, 40-42, 68, 70, 110, 138

比森斯·比维斯,豪梅 Vicens Vives, Jaume（1910—1960）, 121

彼得,让-皮埃尔 Peter, Jean-Pierre, 112, 130

波兰尼,卡尔 Polanyi, Karl（1886—1964）匈牙利经济学家,56, 128

波米安,克兹斯托夫 Pomian, Krzysztof（1934—）波兰史学家,94, 114

波普尔,卡尔 Popper, Karl（1902—1994）奥地利裔英籍哲学家,20

波斯坦,迈克 Postan, Michael M.（1899—1981）俄裔英籍史学家,120, 125

伯鲍姆,诺曼 Birnbaum, Norman（1926—）美国社会学家,132

博利格,亨利 Baulig, Henri（1877—1962）法国地理学家,18

布尔迪厄,皮埃尔 Bourdieu, Pierre（1930—2002）社会学家和人类学家,93-94, 109, 115-116, 132

布克哈特,雅各布 Burckhardt, Jacob（1818—1897）瑞士史学家,9, 14, 60

布莱内,杰弗里 Blainey, Geoffrey（1930—）澳大利亚史学家,128

布朗希维格,亨利 Brunschwig, Henri（1904—1989）129

布列蒙,亨利 Bremond, Henri (1865—1933) 18-19, 22, 33

布隆代尔,夏尔 Blondel, Charles (1976—1939) 法国心理学家,18, 20, 83

布罗,阿兰 Boureau, Alain (1946—) 107, 117

布罗代尔,费尔南 Braudel, Fernand (1902—1985) 3-4, 6, 29, 34-60, 63, 74, 81, 92-93, 101, 103, 115, 118-119, 121-124, 126, 129, 131-134, 138, 141, 143-146

布洛赫,古斯塔夫 Bloch, Gustave (1848—1923) 16, 26

布洛赫,马克 Bloch, Marc (1886—1944) 13-14, 16-21, 23-30, 47, 61, 83-84, 101, 107, 121, 125, 133, 145-146

布瓦,居伊 Bois, Guy, 111

长时段 *longue durée*,参阅"时间"

戴维斯,娜塔莉·泽蒙 Davis, Natalie Zemon (1928—) 美国史学家,124

丹顿,罗伯特 Darnton, Robert (1939—) 美国史学家,124

当代史 contemporary history, 24, 127

德蒂安,马塞尔 Détienne, Marcel (1935—) 比利时史学家,86

德雷福斯辈 Dreyfus generation, 16

德利尔,热拉尔 Delille, Gérard (1944—), 137

德芒戎,阿尔伯特 Demangeon, Albert (1872—1940) 地理学家,24, 66

德塞都,米歇尔 Certeau, Michel de (1925—1986) 法国博学家,2, 82, 115-116, 118-119

迪帕基耶,雅克 Dupâquier, Jacques(1922—2010), 65, 76

迪普隆,阿尔方斯 Dupront, Alfonse(1905—1990), 80-81

地理学 geography, 15-17, 41-43, 56, 66-67, 131-132

第六部 Sixth Section，34，49-50，65，74，90

杜比，乔治 Duby, Georges（1919—1996），29，67，74-75，84-86，93，98，101，103-104，111，113，122，126，131

杜梅泽尔，乔治 Dumézil, Georges（1898—1986），84

法杰，阿勒特 Farge, Arlette（1941—），107，115，130

凡勃伦，索斯泰恩 Veblen, Thorstein（1857—1929）美国社会学家，54，128

范西纳，让 Vansina, Jan（1929—）比利时历史人类学家，129

方塔纳，约瑟夫 Fontana, Josep（1931—）加泰罗尼亚史学家，140

菲利普森，艾尔弗雷德 Philippson, Alfred（1864—1953）德国地理学家，43

费弗尔，吕西安 Febvre, Lucien（1878—1956），3，11，13-16，21-25，28-38，42-43，48，51，61，78，81，83，86-88，110，112，121-122，124-125，133，146

费雷，弗朗索瓦 Furet, François（1927—1997），73-74，76，90，98-99，102，114，119，140

费罗，马克 Ferro, Marc（1924—），1，3，74，99，111，113，127

弗兰德林，让-路易斯 Flandrin, Jean-Louis（1931—2001），74，78

弗兰克，安德烈·冈德尔 Frank, André Gunder（1929—2005）德裔美籍经济学家，57-58

弗雷尔，吉尔贝托 Freyre, Gilberto（1900—1987）巴西史学家和社会学家，37，121

弗雷泽，詹姆斯 Frazer, James（1854—1941）英国人类学家，20

弗里德曼，乔治 Friedmann, Georges（1902—1977）法国社会学家，132

弗洛雷斯卡诺，恩里克 Florescano, Enrique（1937—）墨西哥史学家，122

伏尔泰，弗朗索瓦·马里·阿洛特 Voltaire, François Marie Arouet（1694—

1778）法国哲人,7

伏维尔,米歇尔 Vovelle, Michel（1933—）, 2, 66, 74, 85, 88-89, 93, 98, 114

福柯,米歇尔 Foucault, Michel（1926—1984）法国哲学家,2, 112, 115-116, 130-131

福斯特尔·德·古朗热,丹尼斯·努玛 Fustel de Coulanges, Denis Numa（1830—1889）, 9, 16, 26, 117

福特基金会 Ford Foundation, 50

妇女史 women's history, 75, 104, 119

高等研究院 École de Hautes Études（EPHE, 后来的 EHESS）, 34, 49, 74, 114, 140, 142

高级师范学校 École Normale, 13-14

戈蒂埃,埃米尔-费利克斯 Gautier, Émile-Félix（1864—1940）地理学家,37

戈迪尼奥,维托里诺·马加良斯 Magalhães Godinho, Vitorino（1918—2011）葡萄牙史学家,121

戈夫曼,欧文 Goffman, Erving（1922—1992）加拿大裔美籍社会学家,55, 93, 109

戈伊坦,S. D. Goitein, S. D.（1900—1985）德国犹太学者,49-50

格林,J. R. Green, J. R.（1837—1883）英国史学家,9

格吕津斯基,塞尔日 Gruzinski, Serge（1949—）, 109, 113, 138

葛兰言 Granet, Marcel（1884—1940）法国汉学家,16, 92, 128

古贝尔,皮埃尔 Goubert, Pierre（1915—2012）, 29, 50-51, 53, 65-66, 73, 109

古贝尔,让-皮埃尔 Goubert, Jean-Pierre, 73

古列维奇,亚伦·雅可夫列维奇 Gurevich, Aron Yakovlevich（1924—2006）俄国史学家,123

古维奇,乔治 Gurvitch, Georges（1894—1965）俄裔法籍社会学家,56, 132, 144

哈布瓦赫,莫里斯 Halbwachs, Maurice（1877—1945）社会学家,16, 18, 24, 27, 126, 132

哈里森,简 Harrison, Jane（1850—1928）英国古典学家,127-128

哈密尔顿,伊尔·J. Hamilton, Earl J.（1899—1989）美国经济史学家, 24, 47

哈斯金斯,威廉 G. Hoskins, William G.（1908—1992）英国史学家,135

豪塞,亨利 Hauser, Henri（1866—1948）, 9, 11, 28

赫克斯特,杰克 Hexter, Jack 美国史学家,43, 124

赫勒,克莱门斯 Heller, Clemens（1917—2002）人文科学研究所的奥地利裔美籍行政主管,6, 49-50

黑克舍,艾里 Heckscher, Eli（1879—1952）瑞典经济史学家,24

亨利,路易斯 Henry, Louis（1911—1991）, 64

亨特,琳恩 Hunt, Lynn（1945—）美国史学家,124

环境史 environmental history, 参阅"生态"

回溯法 regressive method, 26, 79, 102

霍布斯鲍姆,埃里克 Hobsbawm, Eric（1917—2013）英国史学家,120, 126-127

吉本,爱德华 Gibbon, Edward（1737—1794）英国史学家,8, 17, 40

计量史 quantitative history, 42, 60-64, 69-71, 81, 87-92, 145

记忆 memory, 27, 113-114, 119

加格拉,克里蒙特 Juglar, Clément (1819—1905) 法国经济学家,62

加斯孔,里夏尔 Gascon, Richard, 68

杰里梅克,布朗尼斯洛 Geremek, Bronislaw (1932—2008) 波兰史学家,122

金兹堡,卡罗 Ginzburg, Carlo (1939—), 121

经济史 economic history, 9, 24, 49, 52-53, 55-64

局势 conjuncture, 62, 64-65, 67, 70, 143

卡拉皮斯,克里斯蒂安 Klapisch, Christiane (1936—), 75, 78

卡宁翰,威廉 Cunningham, William (1848—1919) 英国经济史学家,9

卡斯特罗,阿美里科 Castro, Américo (1885—1972) 西班牙学者,44

凯恩斯,约翰·梅纳德 Keynes, John Maynard (1883—1946) 英国经济学家,130

康德拉季耶夫,尼古莱 Kondratieff, Nikolai (1892—1931?) 俄国经济学家,62

康福德,弗朗西斯·M. Cornford, Francis M. (1874—1943) 英国古典学家,127-128

康规勒姆,乔治 Canguilhem, Georges (1904—1995) 130

康提莫里,德里奥 Cantimori, Delio (1904—1966) 意大利史学家,121

考古学 archaeology, 130

科班,阿兰 Corbin, Alain (1936—), 2, 67, 86, 94, 109, 111-112

科克里-维德洛维奇,卡特琳 Coquéry-Vidrovitch, Cathérine (1935—),129

克拉尼扎伊,加伯 Klaniczay, Gábor (1950—) 匈牙利史学家,123

克里斯塔勒,瓦尔特 Christaller, Walter (1883—1969) 德国地理学家,56

孔德,奥古斯特 Comte, Auguste (1798—1857) 哲学家、社会学家,10

库茨涅,西蒙 Kuznets, Simon（1901—1985）俄裔美籍经济学家,56

库尔提乌斯,恩斯特·罗伯特 Curtius, Ernst Robert（1886—1956）德国文学学者,47

库拉,维托尔德 Kula, Witold（1916—1988）波兰史学家,123，141

库拉约德,路易斯 Courajod, Louis（1841—1896）法国艺术史学家,14

跨学科 interdisciplinarity, 2-3，17-18，23-25，50，56，69

拉·布拉斯,埃尔韦 Le Bras, Hervé（1943—）法国人口学家,73

拉·布拉斯,加伯里尔 Le Bras, Gabriel（1891—1970）法国社会学家,19，73，87

拉布鲁斯,恩斯特 Labrousse, Camille-Ernst（1895—1986）,2，6，61-65，68，74，87-88，91，109-110，118，121，135

拉采尔,弗里德里希 Ratzel, Frederich（1844—1904）德国地理学家,15-16，43

拉蒙涅,亨利 Lemonnier, Henri（1842—1936），11

拉朋,古斯塔夫 Lebon, Gustave（1841—1931）法国心理学家,29

拉维斯,恩斯特 Lavisse, Ernest（1842—1922），11

兰克,利奥波德·凡 Ranke, Leopold von（1795—1886）德国史学家,8

兰普里希特,卡尔 Lamprecht, Karl（1856—1915）德国史学家,10

朗格诺瓦,查尔斯-维克多 Langlois, Charles-Victor（1863—1929），8

勒费弗尔,乔治 Lefebvre, Georges（1874—1959），2，19，28-29，107，146

勒弗兰克,阿贝尔 Lefranc, Abel（1863—1952）法国文学学者,31，54

勒高夫,雅克 Le Goff, Jacques（1924—2014），74，83-86，88，93，98，103，106，111，114，122-123，126，146

勒华拉杜里,埃马纽埃尔 Le Roy Ladurie, Emmanuel（1929—），49，50-51,

61，66-67，69-72，74，76，82，93-96，98，101，103

勒利奥,保罗 Leuilliot, Paul（1897—1987）, 4, 6

勒帕蒂,贝尔纳 Lepetit, Bernard(1948—1996), 109-110, 118

雷维尔,雅克 Revel, Jacques（1942—）, 1, 107, 111-112, 115, 119

李斯特,查尔斯 Rist, Charles（1874—1955）, 24

里歇,德尼 Richet, Denis（1927—1989）, 73

历史人口学 demography, historical, 52, 64-65, 70, 78, 136

历史心理学 psychology, historical, 19-21, 25, 27-29, 32, 34, 71, 81-83, 146

利尔蒂,安托万 Lilti, Antoine, 109

利科,保罗 Ricoeur, Paul（1913—2005）法国哲学家,101, 114, 130

列维-布留尔,吕西安 Lévy-Bruhl, Lucien（1857—1939）法国哲学家,14, 16, 20, 127-128, 145

列维-斯特劳斯,克劳德 Lévi-Strauss, Claude(1908—2009)法国人类学家, 37, 93, 133

隆巴德,德尼 Lombard, Denys(1938—1998), 73, 80

隆巴德,莫里斯 Lombard, Maurice（1904—1965）, 48, 73, 138

卢特考斯基,加姆 Rutkowski, Jan（1886—1948）波兰史学家,122

鲁宾逊,詹姆斯·H. Robinson, James H.（1863—1936）美国史学家,10

鲁伊斯·马丁,费利佩 Ruiz Martín, Felipe（1915—2004）西班牙史学家,121

吕朱,弗朗索瓦-约瑟夫 Ruggiu, François-Joseph, 110

罗杰斯,J. E. 索拉德 Rogers, J. E. Thorold（1823—1890）英国经济史学家,9

罗希,丹尼尔 Roche, Daniel（1935—）, 74, 91-92, 94, 109, 111, 115, 126

洛克菲勒基金会 Rockefeller Foundation, 49

洛马诺,卢杰洛 Romano, Ruggiero (1923—2002) 意大利史学家, 2, 49, 121

马丁,亨利-让 Martin, Henri-Jean (1924—2007) 图书馆学家和书籍史学家, 34, 90

马凯,拉斯兹罗 Makkai, Laszlo (1914—1989) 匈牙利史学家, 123

马克思,卡尔与马克思主义 Marx, Karl (1818—1883) and Marxism, 2, 9, 15, 57-58, 62, 68, 72, 81, 84, 88, 99-100, 122, 126-127, 132

马凌诺夫斯基,布朗尼斯洛 Malinowski, Bronislaw (1884—1942) 波兰裔英籍人类学家, 24

麦克卢汉,马歇尔 McLuhan, Marshall (1911—1980) 加拿大媒体理论家, 33

芒德鲁,罗伯特 Mandrou, Robert (1921—1984), 34-35, 68, 74, 81-82, 84, 90, 103, 108, 115, 146

梅尔,埃米尔 Mâle, Emile (1862—1954) 法国艺术史学家, 14, 22

梅列特,安托万 Meillet, Antoine (1866—1936) 法国语言学家, 14, 16, 28

梅特兰,弗里德里克·威廉 Maitland, Frederick William (1850—1906) 英国史学家, 26

米勒,约翰 Millar, John (1735—1801) 苏格兰史学家, 8

米舍姆布莱,罗伯特 Muchembled, Robert (1944—), 2, 81

米什莱,儒勒斯 Michelet, Jules (1798—1874), 9, 11, 14-15

摩尔,威尔·G. Moore, Will G. (1905—1978) 英国学者, 1, 24

莫拉泽,查尔斯 Morazé, Charles (1913—2003), 2, 35, 48

莫雷蒂,弗朗哥 Moretti, Franco (1950—) 意大利学者, 129

莫罗,弗雷德里克 Mauro, Frédéric (1921—2001), 122

莫那,加伯利尔 Monod, Gabriel (1844—1912), 11

莫瑞特,让 Meuvret, Jean (1909—1971), 53, 64

莫斯,马塞尔 Mauss, Marcel (1872—1950) 法国人类学家, 43, 48, 84, 93, 112, 128, 143, 145

莫斯涅,罗兰 Mousnier, Roland (1907—1993), 2, 68, 92

努瓦里耶,热拉尔 Noiriel, Gérard (1950—), 110, 118

诺拉,皮埃尔 Nora, Pierre(1931—), 73, 84, 104, 114, 127

帕奇,西格蒙特·派尔 Pach, Zsigmond Pál (1919—2001) 匈牙利史学家, 123

帕热斯,乔治 Pagès, Georges (1867—1939), 36

帕森斯,塔尔克特 Parsons, Talcott (1902—1979) 美国社会学家, 68

佩洛,米歇尔 Perrot, Michelle (1928—), 73-75, 98, 103

佩洛,让-克劳德 Perrot, Jean-Claude, 73, 109-110

皮加涅尔,安德烈 Piganiol, André(1883—1968), 19, 128

皮朗,亨利 Pirenne, Henri (1862—1935) 比利时史学家, 10, 14, 23-24, 27, 43

普菲斯特,克里斯蒂安 Pfister, Christian (1857—1933), 17

普什涅夫,波利斯·F. Porshnev, Boris F. (1905—1972) 俄国史学家, 68

奇-塞尔伯,约瑟夫 Ki-Zerbo, Joseph (1922—2006) 非洲史学家与政治家, 129

全球史 global history, 47, 52-53, 138, 144, 并参阅"总体史"

让蒂·达·席尔瓦,若泽 Gentil da Silva, José 葡萄牙史学家,49

饶勒斯,让 Jaurès, Jean（1859—1914）社会主义领袖,14-15, 62

热耐特,路易斯 Gernet, Louis（1882—1962）, 16, 73, 86, 92

人类学 anthropology, 19, 24, 43-44, 55, 79, 84, 91-96, 109, 111, 133-134, 140, 144

人文科学研究所 Maison des Sciences de l'Homme, 50

日常 everyday, 53-54, 95, 123

茹奥,克里斯蒂安 Jouhaud, Christian, 108-109

茹塔尔,菲利普 Joutard, Philippe(1935—), 74, 93, 113

萨波里,阿曼多 Sapori, Armando（1891—1976）意大利史学家,121

萨林斯,马歇尔 Sahlins, Marshall(1930—) 美国人类学家,134

瑟诺博司·夏尔 Seignobos, Charles（1854—1942）, 8, 12

塞伊,亨利 Sée, Henri（1864—1936）, 9

桑巴特,维尔纳 Sombart, Werner(1863—1941) 德国经济学家和社会学家,56

社会想象 imagination, social, 84, 86, 98, 145

社会学 sociology, 18-19, 24, 56, 87, 102, 132-133

社交性 sociability, 99

生态 ecology, 46, 69, 139

施密特,让-克劳德 Schmitt, Jean-Claude(1946—), 73, 106-107, 113

时间 time, 27, 32, 38, 45, 47, 63, 83, 134, 145

事件 events, 10, 39, 100-102, 106, 144, 并参阅"叙事"

书籍史 book, history of, 90-91, 107

斯贝特,奥斯卡尔 Spate, Oskar(1911—2000) 英国地理学家,132

斯宾格勒,奥斯瓦尔德 Spengler, Oswald（1880—1936）德国哲学史学家,54

斯宾塞,赫伯特 Spencer, Herbert(1820—1903) 英国社会学家,10,126

斯莫勒,格斯塔夫 Schmoller, Gustav（1838—1917）德国经济史学家,9

斯通,劳伦斯 Stone, Lawrence(1919—1999) 英国史学家,54-55,100

苏布拉马尼亚姆,桑杰伊 Subrahmanyam, Sanjay（1961—）印度史学家,129

索邦 Sorbonne,28,50,68

索尔,马克西米连 Sorre, Maximilien（1880—1962）法国地理学家,18,42,46

汤尼,理查德·亨利 Tawney, Richard H.（1880—1962）英国史学家,120,125,135,145

汤普森,爱德华·P. Thompson, Edward P.（1924—1993）英国史学家

特雷弗-罗珀,休 Trevor-Roper, Hugh（1914—2003）英国史学家,126

特洛斯-伦德,特洛斯·弗里德里克 Troels-Lund, Troels Frederik（1840—1921）丹麦史学家,54

特纳,弗里德里克·杰克逊 Turner, Frederick Jackson(1861—1932) 美国史学家,10,124

特纳,维克多 Turner, Victor 英国人类学家,93,102

特能提,阿尔伯托 Tenenti, Alberto(1924—2002) 意大利裔法籍史学家,2,121

图奇,尤戈 Tucci, Ugo（1917—2013）意大利史学家,49

图像学 iconography,14,77,112-113

涂尔干,埃米尔 Durkheim, Émile（1858—1917）法国社会学家,10,14,16,20,27-28,92,100,102,125-127,140

团队研究 teamwork, 6, 49, 89-91, 93, 141

瓦堡,阿比 Warburg, Aby（1866—1929）德国学者, 47

瓦尔加,露西 Varga, Lucie(1904—1941) 奥地利史学家, 6, 24, 127

瓦格曼,恩斯特 Wagemann, Ernst（1884—1956）德国经济学家, 52, 143-144

瓦朗西,吕塞特 Valensi, Lucette(1936—), 75, 113-114, 138

瓦奇特尔,内森 Wachtel, Nathan(1935—), 74, 79, 81

微观史学 micro-history, 110-112

韦伯,马克斯 Weber, Max(1864—1920) 德国社会学家, 56, 58, 68, 128

韦纳,保罗 Veyne, Paul(1930—), 128

维达尔·德·拉布拉什,保罗 Vidal de la Blache, Paul（1843—1918）法国地理学家, 11, 14-15, 18, 24, 42, 140

维达尔-纳凯,皮埃尔 Vidal-Naquet, Pierre(1930—2006), 86, 93, 114

维加埃罗,乔治 Vigarello, Georges（1941—）, 112, 115

维拉,皮埃尔 Vilar, Pierre(1906—2003), 66

维南,让-皮埃尔 Vernant, Jean-Pierre（1914—2007）, 74, 76, 86, 93, 117, 128

文化建构 construction, cultural, 118-119

文化史 cultural history, 76-104, 并参阅"物质文化"

问题导向的历史 problem-oriented history, 2, 17, 22, 29-30, 44-45, 144

沃勒斯坦,伊曼纽尔 Wallerstein, Immanuel（1930—）美国社会学家, 57-58, 132

物质文化 material culture, 51-55, 91, 95

西伯恩,弗里德里克 Seebohm, Frederick (1833—1912) 英国银行家和史学家,26

西格弗莱德,安德烈 Siegfried, André (1875—1959) 政治学家,24

西米昂,弗朗索瓦 Simiand, François (1873—1935) 经济学家,11-12, 30, 61, 100, 110

西翁,朱尔 Sion, Jules (1879—1940) 法国地理学家,42, 66

希尔顿,罗德尼 Hilton, Rodney (1916—2002) 英国史学家,126

系列史 serial history,参阅"计量史"

夏蒂埃,罗杰 Chartier, Roger (1945—) 1, 91, 103, 107-108, 115-116, 118-119, 126, 132, 139

肖努,皮埃尔 Chaunu, Pierre (1923—2009), 51, 63-64, 87, 89, 103, 137, 145-146

谢和耐 Gernet, Jacques (1921—), 73-74, 79

心态 mentalities, 14, 20, 27-34, 44-45, 54, 63, 66, 75-76, 78-79, 84, 86, 95, 145-146

新史学 new history, 10-11

叙事 narrative, 71, 100-102, 106,并参阅"事件"

雅克,奥祖夫 Ozouf, Jacques (1928—2006), 73, 90

亚伯拉罕,菲利普 Abrams, Philip (1933—1981) 英国社会学家,132

伊文斯-普里查德,爱德华 Evans-Pritchard, Edward (1902—1973) 英国人类学家,133

意识形态 ideology, 21, 84-85

泽勒,加斯顿 Zeller, Gaston (1890—1960), 67

政治史 political history, 19, 38-40, 97-100, 106, 137

朱利亚,多米尼克 Julia, Dominique (1940—), 115

传记 biography, 22, 30, 111

总体史 total history, 27, 44, 48, 145

译后记

《法国史学革命:年鉴学派,1929—1989》第一版于1990年出版。时隔二十五年,作者彼得·伯克教授对第一版进行了大刀阔斧的增补、修订,于2015年推出第二版,继续由剑桥的政体(Polity)出版社印行。读者手上的这个版本,就是这个本子的中译本。

比较新版和第一版可知,新版增加了三十余页篇幅,对年鉴派近百年的发展(若从费弗尔和布洛赫进入学术圈算起)进行了更为丰满的论述和分析。近二三十年来,年鉴派内外对这个学派或群体进行了诸多反思和研究,这无疑为本书的增订提供了诸多便利。概而言之,第二版的增补主要包括三个方面的工作:其一,增写第五章,归纳自1989年至2014年四分之一世纪里年鉴第四代学人史学研究的新动向;其二,对原有五章进行了多方面的增补;其三,增写了书前的年鉴派大事年表。此外,还对本书各章进行了不同程度的修订——小至词语的调整,大至段落的改写。

由于伯克对初版的修订随处可见,译者差不多重译了这个本子,在此过程中,也发现并订正了第一版译文中的一些错误和漏洞。同时,第一版收入了我撰写的《费雷、夏蒂埃、雷维尔:"超越年鉴派"》一文,其本意在于补充1989年后年鉴学人的某些重要学术动向,如今既然作者已对近二十五年的年鉴学术走向进行了扼要、到位的论述,我认为这篇文章的使命已经完成,因此第二版没有收入这篇代序。

最后,感谢包筠雅、Paul Batik、林凡、梁勇、巫能昌在翻译过程中提供的帮助。在本书第一版翻译过程中,译者曾参考台湾学者江政宽的译本(彼得·柏克:《法国史学革命:年鉴学派,1929—1989》,江政宽译,《历史与文化丛书》第2种,台北:麦田出版有限公司,1997年),特此说明。董思思增补了第二版参考文献中译书目,感谢他的热心帮助。另外,本书的翻译、出版,与编辑岳秀坤、陈甜二君的鼓励和付出的劳动是分不开的,在此谨表谢忱。

刘永华
2015年4月3日于厦门筼筜湖畔